BIBLIOTHÈQUE

DE L'ÉCOLE

DES HAUTES ÉTUDES

PUBLIÉE SOUS LES AUSPICES

DU MINISTÈRE DE L'INSTRUCTION PUBLIQUE

SCIENCES PHILOLOGIQUES ET HISTORIQUES

HUITIÈME FASCICULE

ÉTUDES CRITIQUES SUR LES SOURCES DE L'HISTOIRE MÉROVINGIENNE,
PAR M. GABRIEL MONOD, DIRECTEUR ADJOINT A L'ÉCOLE DES HAUTES ÉTUDES
ET PAR LES MEMBRES DE LA CONFÉRENCE D'HISTOIRE.

PARIS

LIBRAIRIE A. FRANCK

F. VIEWEG, PROPRIÉTAIRE

RUE RICHELIEU, 67

1872

BIBLIOTHÈQUE

DE L'ÉCOLE

DES HAUTES ÉTUDES

PUBLIÉE SOUS LES AUSPICES

DU MINISTÈRE DE L'INSTRUCTION PUBLIQUE

SCIENCES PHILOLOGIQUES ET HISTORIQUES

HUITIÈME FASCICULE

ÉTUDES CRITIQUES SUR LES SOURCES DE L'HISTOIRE MÉROVINGIENNE,
PAR M. GABRIEL MONOD, DIRECTEUR ADJOINT A L'ÉCOLE DES HAUTES ÉTUDES
ET PAR LES MEMBRES DE LA CONFÉRENCE D'HISTOIRE.

PARIS

LIBRAIRIE A. FRANCK

F. VIEWEG, PROPRIÉTAIRE

RUE RICHELIEU, 67

1872

ÉTUDES CRITIQUES

SUR LES SOURCES

DE

L'HISTOIRE MÉROVINGIENNE

PAR

M. Gabriel MONOD

DIRECTEUR ADJOINT A L'ÉCOLE DES HAUTES ÉTUDES

ET PAR LES MEMBRES DE LA CONFÉRENCE D'HISTOIRE

PREMIÈRE PARTIE

INTRODUCTION — GRÉGOIRE DE TOURS
MARIUS D'AVENCHES

PAR M. Gabriel MONOD

PARIS

LIBRAIRIE A. FRANCK

F. VIEWEG, PROPRIÉTAIRE

RUE RICHELIEU, 67

1872

TABLE DES MATIÈRES.

ADDITIONS ET RECTIFICATIONS.

Nous n'avons pas employé pour les noms Franks les formes primitives. Nous l'eussions fait si nous avions écrit un livre d'histoire. Dans un livre de critique des sources, nous avons préféré nous en tenir aux formes reçues et ne point soulever la question délicate de la forme vraie des noms barbares.

P. 7, l. 30, au lieu de Πανταβίβλον; lisez : Πεντάβιβλον.

P. 7, l. 32, au lieu de : de sa *Chronographia;* lisez : dans sa.

P. 12, n. 2, lisez : p. 157.

P. 15, l. 40, au lieu de *Zeitschr. für Geschischtsw.;* lisez : *für Geschichtsw.*

P. 23, l. 33, au lieu de : Ampère, *Hist. de la litt. fr.,* etc., lisez : Ampère, *Hist. littéraire de la France avant Charlemagne;* 2e éd. Paris, 1870. T. II, p. 256-290.

P. 29, l. 35, au lieu de V.PP. V. 12 ; lisez : II, 12.

P. 35, l. 11, 17, 31; p. 37, l. 7, au lieu de : Reims; lisez Rheims.

P. 42, l. 36. On pourrait admettre aussi pour date de la mort de Gontran 594 (28 mars). — Voy. notre étude sur Marius, p. 151 et 153. — Le raisonnement de M. Giesebrecht n'en conserve pas moins sa valeur. C'est entre le 28 mars 594 et le 17 novembre, date de sa mort, que Grégoire aurait fait la dernière révision de ses œuvres.

P. 51, l. 36, au lieu de : *Nazrianus;* lisez : *Nazarianus.*

P. 55, l. 30 et n. 2. — L'édition est bien réellement de 1512, comme l'ont fait remarquer Struve et M. Bordier. On ne peut admettre un intervalle de dix ans entre le permis d'imprimer donné pour trois ans et l'édition. Il y aura eu un X ajouté par erreur, MDXXII pour MDXII.

P. 64, l. 21, au lieu de : 1º; lisez : I. 1º.

P. 64, l. 39, au lieu de : M. Giesebreckt; lisez : M. Giesebrecht.

P. 65, l. 37, au lieu de : II ; lisez : II. 1.

P. 65, l. 25, au lieu de xIe s. ; lisez : IXe s.

P. 67, l. 8, au lieu de *miracularum ;* lisez : *miraculorum.*

P. 71, l. 3, au lieu de : accorder; lisez : concorder.

P. 71, l. 39, au lieu de : p. 19; lisez : p. 49.

P. 112, l. 43, au lieu de : jour de Thór; lisez : jour de Tyr ou de Zio.

P. 113, l. 11, au lieu de : sa Vie; lisez : ses Miracles.

P. 117, l. 13, au lieu de : il parle de Théodoric, roi d'Italie en 822; lisez : il parle, en 522, de Théodoric, roi d'Italie.

P. 117, l. 17, au lieu de : Jornandès; lisez : Jordanes.

P. 125, l. 39, au lieu de : Clotaire; lisez : Clothaire.

P. 127, l. 4, au lieu de : Roccolon; lisez : Roccolen.

P. 134, l. 6 et 7, effacez : au commencement du siècle suivant; et au lieu de : mettra; lisez : avait mis. — La collection de canons faite par Denys le Petit dans la première moitié du vie siècle ne devint d'un usage général en Gaule qu'au commencement du viie. — Cf. p. 9, n. 2.

P. 148, l. 8, au lieu de : t. XXII; lisez : t. LXXII. Cette indication doit être rangée parmi les éditions de Marius, non parmi les ouvrages à consulter. — Ajoutez aussi l'édit. de Roncalli, II, 399-418.

P. 148, l. 10, au lieu de *Notice sur les plus anciens*, etc.; lisez : *sur le plus ancien*, etc.

P. 160, l. 1, au lieu de : Idacius; lisez : Idatius.

AVANT-PROPOS.

Le volume que nous offrons au public contient sous une forme abrégée les travaux de la conférence d'Histoire du moyen-âge à l'École pratique des Hautes Études pendant l'année 1869. La conférence avait pour objet l'étude critique des sources de l'Histoire de France à l'époque mérovingienne. Tous les élèves prenaient part à ce travail. Chacun se chargeait d'en étudier un point spécial, et rendait compte dans nos réunions hebdomadaires du résultat de ses recherches, qui était aussitôt discuté et commenté par le répétiteur et par les autres membres de la conférence. Les exercices de ce genre ne font point partie du programme de l'École normale ni de celui de l'École des chartes. La section d'Histoire de l'École pratique peut, en les inaugurant, apporter un concours utile à nos études d'enseignement supérieur.

Il a semblé qu'il pourrait être de quelque utilité de réunir ces travaux en un court volume. Les études critiques sur les sources de notre Histoire se trouvent chez nous dispersées en tête des éditions des divers auteurs ou dans de grands recueils où il n'est pas toujours aisé de les rechercher : l'Histoire littéraire de la France, l'Histoire et les Mémoires de l'Académie des Inscriptions, la Bibliothèque de l'École des chartes. L'ouvrage de M. Wattenbach sur les sources de l'Histoire [1] d'Allemagne est le seul qui nous offre une étude suivie des sources mérovingiennes et carolingiennes, et pour les temps postérieurs de notre histoire, nous ne possédons aucun ouvrage analogue. Nous croyons rendre service aux jeunes gens de notre pays qui s'occupent d'histoire en essayant un travail du même genre pour les temps mérovingiens. Nous n'avons pas la prétention d'apporter des lumières nouvelles sur le sujet, et nous n'avons pu en un semestre (janvier–juin), nous occuper que des textes les plus importants [2]. Nous laissons de côté tous les documents antérieurs à l'établissement des Franks en Gaule, la plupart des Vies de Saints, les poèmes, les lois, les diplômes, les lettres. — Grégoire de Tours, Marius, la chronique dite de Frédégaire et ses continuateurs, les *Gesta regum Francorum*, les *Gesta Dagoberti regis,* les débuts des premières annales et un petit nombre de Vies de Saints, tels ont été les divers textes étudiés par la conférence. Nous serons satisfaits si nous avons pu donner une idée précise de chaque écrit, montrer les liens qui unissent entre eux les divers documents, indiquer les questions critiques qu'ils font naître, en élucider quelques détails, et faciliter ainsi les recherches de ceux qui s'occupent de notre histoire.

Les élèves de l'École des Hautes Études qui ont le plus particulièrement contribué aux travaux réunis dans le présent volume sont MM. Courajod, de Coutouly, Fagniez, Longnon et Roy. Le répétiteur s'est chargé de résumer et de mettre en œuvre le travail de la conférence.

G. Monod.

---

1. *Deutschlands Geschichtsquellen im Mittelalter bis zur Mitte des dreizehnten Jahrhunderts*, v. W. Wattenbach. 1re éd. 1858. — 2e éd. augmentée 1866. Berlin, in-8.

2. Nous indiquons aussi exactement que possible les auteurs que nous avons consultés, et la provenance des opinions que nous avons adoptées. Mais voulant faire un livre facile à consulter, nous n'avons pas voulu le surcharger de notes, et nous n'avons pas cité pour chaque point les opinions de tous nos devanciers. Nous avertissons une fois pour toutes que notre travail est en grande partie un résumé de travaux antérieurs.

INTRODUCTION.

Avant d'aborder l'étude des sources de l'histoire mérovingienne, il importe de nous rendre compte d'une manière générale de la nature des documents fournis à l'historien par les premiers temps du moyen-âge; il importe de savoir où les écrivains de cette époque puisaient leurs inspirations, où ils choisissaient leurs modèles, quel but ils se proposaient. Grâce aux souvenirs toujours vivants de l'unité romaine, grâce à l'unité nouvelle et plus vaste que le christianisme avait fait triompher, grâce à la langue latine seule employée dans les Écoles et dans l'Eglise, la littérature du moyen-âge forme dans son ensemble un tout parfaitement organique, et la littérature de chaque pays n'est qu'un rameau du tronc commun. Prise isolément, chacune de ces littératures serait difficile à comprendre et à expliquer; il faut étudier depuis l'origine leur formation successive et leurs rapports réciproques. Cela est particulièrement vrai pour la littérature historique; l'uniformité d'éducation et d'idées, la rareté des livres, le manque de loisirs, la barbarie croissante de la langue obligent ceux qui ont encore le courage d'écrire à travailler à peu près sur le même plan, à prendre deux ou trois modèles qu'ils se contentent de copier, d'imiter et de continuer. Aussi peut-on marquer comme une filiation entre les diverses œuvres et retrouver souvent tous les documents où les auteurs ont puisé. C'est par la manière dont ils ont usé de ces documents, dont ils ont contribué pour ainsi dire au travail commun, que nous pouvons le mieux juger de la portée de leur esprit et de la valeur de leur témoignage.

La décadence de la puissance romaine, l'établissement du christianisme, l'introduction progressive des barbares dans l'empire amenèrent au ve siècle la chute des grandes écoles laïques qui avaient fait la gloire de la Gaule, celles de Bordeaux, de Vienne, d'Arles, de Lyon, d'Autun, de Trèves [1]. Elles cèdent la place à des écoles moins brillantes dirigées par les évêques ou par les abbés des nouveaux monastères; telles les écoles de Poitiers, de Clermont, d'Arles, de Vienne, de Lérins. Dans ces temps malheureux et troublés, c'est dans l'Église que se réfugie ce qui reste encore de goût pour l'étude et pour les travaux de l'esprit. La littérature devient tout entière non-seulement chrétienne, mais ecclésiastique. Les membres du clergé seuls ont l'instruction, le temps, l'argent nécessaire pour consigner par écrit leurs pensées sur le parchemin, devenu rare; seuls ils peuvent trouver dans le sein de leurs églises et de leurs monastères, des auditeurs et des lecteurs. Aussi tandis que les homélies, les instructions pastorales, les commentaires sur les livres saints remplacent les exercices de rhétorique et de grammaire des écoles profanes, tandis que la poésie après avoir conservé jusqu'à *Ausone* [2] (309. † vers 394) un parfum d'antiquité et de paganisme chante avec *Prudence* [3] († v. 410) et *Sedulius* [4] (ve s.) les mystères de la foi et les vertus des Saints, l'histoire subit une transformation analogue. Bien qu'on lise encore dans les écoles ecclésiastiques quelques-uns des historiens antiques, bien qu'on y commente parfois le code Théodosien, le monde et l'histoire sont envisagés sous un aspect tout nouveau. Au lieu des intérêts politiques et profanes dont se nourrissait l'esprit des historiens païens jusqu'à *Eutrope* [5] (2e moitié du ive s.), les intérêts de la religion et de l'Église paraissent seuls dignes d'occuper l'âme des chrétiens. Ce n'est plus la vie des grands personnages politiques qu'on prend à tâche de raconter et de célébrer, c'est la vie et la mort des Saints. Les passions des martyrs, voilà les batailles et les triomphes où se plaisent les historiens nouveaux. Le premier monument de ce genre que nous possédions pour la

1. V. Bernhardy, *Grundriss der roemischen Litteratur*. I Abth. Braunschweig. 1855, p. 325-326. — Monnard, *de Gallorum oratorio ingenio, rhetoribus et rhetoricae, Romanorum tempore, scholis*. Bonn. 1848.—Ampère, *Hist. litt. de la France*. Paris, 1839. T. I, II.

2. Ed. princeps. Venise 1472, in-f°.

3. Ed. Th. Obbarius. Tubingen, 1845.

4. Ed. Arevalo. Rome, 1794, in-4°.

5. *Eutrope*. Ed. R. Dietsch. Leipsig. Teubner, 1868, in-12.

Gaule est la lettre écrite par les *Eglises de Vienne et de Lyon* aux Eglises d'Asie sur le martyre de saint Pothin et de ses 47 compagnons [1] (177 ap. J.-C.). La plus ancienne vie de saint Gallo-Romain qui nous ait été conservée est celle de saint Martin de Tours par son disciple et ami *Sulpice Sévère* [2] (fin du IV⁰ s.). Au V⁰ et au VI⁰ s. ces vies de Saints deviennent nombreuses et nous y trouvons d'abondants renseignements historiques pour une époque où l'Eglise, seule puissance restée debout parmi les ruines du monde romain, se trouve mêlée à tous les événements politiques. C'est ainsi par exemple que la vie de *Saint Séverin*, l'apôtre du Haut-Danube († 482), par l'abbé *Eugippius,* son élève, qui vivait à la fin du v⁰ et au commencement du VI⁰ s. est un des documents les plus curieux pour l'histoire du sud de la Germanie à l'époque de l'invasion des barbares [3]. Quand plus tard les évêques ou les moines deviendront auprès des chefs mérovingiens des conseillers, des ministres, ou lorsque, opposant puissance à puissance, ils entreront en lutte avec eux, lorsque la force militaire des Franks sera mise au service de la propagande chrétienne, les vies de Saints deviendront une des sources les plus importantes de notre histoire [4].

Mais le plus souvent les événements historiques n'avaient qu'une valeur bien secondaire aux yeux des auteurs des vies de Saints. Leur but unique était l'édification des fidèles et la glori-

1. Eusèbe, *Hist. Eccl.* V, 1-3. Ed. Heinichen. Leipsig, 1868. V. dans Ruinart, *Acta Martyrum sincera,* tous les documents de ce genre. 1689, in-4⁰.

2. *Corpus scriptorum ecclesiasticorum latinorum : Sulpicii Severi opera* ex rec. C. Halmii. Vindob. 1866. — *Acta SS. Bolland.* 2 juin. I. p. 162-168.

3. Ed. Ant. Kerschbaumer. Schaffouse, 1862, in-16· et A. SS. B. 6 janv. I. p. 484-497.

4. Les éditions de Vies de Saints dans Mabillon, *Acta Sanctorum Ordinis S. Benedicti collegit* D. Luc d'Achery, *ediderunt* J. Mabillon *et* D. Ruinart, *Saeculum. I-VI.* Lut. Paris., 1668-1701, 9 v. in-fol., valent généralement mieux pour le texte que celles des Bollandistes, *Acta SS. quotquot toto orbe coluntur collegit...* Joh. Bollandus, *op. et stud. contulerunt* God. Henschen *et* Dan. Papebroch. Antverp. Bruxellis et Tongerloe, 1643-1794; Bruxellis, 1845-1861. 57 v. in-f⁰; mais celles-ci ont l'avantage d'être accompagnées de dissertations critiques instructives bien que d'une valeur inégale· Le recueil des Bollandistes comprend d'ailleurs toutes les vies de Saints; Mabillon ne reproduit que celles des Saints qui, de près ou de loin, se rattachent à l'ordre de saint Benoît. Le recueil des Bollandistes s'arrête à la fin d'octobre· Pour les mois de novembre et décembre nous avons Surius († 1578, Cologne), *De Probatis SS. Historiis.* Colon. Agripp· 1570-1575, 6 v. in-f⁰; 5⁰ éd· Col. 1618. 12 v. in-f⁰.

fication des miracles pieux. Aussi les faits étrangers à la vie religieuse sont-ils souvent entièrement passés sous silence ou rapportés avec la plus grande inexactitude. Si quelques écrivains ecclésiastiques s'élèvent à un point de vue plus général et cherchent à embrasser une période étendue de l'histoire, ou même l'histoire universelle dans son ensemble, ils sont toujours guidés néanmoins par des préoccupations religieuses. C'est moins l'histoire des peuples que l'on écrit que l'histoire de la Religion. Quelle que pût être l'étroitesse et la fausseté de ce point de vue, surtout tel que le conçurent les premiers historiens chrétiens, il n'en avait pas moins sa grandeur ; il avait même une véritable valeur philosophique. Au lieu de compilations sans ordre comme celle de Diodore de Sicile où tous les peuples sont passés en revue sans qu'aucun lien réel les rattache les uns aux autres, nous trouvons ici la première conception, encore mal définie, il est vrai, d'une histoire universelle et d'une philosophie de l'histoire. Toute l'humanité est considérée dans son ensemble ; son développement a une raison d'être, un centre, une explication : la Rédemption. Avant J. C. tous les événements tendent à ce but suprême ; après lui tous en découlent avec cette logique entremêlée de coups de surprise qui est le caractère propre de l'action divine. Un fil conducteur permettait désormais de se retrouver dans le dédale de l'histoire. Cette théorie n'expliquait qu'une bien petite partie des faits, mais elle suffisait à éclairer l'horizon borné que pouvaient embrasser les hommes du moyen-âge.

Cette conception religieuse inspire même les écrivains qui s'intéressent encore aux événements profanes, les auteurs d'annales et de chroniques, même ceux qui ne racontent que l'histoire d'un seul peuple ou d'une seule époque. Appartenant tous au clergé, ils donnent tous une importance exceptionnelle aux événements ecclésiastiques. L'Eglise d'ailleurs domine toute la société de cette époque par sa forte organisation, comme par son ascendant moral. Aussi Bède le vénérable intitule-t-il son histoire des Anglo-Saxons : *Histoire ecclésiastique* ; Grégoire de Tours, et plus tard Frédégaire, Réginon, Adon de Vienne, et une foule d'autres chroniqueurs commencent le récit des événements de leur temps par un résumé de l'histoire du monde depuis sa création, ou du moins depuis la venue du Christ. Eusèbe et Paul Orose furent les maîtres et les guides dans cette nouvelle manière de comprendre et d'écrire l'histoire. C'est dans le bizarre ouvrage de *Paul Orose* († v. 420) que les hommes du moyen-âge puisèrent presque toutes leurs connaissances sur l'histoire de l'antiquité. Ses *Historiarum libri VII adversus paganos*[1] ont pour but de prouver que le monde a toujours été accablé des plus grandes calamités, et que l'on ne peut par conséquent rendre le christianisme responsable des maux qui ont accompagné son triomphe. C'est dans l'intérêt de cette étrange apologie qu'il passe en revue tous les événements de l'histoire au milieu desquels la Foi chrétienne et l'Eglise apparaissent comme l'unique espoir de salut et de repos. *Eusèbe,* évêque de Césarée († 340), bien supérieur à Paul Orose par l'étendue et la portée de son esprit, exerça une influence plus grande encore. Il fut le vrai créateur de l'*Histoire ecclésiastique*[2]. L'ouvrage qu'il nous a laissé sous ce titre prend le Christ pour point de départ, mais il résume rapidement les événements qui avaient préparé sa venue, et montre ainsi l'unité des desseins de Dieu manifestée dans l'histoire. Le livre d'Eusèbe fut l'autorité universellement acceptée au moyen-âge pour l'histoire des origines du christianisme. Tandis qu'en Orient les historiens de l'Histoire Tripartite se font ses continuateurs, en Gaule Sulpice Sévère l'imite dans sa *Chronica sacra* (*ab* O. C. -400), mais en donnant un développement complet de la préparation comme des conséquences de la venue du Christ. C'est dans ces auteurs qu'il faut chercher les renseignements les plus authentiques sur l'établissement du christianisme en Occident.

Eusèbe exerça une influence plus considérable encore sur les compositions historiques du moyen-âge par sa chronique dite Παντοδαπὴ ἱστορία ou Χρονικὰ συγγράμματα,[3] sorte de chronologie comparée de tous les peuples connus. Josèphe, le premier, dans ses *Antiquités judaïques* (v. 220), avait cherché à fixer l'âge du monde. Sextus Julius Africanus, après lui, avait fait un essai de chronologie universelle : Πανταβίβλον χρονολογικὸν (*quinque libri de temporibus*) dont des fragments seuls nous ont été conservés par Georges le Syncelle († v. 800) de sa *Chronographia*[4]. Hippolyte, dit à tort *de Porto* (saint Hippolyte), avait composé en grec un essai du même genre, qui fut également perdu[5].

1. 2ᵉ éd. d'Havercamp, Lyon, 1767, in-4°.
2. Ed. Heinichen. Leipsig, 1868. Ce n'est pas le texte grec d'Eusèbe, mais la traduction latine de Rufinus (v. 400), qui fut répandue en Occident.
3. *Eusebii chronicorum canonum quae supersunt,* éd. A. Schoene. Berlin, 1866, in-4°.
4. *Georgius Syncellus et Nicephorus.* Ed. G. Dindorf. Bonn. 1829. 2 v. in-8. (Corpus historiae Byzantinae.)
5. M. Mommsen a cru le retrouver dans le recueil connu sous le nom

L'ouvrage d'Eusèbe eut une plus heureuse fortune [1]. Sa chronique, écrite à l'imitation de Jules Africain, est divisée en deux livres. Dans le premier : Χρονογραφία, par la comparaison des diverses opinions des historiens anciens, il cherche à établir la chronologie exacte de chaque peuple pris séparément ; dans le second : Χρονικός κανών, il présente en tableaux synoptiques la concordance des diverses chronologies (chronologie biblique, années égyptiennes et assyriennes, olympiades, ans de Rome), et les listes des rois des divers pays. Les événements les plus importants sont brièvement indiqués en marge. C'est dans ces tableaux chronologiques contenant une sèche énumération de noms propres et quelques faits parcimonieusement choisis que l'histoire nous apparaît pour la première fois considérée dans son ensemble et groupée autour d'un centre unique. Car l'idée religieuse apparaît vivante sous cette froide chronologie. La Bible devient là règle normale pour la supputation des années. Les années écoulées depuis Abraham, telles qu'on peut les calculer d'après l'Ancien Testament, tiennent le premier rang dans la liste ; l'histoire juive est le point de départ de l'histoire de tous les peuples, et les ans de Rome, les années des empereurs, l'ère même de Dioclétien, sont subordonnés à la chronologie biblique [2]. Les événements ecclésiastiques, la mort des martyrs ou la nomi-

de *Chronographe de* 354 et l'identifie avec le *Liber generationum* de Frédégaire (v. plus loin, p. 12, n. 1).

1. Il eut pourtant à subir bien des vicissitudes. Le texte grec se perdit d'assez bonne heure, et nous n'en connaissons que les fragments donnés par Georges Le Syncelle. L'Occident ne connut que le second livre traduit et continué par saint Jérôme. Mais en Orient la chronique complète, qui jouissait d'une grande autorité, fut traduite en arménien. Cette traduction, longtemps inconnue, fut apportée en 1787 de Jérusalem à Constantinople et fut publiée en 1818 à Venise, par I. B. Aucher, moine méchithariste, et à Milan la même année par Zohrab et Maï. Voy. la réédition dans Maï, *Scriptorum veterum nova collectio.* T. VIII. Rome, 1833.

2. «Opportunum duxi, immo perutile ac necessarium, breviter haec omnia disponere ; praetereaque sanctis Hebraeorum litteris contentas hebraicas antiquitates atque chronologiam sermoni meo adjungere : scilicet ut possimus apprime intelligere, quanto tempore ante salutarem Dei manifestationem Moses exstiterit, nec non qui post eum Hebraeorum prophetae divino spiritu afflati vaticinati sunt ; atque ut facile cognoscamus, Graecorum vel barborum insignes homines, quo tempore occurrerint celebribus illis veteribus apud Hebraeos, prophetis videlicet, iisque singulis qui eidem genti cum imperio profuerunt. » Eusèbe : *Chronographia :* Préface.

nation des évêques sont notés avec autant de soin que l'avénement ou la mort des empereurs. Au VIII⁰ s. on fera un pas de
plus ; l'humanité régénérée comptera les années à partir de l'Incarnation du Christ, et la chronologie moderne sera fondée.
L'intérêt que trouvaient les chrétiens à marquer le rapport et
la subordination de l'histoire profane à l'histoire sacrée, la
nécessité de déterminer exactement l'année de la naissance et
celle de la passion du Christ, enfin le désir de calculer l'époque
de l'accomplissement des prophéties et de la venue du règne de
Dieu, donnaient une grande importance à ces travaux de chronologie. Aussi pouvons-nous dire sans exagération que si nous
devons au christianisme la première conception philosophique
de l'histoire, nous lui devons aussi le développement de la
science chronologique [1]. Il remplace les chronologies particu-
lières des divers peuples par une chronologie vraiment catholique
faite pour l'humanité entière, et il s'efforce de ramener toutes
les autres supputations à une règle universelle et unique [2].

Le Χρονικός κανών ne conduisait que jusqu'en 329. *Saint
Jérôme* en fit une traduction latine et la continua jusqu'en 378.
Cette traduction, universellement répandue en Occident, y devint
avec Orose la base des connaissances et des travaux historiques.
Partout on la copie, et aux V⁰ et VI⁰ s., ceux qui veulent conser-

---

1. Sans doute les historiens anciens s'étaient aussi préoccupés de chronologie, et Eusèbe nous cite tous ceux qu'il a consultés sur ce sujet:
Bérose, Alexandre Polyhistor, Abydenus, Manéthon, Diodore, Castor, Cépha-
lion, Josèphe, Porphyre, Cassius Longinus, Phlégon, Thallus; mais ces
auteurs n'avaient donné que des indications sur la chronologie séparée de
chaque peuple, tandis qu'Eusèbe le premier établit la concordance de
toutes les chronologies, en les rapportant à celle que nous donne la
Bible des années écoulées depuis la Création et depuis l'entrée d'Abraham en Canaan. Sans doute Eusèbe suppute encore d'après les années
des empereurs et d'après les consuls; ses continuateurs indiqueront les
années d'après la méthode romaine. Mais la grande unité romaine toujours vivante est néanmoins ramenée à une unité plus vaste, celle du
monde, et les continuateurs d'Eusèbe auront toujours soin de s'arrêter
de temps à autre dans leurs chroniques pour établir le rapport chronologique des événements profanes avec les grands faits de l'histoire religieuse, surtout avec l'incarnation et la passion du Christ.

2. La nécessité d'avoir dans tous les monastères et dans toutes les
églises l'indication des fêtes mobiles pour chaque année et de suivre à
cet égard une règle unique, surtout pour la grande fête de Pâques,
donnait un puissant intérêt aux recherches de ce genre. Ce fut *Dionysius Exiguus* († v. 556) qui le premier compta les années à partir de l'Incarnation. Ce système ne devint d'un usage général qu'au VIII⁰ s.

ver par écrit la mémoire des événements importants dont ils ont
été les témoins se font les continuateurs de saint Jérôme. Toute
une famille de chroniques sort ainsi du modèle donné par
Eusèbe. A saint Jérôme se rattachent la chronique du Comte
Marcellin, chancelier de Justinien († 534), qui s'étend de 379
à 534, celle d'*Idatius*, évêque espagnol (de Lemica ? *Lemicen-
sis*), qui va de 379 à 468, et qui s'occupe surtout des Wisigoths
et du midi de la Gaule, enfin la chronique de *Prosper*, dont
nous possédons des versions diverses, mais dont le fonds est le
même. On en distingue ordinairement deux principales : l'une
est connue sous le nom de *Chronicon consulare*, parce qu'elle
désigne les années par les noms de consuls; on l'attribue à un
Prosper Aquitanicus (saint Prosper, évêque de Riez?), elle
reproduit saint Jérôme jusqu'en 379 et continue jusqu'en 455;
l'autre est dite *Chronicon imperiale*, parce qu'elle indique aussi
les années du règne des empereurs, ou Pithoeanum, du nom du
premier éditeur; elle aurait pour auteur un *Prosper Tiro* [1];
elle s'étend de 379 à 455. Ces chroniques sont précieuses pour
les événements qui se passent dans la Gaule méridionale pendant
la première moitié du ve s. A la chronique de Prosper se rattachent la chronique de *Marius*, évêque d'Avenche [2], qui comprend la période de 445 à 581, et celle de *Victor*, évêque de
Tunis, qui s'étend de 444 à 566. *Jean*, abbé de Biclar, au pied
des Pyrénées, continue Victor de 566 à 590, et *Cassiodore,
Isidore de Séville* et *Bède* [3], reprennent cette série de chroni-

---

1. Cette distinction de noms semble arbitraire, car certains manuscrits attribuent les deux chroniques à *Tiro Prosper Aquitanicus*. Jusqu'ici
le meilleur recueil de toutes ces chroniques est celui de Roncalli : *Vetustiora latinorum scriptorum chronica.* 2 parties. Padoue, 1787. — Voyez
sur ce sujet : Wattenbach, op. cit. p. 40-46. — Baehr, *Gesch. der rœmis-
chen Litteratur.* Suppl. Band, p. 98-102. Waitz, *Nachrichten der Gœtt.
Gesellschaft der Wissenschaften.* 1865, p. 61-114. *Hist. litt. de la France,*
p. II, 325 sq., 389 sq. — Les éditions de la chronique impériale ont été
faites sur des manuscrits qui ne contenaient pas la transcription de la
chronique de saint Jérôme et ne donnaient pas les noms des consuls.
(V. Roncalli, II.) Mais le manuscrit du *British Museum* (n° 16974) contient la chronique de Prosper Tiro avec les fastes consulaires et les
années de règne des empereurs. C'est à cette dernière chronique qu'est
jointe celle de Marius qui désigne les années par les noms des consuls.
(Je dois cette indication à l'obligeance de M. Arndt. — N. du R.) L'édition
de Prosper que promettent les *Monumenta Germaniae* éclaircira sans
doute les obscures questions que soulève cette double chronique.
2. Nous lui consacrons une étude spéciale.
3. La Chronique de Bède, *De sex mundi aetatibus* ab. O. C. — 726, ne

ques depuis la création, et poursuivent leur œuvre, le premier jusqu'en 519, le second jusqu'en 627, et le dernier jusqu'en 726. D'autres se feront à leur tour les continuateurs de Bède ou d'Isidore.

Le trait caractéristique de ces divers écrits, c'est la persistance du souvenir et de l'influence de l'empire romain à côté de l'influence nouvelle du christianisme. L'Eglise devenue triomphante par Rome regardait ses destinées comme étroitement unies à celles de l'Empire. Même en dehors de l'Italie, et lorsque la puissance impériale est déchue, les clercs continuent de croire à la perpétuité de l'Empire. Ils sont presque tous sortis en effet des races depuis longtemps unies au monde romain, et que les barbares viennent de conquérir. Jusqu'au VIIIe s. ils conservent comme un honneur le nom de Romains [1]. Aussi les chroniqueurs ecclésiastiques jusqu'à Marius (fin du VIe s.), comptent-ils les années d'après la durée du règne des empereurs ou d'après les noms des consuls, et prêtent-ils plus d'attention à ce qui se passe à Rome ou même en Orient, qu'aux affaires du pays où ils vivent. Ce mélange de la tradition romaine avec les nouveaux intérêts religieux se retrouvera dans presque tous les écrits du moyen-âge. Nous en avons un exemple ancien et des plus curieux dans un recueil qui eut une influence considérable et dont une copie se trouve à la Bibliothèque de Vienne [2]. On le nomme le *Chronographe* de 354. C'est un calendrier officiel de Rome pour l'année 354. Il contient :

1. Un calendrier purement civil et romain, avec l'indication des jeux publics, des jours du sénat, etc.

2. Des annales depuis César jusqu'à 539. (V. Roncalli, IX.)

3. Les fastes consulaires jusqu'à 354 ; dits Anonymus Norisianus. (V. Eckhard p. 25-38.) [3]

4. Des tables de Pâques calculées depuis 312 pour cent ans. (V. Eckhard p. 38-40.)

5. La liste des préfets de la ville de 258-354. (V. Eckhard col. 17-22.)

se trouve pas dans Roncalli. V. Joh. Smith, *Bedae opera historica collecta.* Cambridge, 1722, in-fol. p. 1-34. Le sixième âge a été réédité dans les *Monumenta historica Britannica*, 1848. I, p. 83-102.

1. V. Frédégaire, *passim.* Il distingue les Burgundiones, Franci, Romani.

2. N° 3416. Cod. cart. Les n°° 1, 9 et 10 sont publiés dans le remarquable ouvrage de M. Mommsen, *Ueber den Chronograph des Jahres* 354. Leipsig, 1850. — Pallmann, *Gesch. der Voelkerwanderung*, II, 196-201 et 224-248. Wattenbach, p. 43.

3. Eccard, *Corpus Historicorum medii aevi.* Leipsig, 1723.

6. L'indication de la mort des évêques romains et des martyrs. (V. Eckhard col. 23-24.)

7. Le catalogue des papes jusqu'à Liberius, 352-369. (V. Eckhard col. 25-28.)

8. Des annales depuis César jusqu'à 403 et de 455 à 496. (V. Roncalli VIII.)

9. Une chronique universelle [1] (dite *Chronicon Horosii*.)

10. Une chronique de la ville de Rome jusqu'en 334. (V. Roncalli XI.)

11. La description des régions de Rome. (Ed. Preller. Iéna 1846.)

Des copies complètes ou partielles de ce calendrier se retrouvent dans divers endroits où elles servaient à inscrire les événements importants. On y faisait des additions successives, et nous voyons des écrits d'une certaine valeur historique sortir de ce recueil primitif. Le manuscrit de Vienne contient des indications annalistiques (n° 8) écrites à Ravenne et connues sous le nom d'*Anonyme de Cuspinien* (p. 496). Elles ont servi de source à Cassiodore, au *Chroniqueur Anonyme dit de Valois*, à l'évêque *Maximien*[2]. Les listes d'évêques de Rome ont été le premier noyau des biographies pontificales dites d'*Anastase le Bibliothécaire*. Les mentions de morts d'évêques et de martyrs ont été développées et ont formé les martyrologes si communs au moyen-âge (*Martyr. Hieronymi, Gellonense, Bedae, Usuardi, Notkeri*[3]). Enfin c'est sur les tables de Pâques déposées dans les monastères que furent écrites plus tard les premières *annales*.

La chronique de saint Jérôme et ces courtes indications de calendrier, voilà le point de départ de presque tous les écrits historiques du moyen-âge. Même les auteurs de véritables histoires, comme Grégoire de Tours ou Frédégaire, s'y rattachent et s'en font les copistes ou les continuateurs. Lorsque la première renaissance des lettres latines au viiie et au ixe s. ranimera l'étude des historiens anciens, on recopiera encore et on continuera les ouvrages de saint Jérôme, d'Isidore, de Grégoire. L'esprit timide et routinier des clercs restera attaché à cette tradition à la fois historique et ecclésiastique. Malheureusement

1. C'est cette chronique que M. Mommsen regarde comme l'ouvrage de chronologie de saint Hippolyte, dit de Porto-Romano; et qu'il identifie au *Liber Generationum* de Frédégaire. (*Ueb. de Chr.* p. 585-598.)

2. V. plus loin, p.

3. Wattenbach, p. 45-48.

nous ne possédons pas tous les anneaux de la chaîne. Il y a des périodes pour lesquelles nous ne possédons que des fragments disséminés, de sèches indications ; d'autres où les sources contemporaines manquent même absolument ; l'écho seul des événements nous parvient à travers des légendes et des traditions orales. C'est là surtout qu'il importe d'appliquer une critique sévère aux témoignages qui nous sont parvenus, de les classer, et de bien déterminer leur degré d'authenticité et d'autorité.

Mais l'étude des sources de notre histoire ne comprend pas seulement les écrits contenant des récits d'événements, Vies de Saints, Chroniques et Histoires. Ce n'est là qu'une partie des matériaux offerts aux recherches du critique et de l'historien. Nous possédons heureusement d'autres documents qui complètent les textes spécialement historiques et jettent souvent une vive lumière sur des époques qui sans eux demeureraient obscures. Au premier rang se placent les pièces officielles, lois, formules, canons des conciles, diplômes ou inscriptions. C'est dans les lois et les formules juridiques des premiers temps du moyen-âge que nous apprenons le mieux à connaître l'esprit et les mœurs des barbares ; les formules de Marculf[1], la loi salique[2], la loi ripuaire[3], les lois wisigothiques[4], la loi des Burgundes[5], et les lois romaines conservées à côté des lois barbares, le *Brevarium Alarici*[6] et le *Papiani responsum*, présentent comme un résumé sous forme précise et juridique de l'histoire des divers peuples qui se partagèrent la Gaule. Nous devons toujours les avoir sous les yeux en lisant les historiens et nous en servir comme d'un commentaire et d'un contrôle perpétuels. Les canons des conciles n'ont pas une moindre importance, car la société religieuse qu'ils nous font connaître exerce une puissante influence sur la société politique[7]. Les conciles d'Agde

1. E. de Rozière. *Recueil général des formules usitées dans l'empire des Francs du Vᵉ au Xᵉ s.* Paris, 1859.

2. *Lex Salica*, éd. Merkel. Berlin, 1850, in-8°; et Pardessus, *Commentaires sur la Loi Salique*. Paris, 1843. In-4°.

3. V. dans Walther, *Deutsche Rechtsquellen*. I, 4. 238.

4. *Die Westgothische antiqua.* Ed. F. Blume, 1847. Haenel, *Lex Romana Wisigothorum.* Leipsig, 1869. In-fol.

5. *Lex Burgundionum.* Ed. Bluhme. Mon. Germ. Leges III, avec le Papiani responsum.

6. V. Walther.

7. Mansi. *Sacrorum conciliorum nova et amplissima collectio.* Florence et Venise, 1737. 31 vol. in-fol. et Sirmond, *Concilia antiquae Galliae.* Paris, 1629. In-fol.

(506), d'Orléans (511), et d'Yenne (Epaône 517), ont une véritable portée politique, et le dernier, en particulier, nous montre avec une vigueur remarquable le caractère essentiellement catholique du règne de Sigismond. Le deuxième concile de Tours (566), le quatrième de Valence (584), le deuxième de Mâcon (585), ne sont pas moins instructifs, tant sur l'organisation intérieure de l'Eglise que sur ses rapports avec l'Etat. — Les diplômes sont rares à l'époque mérovingienne [1]. Nous pouvons pourtant y trouver des enseignements ou des confirmations utiles; nous y voyons les prescriptions légales passées en pratique, nous y trouvons d'une manière particulière et frappante les actes et pour ainsi dire la main même des rois mérovingiens ou des personnages les plus importants de cette époque. Enfin une dernière source d'informations officielles qu'il ne faut pas négliger, ce sont les inscriptions. La Gaule chrétienne nous en fournit un grand nombre qui peuvent souvent nous servir utilement à contrôler les historiens [2].

Nous ne devons pas nous contenter d'éclairer les textes historiques par les documents officiels; nous devons y joindre la connaissance précise de tous les documents littéraires, ouvrages religieux, lettres ou poésies. C'est ainsi que nous vivons avec les hommes d'un autre âge, et que nous arrivons à les connaître et à les comprendre. Dans ces écrits d'ailleurs, ce sont des événements précis qui sont l'occasion de prédications, de lettres ou de vers, et l'on y trouve à glaner un grand nombre de renseignements exacts et précieux. Les homélies et les lettres de *saint Avit,* le grand évêque de Vienne († v. 525), l'ami de Gondebaud, le maître de Sigismond, sont le plus utile commentaire de l'histoire de ces deux rois [3]. Les lettres de *C. S. Sidoine Apollinaire* († v. 488 ou 89), gendre de l'empereur Avitus et évêque de Clermont, nous offrent un tableau animé du centre de la Gaule au moment où la puissance romaine y expire entre les Wisigoths et les Burgundes [4]. Enfin les lettres de *Cassiodore* († ap. 563),

1. Bréquigny et La Porte du Theil, *Diplomata, chartae, epistolae, leges.* Parisiis, 1791. Nouv. édit., par J. M. Pardessus. Paris, 1843-1863. 7 v. in-fol.
2. V. Le Blant, *Inscriptions chrétiennes de la Gaule.* 3 vol. in-fol. Paris, 1856-1865. De Boissieu, *Inscriptions de Lyon.* Lyon, 1846-1854. In-4°.
3. *Aviti opera.* Ed. J. Sirmond. Paris, 1643. — V. sur Avitus : Binding, *Das burgundisch-romanische Koenigreich,* pars I. Passim. — Leipsig, 1868.
4. *Lettres de Sidoine Apollinaire* avec trad. française, par Grégoire et Collombet. Lyon, 1836. In-8°, 3 v. — V. sur Sidoine, *Hist. litt. de la France.* T. II, p. 550 sq., et G. Kaufmann, *Die Werke des C. Sollius Apollinaris*

l'ami, le ministre de Théodoric, sont un véritable recueil historique contenant des lettres royales, des diplômes, des pièces
officielles de tout genre, d'un prix inestimable pour l'histoire du
vi[e] s. en Italie et dans le sud de la Gaule [1]. Les lettres authentiques qui nous ont été conservées des papes, des rois ou des évêques, doivent être mises au premier rang parmi les documents
historiques, puisqu'elles ont l'avantage d'être un témoignage à
la fois direct et absolument contemporain.

Moins importantes que les lettres, les poésies nous apportent
souvent un écho des événements et nous pouvons presque toujours y recueillir des traits précieux sur les mœurs ou sur l'esprit du temps où elles ont été écrites. — C'est ainsi que *Fortunat* († v. 600), cet Italien devenu le favori de Sigebert, puis
l'ami de sainte Radegonde, nommé par son influence évêque de
Poitiers, nous a laissé dans ses vers une vive image de la vie du
vi[e] siècle, et a même chanté des événements politiques importants, tels que la chute du royaume de Thuringe et les noces de
Chilpéric avec Galeswinthe [2].

Malheureusement la société barbare des temps mérovingiens
ne nous est connue que par les écrits des chrétiens gallo-
romains. Ils ne nous ont presque rien conservé des légendes, des
récits, des chants répandus parmi les Franks. Ils ne nous disent
presque rien de leur religion [3]; quant à leurs chants, c'est à
grand peine qu'on en peut retrouver quelques traces dans les
récits de Grégoire de Tours (II. 40-42), dans le prologue de la
loi salique qui paraît reproduire un chant en l'honneur des
Franks [4], et dans quelques vers sur la victoire de Clothaire II sur
les Saxons en 622 conservés par la Vie de saint Fare, évêque
de Meaux [5].

Après avoir consulté tous les documents qui se rattachent
directement à la Gaule mérovingienne, l'historien devra encore
rechercher chez les écrivains des autres peuples ce qui peut se
rapporter aux Franks et à leur histoire. *Procope, Agathias,*

Sidonius. Goettingen, Dissert, 1864.

1. *Cassiodori opera.* Studio F. Garetii. Venise, 1729. In-fol.

2. *Fortunati opera.* Ed. Luchi. Rome, 1786. In-4°. — V. Aug. Thierry,
Récits mérovingiens, passim.

3. Grégoire de Tours parle des Franks comme s'ils avaient cru aux
fables païennes (II, 29).

4. V. Bethmann-Hollweg dans Schmidt, *Zeitschrift für Geschischtsw.* IX, 49.
Wattenbach, *Deut. Geschichtsquellen,* p. 67.

5. Mabillon, *Acta SS. O. S. B.* II. 617.

Menander Protector, Théophylacte Simocatta, Jordanes, Cassiodore, Isidore de Séville, plus tard *Paul Diacre,* ne lui seront pas inutiles. Les écrivains étrangers, en effet, non-seulement jugent un peuple à un autre point de vue que les historiens nationaux, mais souvent rectifient des faits que ceux-ci par négligence ou par partialité ont défigurés ou omis.

Pour écrire une histoire complète des sources mérovingiennes, il faudrait tenir compte de tous ces éléments divers, les examiner chacun en détail et assigner à chacun la place et l'autorité qui lui appartiennent. Nous ne pouvons prétendre exécuter un travail aussi considérable. Nous étudierons seulement les plus importantes parmi les sources spécialement historiques de l'époque mérovingienne, histoires, chroniques, annales ou Vies de Saints. Après avoir élucidé et classé les documents les plus importants et montré les liens qui les unissent, il sera plus aisé de grouper autour d'eux les sources secondaires, et d'envisager dans leur ensemble tous les renseignements que nous possédons sur cette période difficile de notre histoire [1].

C'est donc un essai d'histoire critique des sources que nous entreprenons, préparation indispensable à la critique même des faits, sans laquelle il n'est pas possible d'écrire l'histoire.

En effet, quand nous entreprenons l'étude d'une période historique, nous nous trouvons en présence d'un certain nombre de documents écrits à diverses époques, dans des endroits différents, par des auteurs dont les caractères, les positions, les idées étaient dissemblables. Trop souvent, l'historien superficiel, se fiant à leur antiquité relative, accepte d'emblée tout ce qu'ils nous rapportent et y puise au hasard, se contentant de son bon sens pour repousser les invraisemblances trop évidentes ou pour résoudre les contradictions trop choquantes. Mais l'historien sérieux a aujourd'hui d'autres devoirs à remplir, il doit soumettre les textes mêmes à un travail minutieux de critique avant d'entreprendre le récit des événements. Son premier soin sera de classer ses documents, de déterminer avec autant de précision que possible à quel auteur ils sont dus, à quelle époque ils ont été écrits, quel est leur degré exact d'authenticité et d'autorité. Ce premier travail une fois accompli, il devra soumettre de nou-

---

1. Pour suppléer autant que possible à l'insuffisance de notre travail et tracer au moins le cadre d'une histoire complète des sources de l'époque mérovingienne, nous donnerons en appendice une liste raisonnée des documents historiques qui se rapportent à cette période.

veau chaque fait à une critique du même genre, comparant les témoignages entre eux, tenant plus de compte de leur valeur que de leur nombre, se rappelant surtout qu'au moyen-âge les écrivains se copient les uns les autres et que très-souvent la mention d'un même fait dans deux auteurs n'ajoute rien à son autorité. Ce second travail sera comme la contre-partie et la vérification du premier. En effet, après avoir étudié le contenu des ouvrages pour les classer et en fixer la valeur, l'historien l'étudiera de nouveau avec plus de détail encore, guidé par les conclusions de son premier travail. Alors seulement, ayant examiné l'autorité de chaque texte et la vérité de chaque fait, il pourra coordonner dans un récit suivi les résultats de ses recherches, et même suppléer aux lacunes des documents par des hypothèses appuyées sur des faits certains.

S'il fallait que chaque historien refît pour lui-même tout ce travail de critique, il en résulterait une perte considérable de temps et d'efforts; mais la première partie éminemment positive et toute scientifique de ce travail peut être faite d'avance par d'autres; on peut préparer les matériaux que l'historien mettra en œuvre; on peut sinon les classer définitivement, du moins faire un classement partiel et provisoire qui rendra ensuite les recherches plus faciles. C'est l'œuvre de ceux qui s'occupent de l'histoire critique des documents. C'est ce que nous entreprenons aujourd'hui pour les sources de l'époque mérovingienne.

La méthode que nous suivons est indiquée par la nature même de notre étude. Il suffira d'en marquer brièvement les traits généraux.

Nous nous efforçons d'abord de déterminer par la comparaison des éditions et des manuscrits[1] quel est le meilleur texte du document que nous avons à étudier. Nous réunissons ensuite tout ce qu'il est possible de savoir sur l'auteur auquel il est attribué, sur l'époque où il l'a écrit, sur l'éducation qu'il a reçue, sur les situations diverses où il a pu se trouver, et d'où doivent dépendre en partie la vérité de ses informations ainsi que l'indépendance de ses jugements. Nous consultons enfin les témoignages contemporains qui peuvent nous éclairer soit sur l'auteur soit sur son œuvre.

1. Cette recherche ne peut pas toujours être faite, même à Paris, de première main. Heureusement d'excellents travaux allemands, ceux surtout de l'*Archiv der Gesellschaft für ältere deutsche Geschichts Kunde*, 11 v. in-12, et les préfaces des grands recueils historiques nous fournissent à cet égard des renseignements précieux.

Ces questions préliminaires, et pour ainsi dire extérieures, une fois résolues, nous abordons le document lui-même. Notre premier soin est d'en analyser le contenu, d'examiner si le texte ne renferme pas des contradictions, des difficultés qui soulèveraient des doutes sur son authenticité ou du moins sur sa pureté. Si le texte résiste à cet examen, si son authenticité est prouvée, nous recherchons les sources auxquelles l'auteur a puisé. Quels sont les événements qu'il a connus par des sources écrites? Quelles étaient ces sources? De quelle manière les a-t-il employées? L'a-t-il fait avec jugement, avec intelligence? Quel rôle au contraire jouent dans son ouvrage la tradition orale, les récits populaires ou même les légendes poétiques? Se montre-t-il à leur égard défiant ou crédule? Enfin à quel moment de son récit devient-il témoin contemporain? De quels faits est-il témoin oculaire? Quels moyens d'information a-t-il possédés pour connaître ceux qu'il n'a pas vus?

Cette analyse des sources d'un document est la partie la plus importante du travail de la critique. Il ne reste plus, pour ainsi dire, qu'à tirer les conclusions générales qui en découlent, et à définir le caractère de l'œuvre. Nos recherches sur la vie de l'auteur ont dû nous apprendre s'il était placé de façon à être bien informé; nous pouvons dire maintenant par la comparaison de sa vie et de son œuvre s'il a été un témoin intelligent et un témoin sincère, quel a été son but en écrivant et en général quel est son caractère, quelles sont ses qualités et ses défauts, en un mot quel est pour l'histoire la valeur de son témoignage, l'étendue de ses informations.

Le travail de la critique purement historique s'arrête là. Toutefois il est nécessaire pour avoir une idée complète des documents qu'on étudie, d'en apprécier le style et la valeur littéraire. La critique historique doit appeler ici à son aide la critique philologique. Le style nous révèle le degré d'instruction ou même d'intelligence de l'écrivain; il peut nous apprendre quels auteurs il a imités et connus. Les différences de style peuvent faire reconnaître la main de deux auteurs différents dans un même ouvrage, comme les analogies de style peuvent faire attribuer au même auteur deux ouvrages différents. Le style est donc un des éléments les plus importants pour la critique des documents historiques.

Nous avons sans doute tracé au critique un cadre bien vaste, et il est rare qu'il soit possible de donner une réponse à toutes les questions que nous avons posées. Souvent on ignore quel est l'auteur d'une œuvre, à quelle époque elle fut écrite, quelle est l'origine des renseignements qu'elle renferme. Il faut souvent tirer de l'œuvre elle-même tout ce que nous pouvons savoir sur elle, et il est parfois impossible en pratique de suivre exactement la marche logique que nous venons d'indiquer. Mais il n'en est pas moins vrai qu'en présence d'un document historique quelconque le critique doit poser successivement les questions suivantes : Quel en est l'auteur? A quelle date se rapporte-t-il? Offre-t-il toutes les garanties de l'authenticité? A quelle source ont été puisés les faits qu'il mentionne? Quelle est l'autorité de son témoignage?

Si ces questions pouvaient toujours être sûrement résolues, l'historien pourrait apprécier sans peine le degré de certitude de n'importe quel événement. Il saurait d'avance quelle est l'authenticité, l'autorité générale de l'écrit où il le trouve rapporté, si l'auteur l'a vu ou connu de source certaine, si cet auteur était contemporain, et s'il habitait le pays où le fait s'est passé. Malheureusement la critique reste muette sur bien des points, il faut souvent se contenter de vraisemblance à défaut de certitude et d'hypothèses au lieu de faits. Mais le critique aura déjà rendu un grand service à l'historien en préparant et en déblayant le terrain, en classant provisoirement les matériaux, en fixant une fois pour toutes les points acquis à la science.

Ces travaux d'érudition et de critique rebutent quelquefois par une apparence de sécheresse et de monotonie ceux qui ne les ont point encore abordés. Aucune étude pourtant ne fait pénétrer plus profondément dans la connaissance des temps passés. Le critique est obligé de vivre avec les historiens dont il analyse les ouvrages; il cherche à surprendre leur vie de tous les instants, leur manière de travailler, les mobiles cachés de leurs idées et de leurs paroles. Il assiste à la composition de leurs écrits, il voit les manuscrits déposés sur leur table et les sources qu'ils consultent, il va parfois jusqu'à découvrir quels passages ils ont mal lus, quels autres ils ont mal compris. Et lorsque le critique étend cette étude à toute une époque, lorsqu'il marque les liens qui unissent entre elles les diverses sources historiques, lorsqu'il découvre comment elles se copient ou s'imitent les unes les autres, comment les mêmes idées, les mêmes sentiments se répétent ou se transforment d'âge en âge, n'est-ce pas à l'histoire même de l'esprit humain qu'il travaille? Ne pénétre-il pas dans l'âme humaine bien plus profondément que s'il se contentait de raconter les événements de l'histoire politique ou militaire? C'est le récit des événements au contraire qui est sec et froid si l'on

ignore de quelles idées et de quels sentiments ils sont la consé-
quence et l'expression.

Aussi un véritable historien sera-t-il toujours en même temps
un critique. Il se servira sans doute des résultats obtenus par la
critique avant lui, mais il reprendra en sous-œuvre les mêmes
recherches. Il y a mille détails où le critique est guidé par son
intelligence seule, par son tact, par sa pénétration psycholo-
gique. Les documents les plus connus révèlent souvent des
choses toutes nouvelles à l'écrivain doué du sens historique. Ce
n'est qu'en se soumettant à ce travail minutieux, lent et parfois
aride en apparence, qu'il arrivera à comprendre le sens véritable des textes, à s'en servir comme s'ils étaient éclairés par la
lumière de la réalité et de la vie.

Nous serons heureux si l'essai bien imparfait que nous publions
peut faciliter aux travailleurs jeunes et zélés l'étude des documents de notre histoire, et surtout les exciter à entreprendre ces
travaux d'érudition et de critique qui pourront seuls leur donner
une vue claire et une intelligence complète du passé.

GRÉGOIRE DE TOURS.

Pour toute la période qui s'étend entre la première apparition des Franks au centre de la Gaule parmi les alliés d'Aétius contre Attila et l'établissement définitif de leur puissance sous les fils de Clovis, nous ne possédons presque aucune source historique contemporaine. L'Histoire de Renatus Frigeridus, citée par Grégoire de Tours (II, 8) ne nous est point parvenue, et d'ailleurs elle ne devait guère s'étendre au delà de la mort d'Aétius, puisque c'est du XIIe livre qu'est tiré le portrait du général romain transcrit par Grégoire. Les lettres d'Avitus et de Sidoine Apolinaire, très-importantes pour l'histoire de la Burgundie et de l'Arvernie, ne nous apprennent presque rien sur les Franks. Elles peuvent d'ailleurs servir de commentaire à l'histoire, plutôt qu'elles ne peuvent y suppléer. Les chroniques d'Idatius (j. en 468), et de Cassiodore [1] (j. en 519), importantes pour l'Espagne et l'Italie, pour les Wisigoths et les Ostrogoths, ne touchent qu'en passant aux affaires du nord de la Gaule. En dehors des actes des conciles, qui nous permettent de suivre les progrès et la vie de l'Eglise, nous ne possédons à cette époque en Gaule, en fait de monuments historiques, que quelques Vies de Saints, par ex. celles de saint Romain [2] († v. 460), de saint Lupicin [3] († v. 480), de saint Séverin d'Agaune [4] († 506), de saint Maixent [5] († 515), de

1. *Die Chronik des Cassiodorus senator*. Hersggb. v. Th. Mommsen. Leipsig, 1861, in-8.
2. AA. SS. Boll. 28 fév. III, p. 740-746.
3. AA. SS. Boll. 21 mars, III, p. 263-264.
4. AA. SS. Boll. 11 fév. II, p. 547-551, avec interpolation du IXe s. Mab. A. O. S. B. Saec. I. App. p. 568-570.
5. AA. SS. Boll. 26 juin, V, p. 169-175. Écrite au temps de Childebert.

saint Eptadius [1] († vi^e s.), de saint Jean de Réomé [2] († v. 545),
et les Vies de Saints écrites par Grégoire de Tours et par Fortunat ; mais ces écrits, précieux pour l'histoire des mœurs, ne
nous fournissent que bien peu d'indications pour l'histoire politique. Ils sont même si indifférents sur ce sujet qu'on ne peut
guère se fier à leur exactitude. Les premiers documents historiques importants que nous possédions pour l'histoire des Franks
sont l'Histoire de Grégoire de Tours et la Chronique de Marius
d'Avenches. Le premier est mort en 594, le second en 593, c'est
d'après leur seul témoignage que nous pouvons connaître toute
la période de l'histoire de la Gaule, qui s'étend de la mort d'Aétius et de Valentinien en 455 à la fin du vi^e s.

Grégoire de Tours est la seule source abondante que nous
possédions pour le ve et le vi^e s. de notre histoire. Tout ce que
nous savons sur l'origine de la puissance des Franks, sur leur
établissement en Gaule, sur leurs conquêtes au vi^e s., c'est par lui
que nous l'apprenons. La triple mention de Faramond, Clodion
et Mérovée dans la chronique de Prosper Tiro a toutes les appa-
rences de l'interpolation, car elle ne se trouve pas dans le plus
ancien et le meilleur manuscrit et n'a d'ailleurs aucun lien avec
le reste du texte. Grégoire de Tours nous parle (II, 8, 9) de deux
historiens qui ont raconté avant lui les événements dont la Gaule
a été le théâtre, *Sulpicius Alexander* et *Renatus Profuturus Frigeridus*. Mais nous ne les connaissons que par lui.
D'ailleurs, d'après les citations qu'il nous a conservées, il ne paraît
pas que le récit de Sulpice Alexandre s'étendît jusqu'à l'arrivée
des Franks en Gaule, et tout porte à croire que l'histoire de Frigeridus [3] ne dépassait pas le milieu du ve s. Les dix livres de Gré-

1. AA. SS. Boll. 24 août, IV, p. 728-781.
2. AA. SS. Boll. 28 janv. II, p. 856-862. Mab. A. S. O. S. B. Saec. I. App.
p. 633-638. — Ecrite primitivement par un contemporain, mais refondue
au viie s. par Jonas, le biographe de Colomban. La seule vie de Saint
contemporaine qui soit vraiment importante pour l'histoire est celle
d'Epiphane, évêque de Pavie († 496) par son disciple Ennodius. Elle est
très-instructive pour le règne de Gundobad. V. Binding, op. cit.
3. « D'après J. Grimm, *Ueber Jornandes*, p. 17, ce nom est gothique.
Schirren, *De ratione, quae inter Jordanem et Cassiodorum intercedat com-
mentatio*. Dorpat, 1858. p. 7, identifie l'historien avec le Profuturus, év.
de Braga, à qui est adressée une lettre du pape Vigile de 538. V. dans
Ammien Marcellin, XXXI, 7. » — Wattenbach, op. cit. p. 71, n. 1. — Le ms.
de Cambrai donne la forme *Frigiretus*. C'est sans doute la bonne leçon,
et non la forme *Frigeridus*, généralement adoptée, bien qu'elle ne soit
fournie que par le ms. de Corbie, dont la valeur est médiocre.

goire de Tours sont donc notre source presque unique; seuls du moins ils offrent un récit suivi et développé des événements. Une époque, un auteur, un livre aussi important, méritent une étude attentive et détaillée. Adrien de Valois regardait à juste titre cette œuvre comme « le fonds même de notre histoire » [1].

De nombreux travaux sur Grégoire de Tours ont paru tant en Allemagne qu'en France, et ne laissent guère de découvertes à faire à la critique. Venant les derniers, nous espérons être plus complets que nos prédécesseurs, et offrir du moins un résumé lucide des questions critiques que soulève le texte de l'Histoire des Franks. D'ailleurs, aussi longtemps que n'aura point paru l'édition de Grégoire promise, il y a plus de trente ans, par les *Monumenta Germaniae,* édition entreprise d'abord par M. Bethmann, reprise aujourd'hui par M. Arndt, la critique ne pourra pas prononcer un jugement définitif. L'étude des manuscrits peut amener à des résultats inattendus.

Voici quels sont les principaux écrits à consulter sur Grégoire de Tours :

Travaux français.

Hadr. Valesius, *Rerum Franciarum libri* 8; Paris, 1646-1658. 3 v. in-f°. T. II. Préface.

Ant. Dadin. de Alteserra (de Hautserre), *Notae et observationes in historiam Francorum Gregorii Turonensis et supplementum Fredegarii*; Tolosae, 1679. In-4°. (Commentaire suivi du texte de Grégoire.)

Histoire et Mémoires de l'Académie des Inscriptions, Mémoires de Foncemagne. T. VIII, p. 278; Bonamy, T. XXI, p. 96-100; Lévesque, T. XXI, p. 598-637 (*Vie de Grégoire de Tours*); Lebeuf, T. XXVII, p. 176-179.

Lecointe, *Annales ecclesiastici*, T. I, ad ann. 417, 544, 545, 555; II, ad ann. 567-585; IV, ad ann. 681.

Histoire littéraire de la France, T. III, p. 372.

Ampère, *Histoire de la littérature française au moyen-âge,* T. II, p. 275-311.

Guizot, *Histoire de la civilisation en France*, T. II, p. 52.

A. Jacobs, *Géographie de Grégoire de Tours et de Frédégaire,* en Appendice à la trad. de Grégoire de Tours de la collection Guizot, et séparément; Paris, 1858. In-8°.

---

1. « *Fundus historiae nostrae.* » Hadr. Valesii *Rerum Francicarum libri octo*. T. II, praef., p. 4.

Lecoy de la Marche, *De l'autorité de Grégoire de Tours*; Paris, 1861.

H. Bordier, *De l'autorité de Grégoire de Tours, en réponse à M. L. de la Marche;* en appendice à la trad. de Grégoire de Tours, par M. Bordier; Paris, 1861.

Lecoy de la Marche, *Réponse à M. Bordier*; Paris, 1862.

Des Francs, *Etudes sur Grégoire de Tours*; Chambéry, 1861. In-8°.

Ponton d'Amécourt, *Essai sur la numismatique mérovingienne comparée à la géographie de Grégoire de Tours*; Paris, 1864.

Travaux allemands.

Fabricius, *Bibliotheca mediae et infimae latinitatis*, T. VII, p. 292-308.

Schüz, *Commentarius criticus de scriptis et scriptoribus historicis*; Ulm, 1763, p. 219-222.

Struve, *Bibliotheca historica*. Ed. Meusel, 1782, t. VII, p. 266-271.

L. Haeusser, *Ueber die teutschen Geschichtschreiber,* p. 8.

Baehr, *Die Christlichen Dichter u. Geschichtschreiber*, Carlsrhue, 1836, p. 138-165.

Kries, *De Gregorii Turonensis episcopi vita et scriptis*; Breslau, 1859. In-8°.

Loebell, *Gregor v. Tours und seine Zeit*; Leipsig, 1839. Nouv. éd. 1868. In-8°. (Ces deux ouvrages sont les meilleurs guides pour l'étude de l'Histoire des Franks.)

Waitz, dans les *Gœttingische gelehrte Anzeigen,* 1839, p. 781-793, et dans *Schmidt's Zeitschrift für Geschichte*, II, 44.

Archiv für œltere deutsche Geschichtskunde, hersggbn v. Pertz, V, 50; VII, 246.

Koepke, *Gregor von Tours* in: *Kieler allgemeine Monatschrift*, 1852, p. 775-800.

Junghans, *Die Gesch. Childerichs u. Chlodovechs kritisch untersucht*; Gœttingen, 1857. In-8°.

Voyez encore les préfaces et les notes des éditions de Grégoire, par Ruinart; Paris, 1699. In-f°; par dom Bouquet, dans le *Recueil des Hist. de France*; T. II; par Guadet et Taranne; Paris, 1836-37; avec trad. 1836-38. Voyez aussi les traductions de l'Histoire des Franks, par M. W. Giesebrecht; Berlin, 1851 (allemande); et par M. H. Bordier; Paris, 1855-61 (française).

CHAPITRE I.

VIE DE GRÉGOIRE DE TOURS.

Ce sont presque exclusivement les œuvres mêmes de Grégoire de Tours qui nous font connaître sa vie. Les nombreuses pièces de vers que le poète Fortunat, son ami, lui a adressées, ne renferment que bien peu de traits à ajouter à ce que nous savons par Grégoire lui-même (Fort. Carm. I. epistola praefixa; V, 3-5, 9-20; VIII, 15-23, 25, 26; IX, 6, 7; X, 5, 6, 11-13, 18, 19; prologue de la vie en vers de saint Martin). La Vie de Grégoire, composée à Tours dans la première moitié du xe s. et attribuée à Odon de Cluny[1], est tirée des œuvres de notre Évêque, sauf pour les trois derniers chapitres. Elle passe d'ailleurs entièrement sous silence ce qui touche aux événements politiques. Elle a un but purement religieux; elle veut prouver que Grégoire mérite d'être considéré comme un Saint, bien qu'il ait fait peu de miracles (Préf. c. 26)[2]. Mais il en a fait pourtant (c. 16), et d'ailleurs il a sauvé des âmes, plus précieuses que des corps (c. 13); le pape saint Grégoire l'avait en grande vénération (c. 24); le peuple de Tours doit, sous peine d'ingratitude, l'honorer à côté de saint Martin, sans pourtant le faire son égal (c. 26). « *Quem videlicet nos vel apud Deum, vel apud beatum Martinum advocatum quemdam atque sequestrem habere confidamus.* »

Georgius Florentius (nommé *Gregorius* en l'honneur de saint Grégoire de Langres), était issu d'une famille sénatoriale

---

1. V. Ruinart, *Gregorii opera*, à la suite de la préface. Aucun des mss. de cette vie ne porte à notre connaissance le nom d'Odon (Paris, Bibl. imp. 5308; Montpellier, Université, n. 1. Vitae SS. vol. IV, f. 93. — Dijon, Univ. n. 383, AA. SS. vol. V. 2, saec. XIII. — Bruxelles, 5397-5407). Dans ce dernier ms. la vie de Grégoire fait suite à celle d'Odon. Ruinart avait trouvé dans un ms. de Saint-Serge d'Angers la mention *Prologus domni Odonis abbatis.* — Odon, né dans le Maine vers 879, fut chanoine de Saint-Martin de Tours en 899, et devint en 927 abbé de Cluny; il mourut en 942. Il cite plusieurs fois Grégoire dans ses écrits. L'édition de *Surius*, AA. SS. 17 nov. VI, p. 419, attribue simplement la Vita Gregorii aux « *clericis Turonensibus auctoribus* » ce qui est plus sage.

2. La vie ne le nomme encore que Beatus, tandis que le pape Grégoire est dit Sanctus.

de la cité des Arvernes (auj. Clermont-Ferrand). Son père, *Florentius*, était fils du sénateur *Georgius* (Vitæ Patrum XIV, 3)[1]. Georgius avait un autre fils *Gallus* (Vit. PP. VI. 1) qui fut évêque des Arvernes (532-554. Historia Francorum IV, 5 et V. PP. VI. 3). La femme de Georgius était *Leocadia,* issue d'une famille sénatoriale de Bourges. *Leöcadius*, un de ses ancêtres, fut le premier disciple de saint Ursin, et sa maison fut la première église de la cité (H. F. I. 29). Le fils de Leocadius, *Lusor* (saint Ludre), enterré à Déols, fut vénéré comme un saint (Gloria Confessorum, 92). Léocadius descendait de *Vettius Epagathus,* un des quarante-huit chrétiens qui, avec saint Pothin, furent en Gaule les premiers martyrs de la foi (à Lyon, vers 177. H. F. I, 27). Ce n'est donc pas sans raison que Grégoire dit de sa famille paternelle : « *In Galliis nihil invenitur esse generosius ac nobilius.* » (V. PP. VI. 1.)

Sa famille maternelle n'était pas moins illustre. Florentius en effet avait épousé *Armentaria*, qui était comme lui de famille sénatoriale, et dont l'aïeul maternel était le sénateur *Florentius* (de Genève?), mari d'*Artemia* (V. PP. VIII. 1). Les frères de sa mère étaient, l'un saint *Nicetius* (Nizier), évêque de Lyon, dont Grégoire a raconté avec enthousiasme la vie et les miracles (V. PP. VIII), et l'autre le duc Gundulf, qui reconquit Marseille pour Childebert en 581. (H. F. VI. 11) *Sacerdos* le prédécesseur de saint Nicetius sur le siége épiscopal de Lyon, était de la même famille (V. PP. VIII, 3). L'aïeul paternel d'Armentaria était saint *Grégoire de Langres*, issu d'une des plus grandes familles sénatoriales, d'abord comte d'Autun, puis évêque de Langres (486-536), après la mort de sa femme *Armentaria* (V. PP. VII. 1; H. F. V. 5). Un des fils de saint Grégoire, *Tetricus*, lui succéda comme évêque de Langres (539-572. H. F. V. 5). Un de ses petits-fils, *Euphronius*, fut le prédécesseur de Grégoire de Tours sur le siége épiscopal de cette ville (H. F. IV. 15; X. 31). De tous les évêques de Tours, il n'y en avait eu que cinq qui n'eussent pas été unis à la famille Grégoire par des liens de parenté (H. F. V. 50).

Ainsi dans toutes les parties de la Gaule, à Lyon, à Genève, à Clermont, à Bourges, à Tours, à Langres, à Dijon, Grégoire

---

1. Levesque de La Ravalière fait de Georgius un fils de Grégoire de Langres, hypothèse qu'aucun texte ne justifie. Georgius aurait épousé sa cousine germaine, ce qui est contraire aux canons. MM. Guadet et Taranne ont copié La Ravalière.

était allié à ce qu'il y avait de plus illustre par la naissance comme par la piété.

Son père avait eu deux autres enfants, *Pierre*, l'aîné de ses fils (Miracula S. Juliani. 24), diacre à Langres, qui mourut assassiné (H. F. V. 5), et une fille qui épousa un certain *Justinus*, de Besançon (Miracula S. Martini II. 2; Gloria Martyrum, 71). Celle-ci eut deux filles : *Heustenia*, mariée à *Nicetius* (le duc d'Arvernie? H. F. V. 14; VIII, 18), et *Justina*, élève de sainte Radegonde (Fortunati Carm. lib. VIII, 17, 18; IX. 7).

Voici le tableau généalogique de toute la famille de Grégoire :

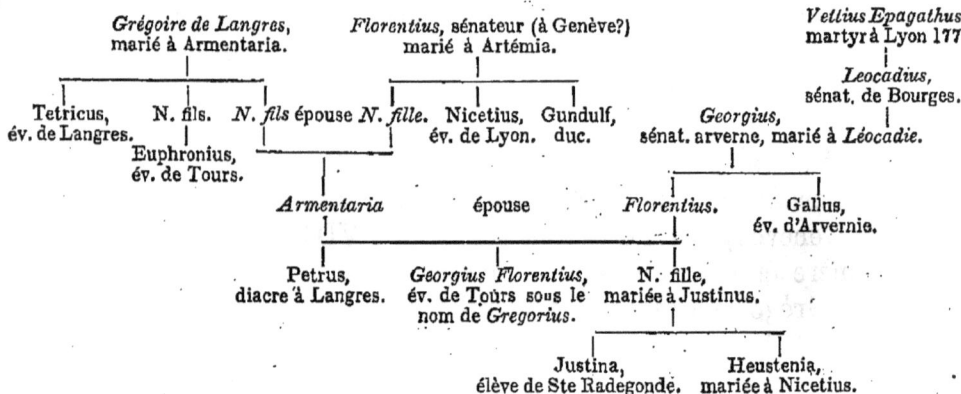

Georgius Florentius naquit le 30 novembre, jour de saint André (Miracula Sancti Andreae, ch. 38). La date de sa naissance n'est pas absolument certaine. La vie de Grégoire dit qu'il fut consacré « *ferme tricennalis* », et comme il devint évêque en 573, il serait donc né en 542[1]. Mais le biographe qui ne semble pas avoir connu sur ce point de date précise, peut bien avoir cédé au désir de le faire arriver à l'épiscopat avant l'âge canonique de trente ans. Grégoire nous dit (Mir. S. Mart. III. 10) que sa mère vint le voir à Tours « *post ordinationem meam* », et fut guérie d'une maladie qui durait depuis trente-quatre ans et datait de la naissance de son fils. Si ces mots « post ordinatio-

---

1. M. Bordier, trad. fr. de l'Hist. des Franks, p. xxxvii, n. 2, soutient l'opinion du biographe, et dit que Grégoire naquit en 543; mais Grégoire est élu évêque au milieu de 573, *ferme tricennalis*, et aurait eu trente ans le 30 nov. 573. Il serait donc né dans cette hypothèse le 30 nov. 542 et non 543.

nem meam » signifient : « aussitôt après mon ordination », la date de la naissance doit être reportée à 538 ou 539. Cela est plus naturel. Grégoire place une visite qu'il fit à saint Nizier à l'âge de huit ans, entre l'ordination de son oncle comme prêtre en 543, et son élection à l'évêché de Lyon (V. PP. VIII. 2) en 551. Les dates s'accordent ici parfaitement et donnent 546-547 ; tandis que d'après le biographe il n'aurait eu huit ans qu'en 552. Grégoire parle encore d'une maladie qu'il eut du vivant de Gallus « *in adolescentia* » ce qui suppose au moins une dizaine d'années. Mais d'après le biographe, Grégoire aurait à peine atteint dix ans à la mort de Gallus arrivée en 554. Enfin Grégoire nous dit (M. S. M. I. 32) qu'il était diacre la seconde année du roi Sigebert (563). Or on ne devenait diacre qu'à 25 ans. Nous devons donc accepter pour la naissance de notre auteur la date du 30 novembre 538.

Nous ne savons presque rien du père de Grégoire. Il semble avoir eu une assez mauvaise santé, dont son fils paraît avoir hérité (Gl. Conf. 40 ; V. PP. XIV. 3 ; Vit. Grég. 2, 4). Il mourut sans doute de bonne heure, car nous ne voyons auprès de Grégoire que sa mère et son oncle Gallus, évêque des Arvernes (V. PP. II. 2), au moment où une forte maladie dont il fut guéri par l'intercession de saint Illidius (saint Allyre), détermina sa vocation ecclésiastique. Au ch. 84 du *De gloria Martyrum*, Grégoire nous dit que son père s'était marié à l'époque où Théodebert emmena des otages d'Arvernie (à la mort de Thierry sans doute, 534). Puis il parle de reliques que sa mère conserva après la mort de son père. « Longtemps après », ces reliques le sauvèrent à une époque où la « *juvenilis fervor* » agissait encore en lui. Nous voyons donc que son père était mort depuis longtemps lorsque Grégoire était encore un jeune homme.

D'après le biographe (ch. 1), ce fut Gallus qui s'occupa le premier de son éducation. A la mort de Gallus (554), Avitus son successeur se chargea de l'instruction de Grégoire, qui témoignait d'ailleurs peu de goût pour les études profanes et se livrait avec ardeur à la lecture des livres religieux (V. PP. VI. Préf.). On a remarqué que les hommes éminents ont souvent reçu fortement l'empreinte de l'influence maternelle ; Grégoire fut de ce nombre. Il nous a conservé le souvenir de la tendresse et de la piété de sa mère (Gloria Martyrum 51 ; Gl. C. 3, 85)[1]. Son auto-

---

1. Voyez ce que Grégoire nous dit du voyage qu'entreprit sa mère pour venir à Tours : « *Vel ad occursum antistitis sancti, vel* causa desiderii

rité et son influence sur son fils demeurèrent très-grandes, puisque dans le songe qui le décida à entreprendre le récit des miracles de saint Martin, c'est sa mère qui le blâme de son silence, et par de fermes et intelligentes paroles répond à tous ses scrupules [1].

C'est à sa mère, qui était née en Burgundie et y possédait des terres, près de Cavaillon, que Grégoire dut de connaître aussi bien cette partie de la Gaule. Tout enfant, en 546, il alla à Lyon voir son grand oncle saint Nizier (V. PP. VIII. 2). Il y retourna plusieurs fois dans la suite, tant pour voir son grand oncle que pour visiter sa mère, qui paraît avoir séjourné en Burgundie après la mort de son mari (Gl. C. 62; M. S. M. I, 36; III, 60; M. S. J. 2; Gl. M. 84).

Vers la fin de 563, quand il eut atteint l'âge de 25 ans, il dut être ordonné diacre [2], car c'est en cette qualité qu'il fit peu après le voyage de Tours. Atteint subitement d'une maladie terrible, il alla chercher la guérison au tombeau de saint Martin (M. S. M. I. 32). Il y vécut auprès de l'évêque Euphronius, cousin de sa mère, et l'église de Tours, qui devait bientôt le choisir pour chef, put apprendre à le connaître et à admirer sa piété.

Quelque temps après il alla en Burgundie (M. S. M. I. 36), et nous le retrouvons à Lyon remplissant les fonctions de diacre auprès de saint Nizier (V. PP. VIII. 3).

Ses voyages, les miraculeuses guérisons dont il avait été plusieurs fois favorisé, son amour exclusif des choses religieuses, son austérité, et aussi l'illustration de sa famille, avaient fait de bonne heure connaître Grégoire et le destinaient à une position éminente dans l'église de Gaule. Le roi d'Austrasie, Sigebert, sous la domination duquel se trouvaient l'Arvernie et la Touraine, avait pour lui la même vénération affectueuse que Thierry avait témoignée à son oncle saint Gall. Aussi est-ce auprès du roi d'Austrasie, à Rheims, que se trouvait Grégoire lorsque le clergé

---

mei (M. S. M. III, 10) », et les tendres paroles d'Armentaria à son enfant malade : « *Moestum hodie, dulcis nate, sum habitura diem, cum te talis attinet febris.* » (V. PP. V. 12.)

1. Mir. S. M. I., Prologus : « *Quare segnis es ad haec scribenda quae » prospicis ? — .. Nescis quia nobiscum propter intelligentiam populorum si » quis loquitur, sicut tu loqui potens es, eo habetur magis præclarum? Itaque » ne dubites, et haec agere non desistas : quia crimen tibi erit si ea tacueris.* »

2. Le biographe nous dit qu'il fut diacre « *tempore praestituto* », ce qui est en contradiction formelle avec l'hypothèse de 542 pour la date de la naissance.

et le peuple de Tours, à la mort de l'évêque Euphronius, le choisirent à l'unanimité pour son successeur[1]. Malgré les scrupules que mit en avant la modestie du jeune prêtre, le roi confirma l'élection et le contraignit à accepter l'honneur qui lui était fait. Il le fit consacrer à Rheims même par l'évêque Egidius, et non à Tours, comme l'aurait voulu la règle canonique[2]. Grégoire était alors dans sa trente-cinquième année, car il fut élu, d'après son propre témoignage, la douzième année du règne de Sigebert, c.-à-d. en 573[3]. Fortunat, alors chapelain du couvent de Sainte-Croix, fondé à Poitiers par sainte Radegonde, célébra en termes pompeux l'arrivée à Tours du nouvel évêque (Carm. V. 3).

> Plaudite. felices populi, nova vota tenentes,
>   Praesulis adventu; reddite vota Deo.
> . . . .
> Quem patris AEgidii Domino manus alma sacravit

1. Le passage du biographe est intéressant en ce qu'il nous représente fidèlement ce qu'était une élection d'évêque au VIe s. : « Cum igitur B. Euphronius obiisset, Turonici de ejus successore tractaturi conveniunt. Sed facili discrimine suasum est cunctis Gregorium in electione praeferendum... Clericorum turma nobilibus viris conserta, plebsque rustica simul et urbana, pari sententia clamant Gregorium decernendum ... Legatio ad regem dirigitur.... Quem (Gregorium) statim Egidius Remensis archiepiscopus ordinavit. » — (Ch. 11.)

2. Mummolus et Clovis, fils de Chilpéric, se disputaient alors la possession de Tours. Il eut sans doute été difficile d'y célébrer la consécration.

3. M. Waitz (*Gœttinger gelehrte Anzeigen*. 1839, p. 790), place la mort de Clothaire avant le 1er septembre 561, d'après Marius qui le fait mourir Indiction IX ; et il pense que Grégoire a été nommé évêque au commencement de la 12e année de Sigebert, c'est-à-dire en septembre 572. Il suppose que la nomination eut lieu en août 572. Sigebert de Gembloux, qui place l'élection de Grégoire en 572, aurait donné la date vraie. L'opinion de M. Waitz est une simple hypothèse sur laquelle il est difficile de se prononcer. Nous avons relevé le fait que Grégoire était diacre la 2e année de Sigebert (M. S. M. I. 32). Si cette deuxième année se termine le 31 août 563, comme on ne devenait diacre qu'à 25 ans, Grégoire aurait dû naître en 537 ; il nous dit que sa mère vint à Tours après son ordination et 34 ans après sa naissance, ce qui supposerait en effet que le voyage eut lieu en 572. Cela ne change rien d'ailleurs à l'ensemble de la chronologie de la vie de notre évêque. L'erreur du biographe, au sujet de son âge au moment de l'élection, devient dans cette hypothèse plus considérable encore. — Toutefois, je suis d'avis de conserver la date traditionnelle de 573, qui seule permet d'expliquer l'épilogue du livre X. Grégoire nous dit en effet que la 21e année de son ordination était la 5e du pape Grégoire et la 19e de Childebert. Ces données ne peuvent s'appliquer qu'à l'année 594.

Ut populum recreet, quem Radegundes amet;
Huic Sigebertus ovans favet et Brunechildis honori,
Judicio regis, nobile culmen adest.

C'était sans doute dans un précédent voyage à Tours que Grégoire avait passé par Poitiers, et s'était concilié l'affection de la veuve de Clothaire et de son ami, le poète Trévisan. Cette affection dura autant que leur vie. Fortunat ne perdit pas une occasion d'envoyer à l'évêque de Tours des pièces de vers ou des lettres écrites dans les termes les plus flatteurs, et où se trouvent plusieurs fois des salutations amicales envoyées par Radegonde et par sa fille Agnès (Carm. V. 12; VIII. 17; IX, 7). Grégoire lui envoyait des fruits (V. 16); des peaux blanches pour se faire des souliers (VIII. 28); il lui donna un champ (VIII. 25); il lui communiquait même, semble-t-il, des vers de sa composition (V. 11); il flattait son amour-propre de poète en le priant de composer à son intention des strophes saphiques (IX. 6, 7). Tous deux d'ailleurs jouissaient de l'amitié de Sigebert; peut-être s'étaient-ils trouvés ensemble auprès de lui [1]. Tours et Poitiers, de même que l'Arvernie, faisaient partie des possessions du roi d'Austrasie [2], dont Grégoire fut toujours un sujet fidèle et même, semble-t-il, un partisan passionné.

Il était important pour Sigebert d'avoir à Tours un serviteur aussi dévoué et aussi éminent. Tours était à cette époque le centre religieux de la Gaule. C'est dans la basilique de saint Martin que Clovis avait revêtu les insignes honorifiques envoyés par l'empereur Anastase (H. F. II. 38); c'est à saint Martin que la reine Clothilde avait demandé un asile pour sa vieillesse (IV. 1) [3]. Clothaire, par vénération pour saint Martin, avait exempté la ville de tout impôt, et avait enrichi la basilique de ses dons (IV. 20; X. 31). De tous les sanctuaires de la Gaule, celui de saint Martin était le plus célèbre, le plus fréquenté. Trois livres ne suffisent pas à Grégoire pour raconter tous les miracles qui s'y sont passés sous ses yeux; ils nous montre des pélerins et des malades y accourant de toutes parts, du Vermandois (M. S. M. II, 9), de Vienne (id. II. 18), de Lisieux (id. II. 54), de Sens (id. II. 55), d'Avranches (id. III, 19), d'Albi (id. III. 30), de

1. Ce fut vers 567 que Fortunat quitta Sigebert pour venir à Poitiers.
2. Tours et Poitiers faisaient partie du lot de Charibert († 570). Après sa mort ces deux villes avec leur territoire passèrent à Sigebert.
3. Les chiffres sans autre indication marquent toujours une citation de l'*Historia Francorum*.

Châlons (id. III, 38), de Biscaye (id. IV. 40). Au point de vue politique la situation de Tours était aussi importante qu'au point de vue religieux. Située au milieu d'un pays riche et fertile, la ville appartenait encore à l'Aquitaine, tout entière peuplée de Gallo-Romains (*Romani*), et touchait cependant au pays d'au-delà la Loire, où dominait la barbarie franke. Elle était située sur le passage des ambassades qu'échangeaient les rois des Franks avec ceux des Wisigoths (V. 44; VI. 18; M. S. M. III. 8). Elle était un véritable centre dont chacun des chefs franks enviait la possession.

Aussi son importance même était-elle une source de continuels dangers. Isolée à l'extrémité occidentale des possessions du roi d'Austrasie, elle était la première envahie et ravagée par ses frères; elle était sans cesse prise et reprise (IV. 46, 48). Au moment où Grégoire y arriva, Clovis, fils de Chilpéric, et Mummolus, chef des troupes de Sigebert, se la disputaient. Le nouvel évêque montra au milieu de toutes ces luttes une fermeté inébranlable; il sut préserver de toute atteinte les droits de son église et commander le respect même à ses ennemis.

Les premières années de son épiscopat furent difficiles et orageuses. En 575 il perdit son protecteur Sigebert, et Tours resta pendant dix ans sous la domination de Chilpéric. Partisan zélé de l'Austrasie, Grégoire avait tout à redouter du roi de Paris et de sa femme Frédégonde. Il avait heureusement pour le protéger sa dignité épiscopale et la majesté de saint Martin. C'est pour la défense du sanctuaire qu'il eut d'abord à combattre; malgré les violences du comte Leudaste, naguère établi à Tours par Charibert (IV. 49), et rétabli par Chilpéric, il refusa avec une invincible fermeté de livrer Gontran-Boson et Mérovée[1], qui avaient cherché dans la basilique de saint Martin un asile contre la colère du roi (V. 14). En même temps, il défendait les possessions de son diocèse contre Félix, évêque de Nantes. Il le fit même avec une énergie qui allait jusqu'à la violence (V. 5).

Il n'apporta pas une fermeté ni une passion moins grandes dans sa défense de Prétextat, évêque de Rouen, accusé d'avoir marié Mérovée et Brunehaut, et d'avoir fait passer de l'argent

1. Nous n'entrons pas dans le détail des événements. Il allongerait inutilement ce récit. Nous ne faisons que noter la part qu'y prit Grégoire, afin de bien marquer les diverses périodes et la chronologie de sa vie. Rappelons seulement que Gontran-Boson était poursuivi comme meurtrier de Théodebert, fils de Chilpéric, et Mérovée, autre fils du même roi, comme mari de Brunehaut.

aux ennemis de Chilpéric. Celui-ci convoqua un concile à Paris (577) pour juger l'évêque infidèle. Grégoire seul eut le courage de le défendre devant les évêques assemblés et contre le roi lui-même. Sa partialité en faveur des amis de l'Austrasie l'aveuglait peut-être, car il ne put empêcher Prétextat d'être déposé de l'épiscopat et envoyé en exil (V. 19)[1].

Rentré dans son diocèse, il eut encore à lutter contre Leudaste qui se livrait aux dernières violences, faisait garrotter les prêtres, frapper les soldats à coups de bâton et piller le peuple confié à sa garde (V. 49). Grégoire réussit à le faire remplacer par Eunomius (V. 48). Mais Leudaste se vengea en le faisant accuser par le diacre Riculf d'avoir prononcé des paroles outrageantes contre Frédégonde. Un synode fut réuni à la villa royale de Braine (580) pour juger ce crime de lèse-majesté, et Grégoire se justifia par un simple serment de l'accusation portée contre lui, le roi ayant déclaré qu'il fallait s'en rapporter à sa bonne foi. Leudaste fut obligé de s'enfuir et se réfugia en Berri avec tous ses trésors (V. 50)[2]. Grégoire séjourna quelque temps auprès de Chilpéric qui cherchait à lui faire oublier ses éclats de brutalité en lui prodiguant des témoignages de vénération et d'amitié. Il aimait passionnément les discussions théologiques, avait même des prétentions de novateur en théologie comme en grammaire, et il trouvait en Grégoire un adversaire toujours prêt à combattre en faveur de l'orthodoxie (voy. V. 45; et la curieuse discussion avec Agila, envoyé de Léovigilde, V. 44)[3]. Après le concile de Braine, nous retrouvons l'évêque de Tours à Nogent (aujourd'hui Saint-Cloud) auprès du roi qui lui prodigue les témoi-

1. Il ne semble pas que Grégoire ait assisté au concile de Chalon (579) où furent déposés les évêques Salonius et Sagittaire. Mais il s'intéressa beaucoup à cette affaire, sans doute à cause de ses relations avec l'Eglise de Lyon (V. 21, 28). Les actes de ce concile sont perdus.

2. Voyez les détails dans l'*Historia Francorum*. Nous ne faisons que résumer ce qui se rapporte à Grégoire même et mettre en lumière ce qui pourra nous servir à apprécier son autorité.

3. Il est difficile de préciser les dates de ces deux discussions. Elles sont racontées entre le concile de Paris (577) et celui de Braine (fin de 580); mais après la mort d'Austrechilde (sept. 580. V. Marius. Ind. XIV). La discussion avec Agila eut probablement lieu en 580 et il la fit suivre de celle avec Chilpéric, guidé par l'analogie du sujet plus que par l'identité des dates. Celle-ci dut avoir lieu pendant ou après le concile de Braine, puisque saint Sauve de Bourges arriva auprès du roi peu de jours après (V. 45); et nous savons qu'il était à Braine (V. 51), où il prédit à Grégoire que le glaive de Dieu allait frapper la maison de Chilpéric.

gnages d'affection. Il lui montre ses trésors (VI. 2), lui demande sa bénédiction (VI. 5), et peu de temps après, sur une lettre de Grégoire, fait grâce de la vie à deux voleurs (VI. 10). Mais l'évêque ne pardonna pas à celui qui avait arraché Tours à l'Austrasie, frappé ses sujets d'impôts oppressifs (V. 29), et accusé de lèse-majesté Prétextat et Grégoire lui-même.

Rentré dans son diocèse, il n'y fut pas longtemps en paix. La guerre reprend en 581 (VI. 12) entre Chilpéric et Gontran, et le diocèse de Tours est de nouveau ravagé en 583 (VI. 31). Grégoire paraît avoir été effrayé par tous ces malheurs et par les accusations dont il avait failli être victime, car lorsque Leudaste vient lui demander l'absolution et la communion, il consulte d'abord la vindicative Frédégonde et sur son ordre refuse au comte ce qu'il implore. Leudaste, malgré ses conseils, voulut aller trouver la reine pour la fléchir et périt assassiné (VI. 32).

Mais Grégoire devait bientôt être délivré d'une domination qu'il regardait comme une odieuse tyrannie. Un meurtrier inconnu mit fin l'année suivante (584), au règne de Chilpéric (VI. 48), et la basilique de Saint-Martin, qui tant de fois avait servi de refuge aux ennemis du roi, fut l'asile du chambrier Ebérulf, accusé par Frédégonde d'être l'auteur du crime [1] (VI. 21).

La mort du roi ne mit pas fin à tous les troubles qui agitaient la ville de Tours ; la même année en effet des querelles de famille suscitèrent une guerre civile que Grégoire apaisa en payant avec les fonds appartenant à l'église le wehrgeld imposé par le tribunal (VII. 46) ; mais du moins l'évêque eut la satisfaction de voir sa cité revenir sous la domination de l'Austrasie, la seule légitime à ses yeux. A la mort de Chilpéric, Gontran s'en était d'abord emparé (VII. 12), mais en 585 il adopta son neveu Childebert, le fit son héritier, et lui restitua Tours et Poitiers (VII. 33).

Grégoire fut récompensé de sa fidélité et consolé des épreuves qu'il avait subies par l'amitié et la confiance que lui témoignèrent les deux rois d'Austrasie et de Burgondie. Lorsque Gontran vint à Orléans pendant l'été de 585, Grégoire s'y rendit aussi.. Mais ce fut le roi qui alla trouver l'évêque dans la basilique de Saint-Avit. Il l'accompagna ensuite chez lui pour y communier, puis l'invita à un repas où il consentit à admettre Bertchramn, évêque de Bordeaux, et Palladius, évêque de Saintes, compromis

---

1. Il fut tué pourtant par Claudius, émissaire de Gontran (VII. 29).

dans la révolte de Gondovald. Il alla jusqu'à faire grâce à Garachaire, comte de Bordeaux, et à Bladaste, tous deux complices
de Gondovald, réfugiés alors à Saint-Martin de Tours (VIII.
1-6).

Ce fut surtout Childebert qui paraît avoir recherché les conseils et les services de Grégoire. Peu de temps après l'entrevue
avec Gontran, nous voyons l'évêque de Tours à Coblentz auprès
du roi d'Austrasie, et celui-ci, sur sa demande, s'interpose auprès
du roi de Burgondie en faveur de Théodore, évêque de Marseille, et ami de Gondovald (VIII. 12). C'est dans ce même voyage
sans doute que Grégoire alla à Reims voir l'évêque Egidius et
Siggon, ancien référendaire de Sigebert (M. S. M. III. 17). En
quittant Coblentz pour revenir à Tours, il passa par Ivoy (auj.
Carignan, Ardennes, à 21 kil. de Sedan) pour voir le mission-
naire Wulfilaïc, qui lui raconta sa vie (VIII. 15).

En 588 il retourna auprès de Childebert, qui était à Metz, en
passant de nouveau par Reims (IX. 13). Le roi d'Austrasie le
choisit pour son envoyé auprès de Gontran, et Grégoire se rendit
en son nom à Chalon-sur-Saône pour obtenir la confirmation du
traité conclu l'année précédente à Andelot (IX. 20). Ce fut sans
doute dans ce même voyage qu'il alla voir sa mère à Cavaillon,
comme il nous le raconte au ch. 60 des *Miracula S. Martini*.

L'année suivante (589), Childebert et Brunehaut montrèrent
leur respect pour Grégoire en accordant sans difficulté à la cité
de Tours l'exemption d'impôts que réclamait l'évêque (IX. 30).
Pour célébrer cet acte de bienveillance, celui-ci offrit un festin
aux officiers royaux dans la basilique de Saint-Martin (Fortunat, Carm. X. 12).

En 591, il retourna encore une fois en Austrasie auprès de
Childebert et y séjourna quelque temps (M. S. M. IV. 26, 28).

Nous ignorons s'il avait assisté en 590 au concile de Reims,
où l'évêque Egidius fut déposé pour avoir trahi quelques années
auparavant le parti austrasien et reçu de l'argent de Chilpéric;
mais il ne nous le dit pas (X. 19), et il est peu probable qu'il
ait voulu contribuer à la punition de celui qui l'avait consacré et
dont il était resté l'ami.

D'ailleurs pendant ces deux années 589-590 il fut très-occupé
par le soin de son diocèse dont les intérêts furent toujours sa
première pensée. Les troubles civils qu'il avait réussi à apaiser
en 584 recommencèrent en 588, et il fallut que l'autorité royale
employât la force pour y mettre fin (IX. 19). Dans le sein même
de l'église de Tours, les intrigues d'Ingeltrude qui avait établi

un monastère de filles dans l'aître de la basilique de Saint-Martin, suscitèrent à l'évêque des difficultés qui ne se terminèrent qu'en 590 après la mort de l'abbesse (IX. 33; X. 12). Enfin Grégoire s'employa pendant quatre années à apaiser une sédition qui avait éclaté dans le monastère de femmes de Poitiers, et à la tête de laquelle se trouvaient Chrodielde, prétendue fille de Charibert, et Basine, fille de Chilpéric. Nous savons qu'il s'était rendu à Poitiers en 587 pour les obsèques de sainte Radegonde, il y alla encore en 590 pour le concile qui mit fin à tous ces scandales (IX. 39-43; X. 15-17). Nous voyons combien son influence était grande par les vers où Fortunat invoque son appui (Carm. VIII. 16).

> Tu tamen, alme pater, pietatis amore labora
> Ut sacer antistes culmina cujus habes,
> Unde repraesentes Martinum in tempore sacrum
> Cursibus atque fide dando salutis opem.

En même temps, Grégoire ne négligeait rien pour la prospérité et l'embellissement du diocèse qui lui était confié. C'est par ses conseils que la reine Ingoberge, veuve de Charibert, répara les maux que son mari avait causés aux églises (M. S. M. I. 29), en léguant ses biens à celles de Tours et du Mans (589. IX. 26). En 590, il fit reconstruire et orner de peintures murales (X. 31), la basilique de Saint-Martin incendiée en 558 par Williachaire (IV. 20), et qui d'ailleurs tombait de vétusté, comme nous le dit Fortunat dans les vers où il célèbre l'œuvre magnifique de son ami (Carm. X. 6) :

> Invida subrueret quam funditus ipsa vetustas
> Ut paries liquidis forte solutus aquis :
> Quam pastor studuit renovare Gregorius aedem
> Nec cecidisse dolet quae magis aucta favet[1].

Il fit encore agrandir l'oratoire de Saint-Etienne (Gl. M. 34), et construire à Artone une église sous le vocable de Saint-Gabriel (Fortun. Carm. X. 5).

L'activité de Grégoire était vraiment prodigieuse et l'on est étonné du nombre de voyages qu'il entreprit, malgré les difficultés et les périls qu'il était assuré d'y rencontrer. Nous savons par ses écrits, que, sans parler de l'Arvernie et de la Touraine,

---

1. V. le remarquable mémoire sur la *Restitution de la basilique de Saint-Martin de Tours*, par M. Jules Quicherat, extrait de la *Revue archéologique*. 1869.

où il avait passé sa vie [1], il connaissait pour y avoir séjourné Poitiers (Gl. M. 5; M. S. M. IV. 30; Gl. C. 106); Saintes (M. S. M. III. 51; id. IV. 31); Blaye et Bordeaux (Gl. C. 46); Riez (Gl. C. 83); Cavaillon (M. S. M. III. 60); Vienne (M. S. J. 2); Lyon (Gl. M. 84; M. S. J. 2; M. S. M. I. 36; Gl. C. 62; V. PP. VIII. 2); Chalon-sur-Saône (Gl. C. 85); Autun (Gl. C. 74); Châlons-sur-Marne (Gl. C. 66); Reims (M. S. M. III, 17; id. IV. 21); Soissons (Gl. C. 95); Metz (Hist. F. IX. 13); Coblentz (VIII. 12); Ivoy (VIII. 15); Braine (V. 50); Paris (V. 19); Orléans (VIII. 23) [2].

S'il fallait en croire son biographe, il aurait même été à Rome, où le pape saint Grégoire le Grand aurait admiré sa piété et son humilité (Vit. Greg. 24), et lui aurait fait présent d'un siège en or pour la basilique de Tours. Mais le biographe ne nous dit pas que ce siège existât encore de son temps, et nous savons qu'il ne se trouvait point parmi les reliques détruites par les protestants en 1562 [3]. Rien ne nous autorise à admettre ce récit. Nous savons que Grégoire reçut des nouvelles de la mort du pape Pélage (janv. 590) et de l'élection de son successeur par un diacre de Tours qui avait entrepris un pèlerinage au tombeau des apôtres (X. 1), mais il ne dit nulle part qu'il ait été à Rome ni même qu'il eut l'intention d'y aller. En 591 il était auprès de Childebert (V. plus haut, p. 35), il n'aurait donc pu accomplir ce voyage que dans les années 592-593, et pourtant il n'en dit rien dans son IVe l. des *Miracles de saint Martin*, auquel il travaillait encore après la mort de Gontran (593-594. M. S. M. IV. 37), ni dans sa notice sur les évêques de Tours (31e chap. du Xe l.), où il cite l'écrit précédent et qui doit être son avant-dernier ouvrage [4]. Il aurait mentionné un fait aussi important

---

1. Il avait souvent parcouru ces deux pays, et fait le voyage de Clermont à Tours et de Tours à Clermont (v. Gl. M. 9; Mir. S. Juliani, 25, 35; 45; M. S. M. I. 32; V. PP. XI. 3; Gl. C. 21. 86).

2. D'après Adhémar, *Chron. Aquitanicum* († après 1029) I. 30, et les *Gesta episcoporum Encolismensium* (écrits v. 1159), Grégoire, alors évêque de Tours, aurait accompagné saint Germain de Paris à Angoulême pour y consacrer la basilique de Saint-Eparchius (S. Cybard) et Saint-Martin. Mais cette consécration eut lieu en 568-569, du vivant de Charibert, quatre ans avant l'épiscopat de Grégoire. Ce fait doit être rejeté.

3. V. Bordier, *Greg. Tur. Op. min.* IV, p. 210, n. 2.

4. Si cet épilogue n'est pas de Grégoire, l'argument est plus fort encore, car ce silence prouve que la légende du voyage n'était pas encore formée quand cet écrit apocryphe aurait été composé. — La préface du *de Vita Patrum* fut sans doute le dernier écrit de Grégoire. Voy. p. 44.

parmi les indications qu'il nous donne sur les actes de son épiscopat. D'un autre côté il n'est pas possible qu'il ait accompli le
voyage après 593 [1], car il mourut le 17 novembre 594.

Il est impossible de fixer une autre date pour sa mort. Nous
savons par une lettre du pape Grégoire à son successeur Pélage
que celui-ci était évêque de Tours en 596. L'épilogue de l'Histoire des Franks est écrite la vingt et unième année de son ordination (593-594). Les *Miracles de saint Martin,* qui sont
inachevés, et qu'il écrivait pour ainsi dire au jour le jour (M. S.
M. II. 60) [2], n'ont pas été poursuivis au-delà de 593. Enfin le
biographe qui devait savoir exactement par les obituaires et par
l'épitaphe de Grégoire combien d'années avait duré son épiscopat, nous dit qu'il mourut : « *Vigesimo et primo episcopatus
sui anno, tanquam septenario annorum numero ter in fide
sanctae Trinitatis completo.... decimo quinto kalendas
decembris.* » Si nous acceptons 573 comme date de l'élévation
de Grégoire au siége épiscopal, nous devons fixer comme date
de sa mort le 17 novembre 594 [3]. Suivant le biographe (ch. 26),
il fut d'abord humblement enseveli, d'après sa propre volonté,
sous une dalle de la basilique. Au VIIe siècle, saint Ouen lui
construisit un riche mausolée à la gauche du tombeau de saint
Martin. Renversé par les Normands au IXe siècle, ce mausolée
fut reconstruit au XIe par les soins d'Hervé, trésorier de l'église
de Tours. Enfin, en 1562, les Huguenots le détruisirent entièrement [4].

1. Nous verrons, ch. II, p. 43, que les dernières années de sa vie furent
toutes consacrées à la composition de ses œuvres littéraires.
2. « *In quo cum quinquaginta novem virtutes descripsissem, sexagesimam
adhuc attentius praestolarer.* »
3. Ruinart adopte 595 pour date de sa mort, sans en donner d'autres
raisons que la nécessité de placer en 593 le voyage à Rome.
4. Voy. Bordier, trad. de l'*Hist. Eccl. des Franks,* I, p. XXXIX, n. 2.

CHAPITRE II.

ÉCRITS DE GRÉGOIRE DE TOURS. — MANUSCRITS ET ÉDITIONS DE L'HISTOIRE DES FRANKS.

Dans le dernier chapitre de l'Histoire des Franks, Grégoire de Tours nous apprend lui-même quels ouvrages il avait composés : « *Decem libros historiarum, septem miraculorum, unum de Vitis Patrum scripsi : in Psalterii tractatum librum unum commentatus sum : de Cursibus etiam ecclesiasticis unum librum condidi.* » Nous possédons tous ces ouvrages, excepté le Commentaire sur les Psaumes, dont il ne nous reste que la préface et les titres des chapitres[1]. Le *de Cursibus ecclesiasticis* a été longtemps perdu. Il n'est indiqué ni par *Sigebert de Gembloux*[2], ni par *Tritheim*[3], dans leurs catalogues des œuvres des écrivains ecclésiastiques. M. *Frédéric Haase*, de Breslau, a retrouvé cet opuscule dans un manuscrit de la Bibliothèque de Bamberg (coté H. J. IV, 15) et l'a publié en 1853[4]. Nous savons de plus par Grégoire lui-même qu'il avait traduit, grâce à un interprète syrien, *la Passion des Sept Dormants d'Ephèse* (Gl. M. 95). Il n'a pas jugé ce travail assez original pour le citer parmi ses œuvres. Il en est probablement de même des *Miracula Sancti Andreae*, remaniement de la Vie de saint André, œuvre prétendue d'un certain *Abdias*, dont l'original hébraïque aurait été mis en latin au IIIᵉ siècle par *Julius Africanus*. Ruinart a mis en doute que cet écrit fût de Grégoire ; mais nous n'avons aucun motif pour en contester l'authenticité. La préface et l'épilogue sont bien dans les habitudes de style et de pensée de l'évêque de Tours[5],

1. Voy. l'édition des *Opera minora* de Grégoire, publiée par M. Bordier, t. III, p. 401 et sq.

2. *De Scriptoribus ecclesiasticis*, 49. Il attribue d'ailleurs à Grégoire l'*Historia epitomata.*

3. *De scriptoribus ecclesiasticis*, 220. Il répète Sigebert, en omettant le *de Vita Patrum* que Sigebert comprenait sous ce titre : *duos libros de vita vel memoria quorumdam confessorum.*

4. Voy. les *Opera Minora* de Grégoire, publiés par Henri Bordier, t. IV, p. 1 sq.

5. « *... Indignus ore, sermone rusticus... Deprecor autem ejus misericor-*

et l'épilogue de cette vie nous donne seule le jour précis de sa naissance. — Quant au *Liber de Passione, virtutibus et gloria Sancti Juliani martyris*, à l'*Historia septem Dormientium Majoris Monasterii*, à la *Vita sancti Aridii*, il n'y a pas d'autre motif pour les lui attribuer que les titres de certains manuscrits. Mais ce motif perd sa valeur quand on voit avec quelle facilité on mettait, au moyen-âge, des noms illustres en tête d'ouvrages sans valeur et surtout quand on sait que le nom de Grégoire se trouve à tort sur une foule d'écrits de l'époque mérovingienne, ou même en tête d'écrits postérieurs [1]. D'ailleurs la lettre à Sulpice de Bourges, qui précède l'Histoire des Dormants de Marmoutiers, donne à cet évêque le titre d'*archevêque* encore inusité au VIe siècle ; elle est écrite dans un style fleuri qui ne rappelle nullement celui de Grégoire, mais bien plutôt celui qu'Alcuin mit à la mode à la fin du VIIIe siècle.

Grégoire (Hist. II, 22) nous apprend qu'il avait encore écrit une préface au livre *de Missis* de Sidoine Apollinaire ; mais ni l'ouvrage ni la préface n'ont été conservés [2]. Nous pouvons aisément nous consoler de cette perte ainsi que de celle du Commentaire sur les Psaumes, qui n'avait sans doute rien d'original et ressemblait aux nombreuses œuvres contemporaines du même genre. Les fragments de discussions théologiques que nous rencontrons dans l'Histoire des Franks peuvent nous en donner une idée (II, 10 ; V, 44).

---

diam, ut sicut in illius natale processi ex matris utero, ita ipsius obtentu eruar ab inferno... » *Natale* doit être une faute. C'est le jour de la mort (*in die passionis*, comme le dit la phrase suivante) de saint André que l'Eglise célèbre le 30 novembre.

1. Voy. de Foncemagne, *Dissertation pour prouver que saint Grégoire de Tours n'est pas l'auteur de la vie de saint Yriez*. dans les *Mém. de l'Ac. des Inscript.* VII, p. 278. Nous ne pouvons entrer ici dans de longs détails sur les *Opera Minora* de Grégoire, qui ne rentrent pas directement dans le cadre de notre étude. Nous ne pouvons mieux faire que de renvoyer à l'édition que M. H. Bordier en a donnée pour la Société d'Histoire de France, 4 v. in-8, 1857-1864. Ses judicieuses préfaces et ses précieux appendices donnent tous les renseignements désirables sur les œuvres apocryphes (IV, p. 29-32), et sur les manuscrits consultés pour cette édition (IV, 277-280). On y trouve aussi une excellente bibliographie des éditions de Grégoire de Tours.

2. « *Quod in praefatione libri, quem de missis ab eo compositis conjunximus, plenius declaravimus.* » La construction barbare de cette phrase peut faire croire que Grégoire avait composé un livre et une préface, joints au *de Missis* de Sidoine : mais s'il s'était agi d'un livre, il l'eût cité dans le catalogue du dernier chapitre de son histoire.

Nous avons donc eu la bonne fortune de conserver dans leur intégrité les œuvres les plus importantes de l'évêque de Tours. Nous possédons les *libri decem Historiarium* ; c'est l'Histoire des Franks, objet de notre étude. Nous possédons aussi les *libri septem Miraculorum*, c'est-à-dire : les quatre livres de *Miracles de saint Martin* ; le *de Gloria Martyrum* qui raconte en cent-sept chapitres les choses extraordinaires accomplies par les martyrs ou par leurs reliques depuis les apôtres jusqu'à l'époque de Grégoire ; le *de Miraculis sancti Juliani* ; le *de Gloria Confessorum* où sont rapportés en cent-douze chapitres les miracles les plus remarquables opérés par les saints de l'Eglise de Gaule [1]. Nous possédons enfin le *de Vitis Patrum* ou plutôt *de Vita Patrum* [2] qui contient la vie de vingt-trois abbés, évêques ou reclus gallo-romains [3].

Nous n'entrerons pas dans l'étude des œuvres hagiographiques de Grégoire, et nous n'y aurons recours que pour éclairer son grand ouvrage historique. Mais il était important de montrer l'étendue de son activité littéraire, et il ne le sera pas moins de déterminer à quelle époque de sa vie se place la composition de chacune de ses œuvres. C'est, en effet, la seule manière de savoir à quel moment et de quelle manière il a composé l'Histoire des Franks [4].

Le premier ouvrage entrepris par Grégoire fut son recueil des miracles de saint Martin. Il raconte dans la préface du livre Ier, la vision qui le décida à surmonter la timidité que lui inspirait son ignorance et à célébrer les merveilles accomplies par le saint depuis sa mort, comme Sulpice Sévère.et Paulin avaient célébré celles qu'il accomplit durant sa vie. Le premier livre

---

1. Saint Eusèbe de Verceil (c. 3) est le seul de ces confesseurs qui ne soit pas un Gaulois transalpin.

2. Voy. V. PP. préf.

3. Saint Lupicin, saint Romain, saint Allyre, saint Abraham, saint Quintien,. saint Portien, saint Gall, saint Grégoire de Langres, saint Nizier de Lyon, saint Patrocle, saint Friard, saint Calupan, saint Emilien, saint Brachion, saint Lupicin de Lubié, saint Mars, saint Senoch, saint Vénant, saint Nizier de Trèves, saint Ours. saint Leubasse, sainte Monégunde, saint Liphard.

4. Ne pouvant séparer de la biographie de Grégoire cette étude sur l'époque où il a composé ses divers écrits, nous nous servons du texte de l'Histoire des Franks, comme si nous étions sûr d'avance de son intégrité et de son authenticité. Nous renvoyons au chapitre suivant la discussion des objections élevées contre l'authenticité de certaines parties de l'ouvrage.

comprend les miracles antérieurs à l'épiscopat de Grégoire ; les trois autres renferment ceux dont il a été lui-même le témoin. Il travailla toute sa vie à cette œuvre, car chaque année apportait des témoignages nouveaux de la puissance et de la sainteté du patron de Tours [1]. Les deux premiers livres furent écrits entre 573 et 581. En effet, Fortunat qui mit en vers la vie de saint Martin par Sulpice Sévère avant 576 [2], envoya son poème à Grégoire avec une lettre où il lui demandait son ouvrage pour le mettre également en vers [3]. L'œuvre était donc déjà avancée à cette époque; le premier livre peut-être fini. Mais le second livre fut composé un peu plus tard. Au chapitre 12, nous voyons que Ragnimode était déjà évêque de Paris [4]; au chapitre 58, Leudaste n'est plus comte de Tours [5]. La première partie du livre est donc certainement postérieure à 576, et la fin à 580. Le dernier chapitre du livre II est écrit en 581. Il nous raconte, en effet, un miracle dont Grégoire fut l'objet après avoir terminé les 59 autres chapitres, huit ans après le miracle raconté dans le chapitre premier et qui remontait à 573 [6]. C'est donc dans les huit premières années de l'épiscopat de Grégoire, de 573 à 581, que se place la composition des deux premiers livres des miracles de saint Martin; celle du premier livre vers 574-575, celle du second entre 577 et 581.

Les *Miracula S. Juliani* furent écrits après le second livre des miracles de saint Martin, puisqu'il y est cité au chapitre 40. Ils ne furent terminés qu'après 585, car la Vie de saint Nizier, de

1. « ... *Cum quinquaginta novem virtutes descripsissem, et sexagesimam adhuc attentius praestolarer... Multa quidem sunt et alia... quae insequi longum est. Tamen si adhuc meremur videre miracula, placet ea alteri conjungi libello.* » (M. S. M. II, 60).

« *Sufficiant ergo haec huic libello quae indita sunt. Tamen si adhuc miracula cernere meremur, placet ea alteri libello inseri.* » (M. S. M. III, 60).

2. Il y parle de saint Germain de Paris, mort en 576, comme étant encore vivant.

3. « *Cum jusseritis autem ut opus illud, Christo praestante, intercessionibus domni Martini quod de suis virtutibus explicuisti versibus debeat digeri, id agite ut ipsum mihi relatum jubeatis transmitti* » (Prologus in versificatam vitam S. Martini. — *Fortunati carmina*, ed. Christ. Browerus. Moguntiæ, 1603, in-4).

4. Il succéda à saint Germain en 576.

5. Il fut remplacé par Eunomius en 580.

6. « *Spes autem mihi erat me non frustrari a voto, quod* in octo annis *Domino jubente complevi, ipso scilicet libro a virtute super me facta coepto, ad me iterum sum regressus... In quo cum quinquaginta novem virtutes descripsissem, et sexagesimam adhuc attentius praestolarer...* » (M. S. M. II, 60).

Lyon, citée au chapitre 50, parle de l'expédition contre Comminge de 585[1].

Le *de gloria Martyrum* fut composé peu après. Les *Miracula S. Juliani* s'y trouvent cités au chapitre 65. L'ouvrage fut écrit ou du moins terminé entre 586 et 588, car il est cité par le *de Gloria confessorum*, composé avant 588, et la révolte de Gundovald de 585 y est mentionnée au chapitre 105.

Le troisième livre des Miracles de saint Martin fut terminé probablement vers la même époque, en 587 peut-être. Il raconte des faits survenus entre 582 et 588. Au chapitre 8, Grégoire parle de l'ambassade de Florent et d'Exsupère en 582[2]. Au chapitre 17, il raconte un voyage à Reims qui eut lieu probablement en 586, lors de sa visite à Coblenz[3]. D'ailleurs le IVe livre des *Miracula S. Martini* s'ouvre à l'année 588[4], et le *de Gloria Confessorum* où les trois premiers livres des Miracles de saint Martin sont expressément mentionnés comme seuls composés à cette époque[5], est écrit ou du moins terminé à la fin de 587. Le chapitre 106, en effet, parle de la mort de sainte Radegonde, arrivée le 13 août 587, et le chapitre 95, nous dit que Charimer était alors référendaire de Childebert[6]. Nous savons qu'en 588, il devint évêque de Verdun[7].

Le IVe livre des Miracles de saint Martin ne fut composé que dans les dernières années de la vie de Grégoire. Il commence à 588 et s'étend jusqu'à 593. Le chapitre 37 parle de la mort de Gontran qui arriva au printemps de 593. Grégoire travaillait donc encore à cette œuvre dans la dernière année de sa vie, et il a sans doute été arrêté par la mort, car le livre s'arrête brusquement au chapitre 47. S'il l'avait pu, il lui aurait sans doute donné soixante chapitres comme aux deux livres précédents, et aurait ajouté en épilogue quelques réflexions morales et religieuses.

Il est difficile de marquer exactement à quelle époque Grégoire a composé les biographies de Saints intitulées *de Vita Patrum*. Il semble les avoir écrites d'abord séparément et à diverses époques,

---

1. *Vitae Patrum*, VIII, 11.
2. Voy. *Hist. Franc.*, VI, 18.
3. Id., VIII, 12,
4. *Mir. S. Mart.*, c. 5.
5. « *Et quia tertium de ejus (S. Martini) operibus libellum scripsimus.* » (Glor. Conf. c. 6).
6. « *... Charimeris, qui nunc referendarius Childeberti regis habetur...* » (id. 95).
7. Voy. *Hist. Franc.* IX, 23.

puis les avoir réunies plus tard en un seul ouvrage. La vie de saint Nizier[1] de Lyon fut composée vers 586, puisqu'elle est citée dans les *Miracula S. Juliani* (ch. 50) écrits avant 587, et qu'elle mentionne le siége de Comminges (ch. 11) de 585. Les Vies de saint Brachion, saint Senoch, saint Venant, sainte Monegunde, furent écrites avant 588, car elles sont citées dans le *de Gloria confessorum*[2]. La vie de saint Liphard n'a pu être composée qu'après 592, date de sa mort.

Vers la fin de sa vie, Grégoire fit une révision de ses ouvrages, y ajouta peut-être de nouveaux chapitres[3], et composa des préfaces pour le *de Gloria confessorum* et pour le *de Vita Patrum*. Celle du *de Gloria confessorum* nous donne la liste de ses huit livres de *Miracles*. Le titre du *de Vita Patrum* n'était pas encore fixé. Il l'appelle : *De quorumdam feliciosorum vita.* La préface du *de Vita Patrum* paraît être sa dernière œuvre; il y discute le titre de cet ouvrage, qui même dans le dernier chapitre de son histoire était encore appelé *de Vitis Patrum*, ce qu'il déclare incorrect[4].

Nous classerons donc les œuvres hagiographiques de Grégoire dans l'ordre suivant :

1. Ier livre de Miracles de saint Martin, vers 574-575.
2. IIe — — entre 577-581.
3. Miracles de saint Julien, entre 582-586.
4. De la Gloire des Martyrs, vers 586-587.
5. IIIe livre des Miracles de saint Martin, entre 582-587.
6. De la Gloire des Confesseurs, vers 587-588. — La préface ne dut être écrite qu'en 594.
7. IVe livre des Miracles de saint Martin, entre 591-594.
8. Les Vies des Pères, écrites à diverses époques, réunies par Grégoire à la fin de sa vie. La préface doit être aussi

1. *Vit. Patr.* c. VIII.
2. *Vit. Patr.* c. XII, XV, XVI, XIX. *Gl. Conf.* c. 39, 25, 15, 24.
3. Cette révision est évidente. La préface du *de Gloria confessorum* parle de quatre livres des Miracles de saint Martin, le chapitre 6 n'en mentionne que trois. La préface du *de Vita Patrum* cite le *de Gloria confessorum* où plusieurs des vies des Pères sont citées. Il est possible que quelques-uns des renvois ou des faits sur lesquels nous nous sommes appuyés pour la chronologie des œuvres de Grégoire aient été ajoutés au moment de la révision. Aussi n'avançons-nous nos conclusions que sous toutes réserves.
4. « *Unde manifestum est melius dici Vitam Patrum quam vitas.* » (*Vit. Patr.* Préface).

de 594, et postérieure à celle du *de Gloria confessorum* [1].

Nous n'avons pas encore parlé de l'Histoire des Franks. Il
est impossible en effet de déterminer d'une manière précise l'époque où elle fut écrite. Grégoire y travailla toute sa vie, et la
remania à diverses reprises.

Il ne dut la commencer que quelque temps après son arrivée à
Tours, après avoir déjà mis la main aux Miracles de saint
Martin. Ce qu'il nous raconte, en effet, dans la préface de cet
ouvrage, sur la timidité qu'il ressentait à prendre la plume, nous
prouve qu'il n'avait encore entrepris aucun travail littéraire. Il
fallut un ordre divin et le sentiment d'un impérieux devoir pour
vaincre ses scrupules. C'est également parce que personne ne
pouvait le remplacer dans cette tâche, qu'il entreprit de raconter
l'histoire des Franks.

L'ouvrage se divise en dix livres. Les quatre premiers paraissent former à eux seuls un ensemble complet. Le quatrième se
termine par une récapitulation chronologique des diverses périodes écoulées depuis le déluge et racontées par Grégoire, récapitulation semblable à celle qui termine le Xe livre. Nulle part dans
ces quatre livres, le récit ne semble écrit au fur et à mesure des
événements. Au contraire, les faits y sont rapportés pêle-mêle
sans une exactitude chronologique bien rigoureuse, au hasard de
ses souvenirs [2]. Ces quatre premiers livres contiennent le récit
des événements arrivés avant l'époque où Grégoire commença
d'écrire, c'est-à-dire jusqu'à la mort de Sigebert (575). C'est
en effet vers 576 qu'il composa ses quatre premiers livres, après
le premier livre des Miracles de saint Martin, qui est de
574-575, avant le deuxième livre qui fut écrit entre 577-581. Au
chapitre 50 de son livre IV, Grégoire mentionne en effet un miracle dont il dit qu'il reparlera, et il le raconte plus en détail
dans les chapitres 5, 6 et 7 du IIe livre des *Miracula S. Martini*.

Ce sont les malheurs des guerres civiles qui lui ont inspiré
l'idée de conserver, au milieu du naufrage de la civilisation
Gallo-romaine, le souvenir des grands événements qu'il avait
entendu raconter ou vus de ses yeux [3]. Dans le premier livre il

1. Voy. pour cette classification chronologique : Ruinart, *Gregorii opera*.
Praef. 83. *Hist. litt. de la France*, III, 382-85. Kries, p. 34-37, 40-41. Giesebrecht, préf. XXV-XXX.

2. Ainsi le chap. 31 du liv. IV se rapporte à l'année 571, le ch. 38 à 567, le
ch. 39 à 565, le ch. 41 aux années 569-572, le ch. 45 à 575, le ch. 46 à 570.

3. « *Decedente atque immo potius pereunte ab urbibus gallicanis liberalium
cultura litterarum, cum... feritas gentium desaeviret, regum furor acueretur...* »

résume l'histoire universelle et l'histoire de l'Eglise jusqu'à l'apostolat de saint Martin; dans le second, il raconte l'origine et les conquêtes des Franks jusqu'à la mort de Clovis ; le troisième nous conduit jusqu'à la mort de Théodebert, et le quatrième jusqu'à celle de Sigebert.

Un certain nombre de chapitres, relatifs à l'histoire religieuse, et absents de quelques manuscrits [1], ont dû être ajoutés par Grégoire postérieurement à la première rédaction des quatre premiers livres ; nous avons vu, en effet, que le IVe livre était terminé vers 577, et au chapitre 36 du même livre, est citée la Vie de saint Nizier qui ne fut terminée, comme nous l'avons vu, qu'après 585 [2]. Ce fut sans doute vers la fin de sa vie qu'il ajouta tous ces chapitres nouveaux à son ouvrage.

Les livres V et VI commencent pour ainsi dire un nouvel ouvrage. Le livre V s'ouvre par un prologue où Grégoire s'adresse aux rois dont les querelles déchiraient alors la Gaule [3]. Il écrivait donc avant la mort de Chilpéric (584) et pendant les luttes de ce roi avec son fils Mérovée, son frère Gontran et son neveu Childebert. A partir du livre V, le récit suit la marche chronologique des événements, qui est indiquée d'après les ans de règne de Childebert [4]. Grégoire doit avoir noté chaque année les faits les plus importants, mais il n'a rédigé que plus tard ces deux livres, car au troisième chapitre du livre V, il annonce le récit de la mort de Rauching, qui arriva en 587 [5]. On pourrait donc placer vers 587-589, la rédaction des livres V et VI. Ils étaient écrits avant 591, car Grégoire parle de Sulpice de Bourges (591) comme vivant encore, au chapitre 36 du livre VI.

(*Hist. Franc.*, praef.).

1. Ce sont d'après les indications de l'*Archiv.* de Pertz, les manuscrits de Cambrai, de Beauvais, de Corbie, de Leyde 63, les deux mss. de Bruxelles et les mss. de Paris 9765 et 5921. Voy. sur ces mss. le chap. III.

2. Voy. plus haut, p. 44. Les chapitres qui manquent aux mss. de Corbie et de Cambrai sont les suivants : L. I, 26, 27, 29, 31-35, 39-42; II, 1, 14-17, 21-23, 26, 36, 39; IV, 5-7, 11, 12, 15, 19, 32-37, 49. Les Vies des Pères sont citées dans les chapitres, I, 40; II, 21, 36 ; IV, 36-37. Voyez sur l'insertion de ces chapitres dans le texte de Grégoire, le chapitre suivant.

3. « *Taedet me bellorum civilium diversitates, quae Francorum gentem et regnum valde proterunt, memorare... Consurgit pater in filium, filius in patrem, frater in fratrem, proximus in propinquum .. Si te, o rex, bellum civile delectat...* »

4. Grégoire était sujet du roi d'Austrasie. Voy. L. II, 14, 26, 28, etc.

5. Voy. L. IX, 9.

Comme pour les quatre livres précédents, il y a un certain nombre de chapitres qui manquent à quelques manuscrits et qui ont dû être ajoutés après coup, mais peu après, car ils sont étroitement rattachés au fil du récit, bien qu'ils se rapportent presque tous à la vie de personnages ecclésiastiques [1].

Grégoire avait été arrêté quelque temps dans ses travaux historiques au moment de la mort de Chilpéric en 585, s'il faut en juger par les premiers mots du livre VII : « *licet sit*

---

1. Les manuscrits où ces chapitres manquent sont ceux de Cambrai, de Corbie, de Paris 9765 et 5921, auxquels il faut ajouter, d'après Pertz, ceux de Leyde 63 et de Bruxelles. Le ms. du Vatican 1056 qui paraissait de la même famille, est perdu, ainsi que celui du cardinal Dubois. Les chapitres absents sont, au livre V, 5-7, 9-11, 21, 33, 38, 41, 43, 46, 47, 49, 50; et au livre VI, 7-11, 13, 15, 34, 36-39. Tandis que pour les quatre premiers livres, les lacunes s'expliquent très-bien par des additions postérieures et ne troublent en rien la suite du récit et la logique du style, pour les livres V et VI il en est tout autrement. Il manque au récit des faits indispensables et certaines phrases du texte des manuscrits incomplets font allusion à quelques-uns des chapitres absents. Ils étaient donc déjà composés et faisaient partie de l'ouvrage dans l'esprit de l'écrivain. Ainsi toute l'histoire de Leudaste et du concile de Braine (V, 49, 50) est absente des mss. incomplets. Pourtant le chapitre 51 y commence par ces mots : « *et licet de beati Salvii episcopi conlocutione superius memorare debueram... Igitur cum, vale* post synodum memoratam *regi jam dicto....*» Ce synode est celui de Braine. Les mêmes manuscrits ne racontent pas les luttes entre Gontran et Childebert au sujet de la possession de Marseille (VI, 11), et pourtant le chapitre 12 commence par ces mots: « *Igitur Chilpericus rex cernens* has dissensiones inter fratrem et nepotem suum *pullulare* » qui font précisément allusion à ces luttes. La même observation peut être faite à propos des chapitres 15 et 16, 34 et 35. (Voy. les notes de l'éd. Guadet et Taranne, I, p. 406-407, 435-436). La division des chapitres n'est pas non plus toujours la même dans les mss. incomplets que dans les mss. complets pour les livres V et VI. Il y a des phrases qui manquent dans l'intérieur des chapitres. Pour expliquer ces divergences, nous sommes contraints de supposer que les manuscrits incomplets cités plus haut, représentent pour les livres I-IV, la première rédaction de Grégoire dans son intégrité; mais que pour les livres V et VI, ils représentent la copie des notes écrites par lui, année après année, copie faite avant qu'il eut revu ces notes et arrêté la rédaction définitive. C'est ainsi qu'on peut expliquer l'absence de passages nécessaires à l'intelligence du texte, déjà écrits au moment où la copie a été faite, mais que Grégoire n'avait pas encore classés à leur véritable place. C'est ainsi qu'on peut aussi expliquer dans les manuscrits de Beauvais et de Corbie la présence à la suite du livre IV des chapitres 7 et 8 du livre VII. Ainsi, tandis que pour les quatre premiers livres nous possédons dans ces manuscrits une première rédaction complétée plus tard, pour les deux suivants nous possédons une rédaction réellement incomplète, inachevée et fautive, œuvre trop hâtive des scribes qui travaillaient avec Grégoire.

*studium historiam prosequi, quam priorum librorum
ordo reliquit.* » Il ne dut pourtant pas rester longtemps sans
continuer son œuvre, car au chapitre 23 du livre VII, c'est-à-
dire en cette même année. 584, il dit : *Praesenti anno*, ce qui
semble bien indiquer un récit absolument contemporain. Comme
pour les livres précédents, il consigna par écrit le récit des
événements à mesure qu'ils se présentaient et ne fixa que plus
tard la rédaction définitive. Aussi les événements sont-ils racontés
avec plus ou moins de développement, suivant que sa vie était
plus ou moins agitée. Les livres VII et VIII sont très-développés.
Ils racontent la fin de l'année 584 et les années 585 et 586. Les
années 587, 588, 589, 590, 591 au contraire sont renfermées
tout entières dans le livre IX et les trente chapitres du livre X.
Durant les années 587-588, en effet, Grégoire fut constamment
occupé à voyager en Austrasie et en Burgundie [1]. De plus il était
à cette époque très-occupé de ses écrits hagiographiques [2], et
d'ailleurs les événements n'avaient plus le même intérêt que
ceux des années précédentes. Gundovald était vaincu et la piété
de Gontran, la modération de Childebert, n'offraient pas à l'historien matière à de longs récits.

L'*Historia Francorum* s'arrête à 591. Elle devait sans
doute être continuée ; le Xᵉ livre lui-même, beaucoup plus court
que les autres [3], ne paraît pas terminé. Ce fut vers l'époque où
il écrivait le livre X, que Grégoire révisa les six premiers livres
pour y ajouter des chapitres nouveaux [4]. Nous avons en effet des
manuscrits qui contiennent les neuf premiers livres ou même
une partie du Xᵉ et où les six premiers sont encore incomplets [5].

Ce fut donc vers cette époque 590-591, que Grégoire donna
leur forme définitive aux dix livres de son histoire, tant aux six
premiers qu'aux quatre derniers. Dans ce travail de révision,
il avait ajouté à son histoire de courtes notices sur divers saints

1. Voy. plus haut, p. 35.
2. Voy. plus haut, p. 44.
3. Il n'a en réalité que 30 chapitres assez courts. Les autres en ont
tous plus de 40 sauf le livre III qui en a 37.
4. Voy. plus haut, p. 46.
5. Ainsi les deux manuscrits de Bruxelles (voy. le chap. III), le ms. de
Paris 9765. Le numéro 5921 de la Biblioth. imp. représente le travail de
Grégoire à une époque où les récits des deux derniers livres étaient
déjà écrits, mais pas encore définitivement classés. Les chapitres des
livres IX et X se trouvent en effet réunis un peu pêle-mêle en un seul
livre. Les six premiers livres s'y trouvent encore sous leur forme
primitive, mais les livres VII et VIII, sont déjà complétement composés.

personnages, sur les évêques d'Avernie et sur les premiers évêques de Tours [1]. La première rédaction contenait déjà l'histoire des évêques de Tours depuis Licinius [2]. Ces premières indications ne lui parurent sans doute pas assez exactes ou assez complètes, car il se mit aussitôt à composer un opuscule sur les évêques de Tours, qui forme le 31e chapitre de son Xe livre [3], mais qui est en réalité comme l'épilogue de ses œuvres complètes, et, j'oserais dire, son testament littéraire. Après avoir passé en revue toute la série des évêques, en notant aussi exactement que possible la durée de leur épiscopat, Grégoire nous dit quels ouvrages il a composés et supplie ceux qui les copieront de respecter l'intégrité de leur contenu. Il termine en indiquant la durée chronologique des diverses périodes de l'histoire religieuse écoulées depuis la création. Ce fut probablement en 592 qu'il écrivît cet épilogue, avant la mort de Gontran dont il ne fait mention à aucun passage de son histoire. Il revit et corrigea sans doute encore une fois son grand ouvrage vers 594, à l'époque où il terminait son quatrième livre des *Miracula S. Martini*, et où il écrivait les préfaces du *de Gloria confessorum* et du *de Vita Patrum* [4].

Nous possédons de nombreux manuscrits de l'Histoire des Franks. Ruinart en eut à sa disposition treize [5], pour son édition de 1699. Dom Bouquet en connut trois de plus ; mais il ne

1. Evêques d'Arvernie ; I, 39, 40, 41 ; II, 16, 21, 22, 23, 36 ; IV, 7, 35. Evêques de Tours : II, 1, 14, 26, 39, 43.
2. Voy. III, 2, 17 ; IV, 3, 4, 36.
3. « *De episcopis Turonicis licet in superioribus libris quædam scripsisse visus sim, tamen propter ordinationem eorum... reciprocare placuit.* »
4. Voy. plus haut, p. 44. Nous plaçons la composition de l'épilogue, avec M. Giesebrecht, en 592, à cause de ces mots de l'épilogue : *A transitu sancti Martini usque ad memoratum superius annum, id est, ordinationis nostræ primum et vicesimum, qui fuit Gregorii papæ Romani quintus*, Guntchramni trigesimus primus, *Childeberti junioris decimus nonus...* Toutes ces dates s'accordent avec l'année 594 sauf la 31e de Gontran qui est 592. Comment en 594, Grégoire aurait-il pu avoir l'idée de donner l'année du règne de Gontran mort en 593. Il est vraisemblable qu'il aura écrit ces lignes en 592, puis que revoyant deux ans après son ouvrage, il aura avancé de deux ans toutes les dates, sauf celle du règne de Gontran, qui ne comptait plus, puisqu'il était mort depuis un an.
5. Douze en réalité, car le ms. dit du cardinal Ottoboni que Ruinart prétend avoir été collationné à Rome par D. Estiennot, n'est qu'un exemplaire des *Gesta regum Francorum* (V. Pertz, *Archiv.*, IV, 497).

put collationner celui de Cambrai assez tôt pour s'en servir. Sept des manuscrits de Ruinart et de D. Bouquet, sont aujourd'hui perdus et ne nous sont connus que par leurs notes. MM. Guadet et Taranne, les derniers éditeurs de Grégoire, ont pu se servir du manuscrit de Cambrai et d'un nouveau manuscrit de Paris, (Bibl. imp. fond. lat. 9765). Enfin les recherches faites pour la future édition des *Monumenta Germaniæ*, ont mis en lumière quatorze textes inconnus jusqu'ici. Nous possédons en outre des fragments importants à Paris, à Leyde, à Wolfenbuttel, à Montpellier et à Madrid.

Les manuscrits aujourd'hui connus sont les suivants [1] :

Paris : I. — Bibl. imp. lat. 5920 (*Codex Colbertinus M*), écrit vers 1000 ap. J.-C., dit *Sancti Michaelis*. Dix cahiers ont été perdus. (2. Transition entre la première et la seconde classe).

II. — 5921 (*Cod. Colbertinus A*); xie-xiie siècle, venant de l'abbaye de *Saint-Arnoul* à Metz, commence au chapitre 7 du livre II. Le IXe livre est un mélange des livres IX et X fondus en un seul. La chronique dite de Frédégaire forme le Xe livre (3) [2].

III. — 5922 (*Cod. Regius A*); xiie-xiiie siècle ; *Sanctæ Mariæ in Ottenburg* [3], contient les trois premiers livres et les seize premiers chapitres du livre IV. (3).

1. Les renseignements que nous fournissent les éditions et les manuscrits de Paris ne nous suffisent pas à établir leur classement et leur généalogie. M. Pertz (*Archiv.* V, 50-61) a donné un classement provisoire qui peut faciliter les recherches. Il distingue trois classes. La *première* comprend les manuscrits possédant les six premiers livres complets ; la *seconde* les manuscrits auxquels il manque les chapitres 32-37 du livre IV, bien qu'ils possèdent les autres chapitres relatifs à l'histoire religieuse (V. plus haut, p. 46) et absents des manuscrits de la *troisième* classe. Nous nous sommes abstenu de classer les manuscrits, mais nous indiquons par les chiffres 1, 2, 3, la place assignée par M. Pertz à ceux qu'il a classés. Prochainement d'ailleurs, paraîtra l'édition des *Monumenta Germaniæ* qui nous donnera des renseignements complets sur toutes ces questions. D'abord entreprise par M. Bethmann, elle est maintenant confiée à M. Arndt. Je dois à son obligeance de nombreuses et précieuses indications sur les manuscrits de Grégoire. Je le prie d'en accepter ici tous mes remercîments. [N. du R.]

2. Nous ne donnons pas pour chaque manuscrit l'indication de tous les chapitres qui lui manquent. Nous renvoyons sur ce point aux préfaces et aux notes de Ruinart, de D. Bouquet, de MM. Guadet et Taranne, et aux renseignements donnés par l'*Archiv.* de M. Pertz. Notre but n'est pas de préparer une édition, mais seulement d'indiquer les points qui peuvent soulever des questions de critique.

3. Diocèse de Mayence.

IV. — 132 (*Cod. Corbeiensis*); vii° siècle; contient les six premiers livres et les chapitres 7 et 8 du livre VII placés à la fin du livre IV ; écriture dite *cursive mérovingienne* (3).

V. — 132 *bis* (*Cod. Bellovacensis*) ; vii°-viii° siècle, contient un texte mutilé allant du chapitre 3 du livre II au chapitre 15 (23 des éditions) du livre V, écrit en lettres unciales. Les chapitres 7 et 8 du livre IV se trouvent aussi dans ce ms. à la fin du livre IV. (3).

VI. — 9765 (*Cod. Regius B.*); xi° siècle. Le X° livre manque. La chronique dite de Frédégaire le remplace. (3).

BRUXELLES : I¹.— viii-ix° siècle; trois cahiers ont été arrachés. Il commence comme le ms. de Beauvais, au troisième chapitre du livre II et va jusqu'au chapitre 28 du livre X. Il a de grandes analogies avec le manuscrit de Cambrai. (3).

II. — N° 936. xi°, xii° siècle (*Liber sancti Laurentii in Leodio*). Le livre X manque ; il est remplacé par la chronique dite de Frédégaire. Ce manuscrit ressemble à ceux de Paris 5921 et 9765. (3).

CAMBRAI : Bibl. de la ville, n° 624. Les six premiers livres sont écrits en unciales du vii° siècle. Les quatre derniers livres sont du viii° ou du ix° siècle. Ce manuscrit se rapproche beaucoup de celui de Beauvais et du plus ancien des deux mss. de Bruxelles. (3).

LEYDE : I. — n° 63. viii° siècle ; commence au chapitre 9 du livre I et va jusqu'au milieu du livre V ; il a appartenu à Alexandre Pétau. (3).

II. — N° 39. xi° siècle, comprend les six premiers livres complets. Il a été écrit par Frère Hervard avec la chronique d'Adon de Vienne. Il a appartenu à Claude Fauchet et à Alexandre Pétau. (1).

HEIDELBERG : I. — *Cod. Palatinus*, a servi à l'édition de Marquard Freher. Ce manuscrit fut transporté peu de temps après à Rome avec beaucoup d'autres mss. de la Bibliothèque Palatine ; il vint à Paris sous l'Empire et fut restitué à Heidelberg en 1815 (3)².

II. — *Cod. Laureshamensis* seu *Nazrianus* (de Lorsch), récemment retrouvé par M. Arndt.

ROME : Vatican 556 (*Ms. de la reine Christine*). x° siècle;

1. L'*Archiv.* de M. Pertz indique ce manuscrit sans en donner la cote.
2. Si nous jugeons ce manuscrit d'après l'édition de Freher, il devrait être mis dans la seconde classe, non dans la troisième.

venant de *Saint-Lomer de Blois*. Ce manuscrit a une grande lacune, II, 30-44. Le copiste a mis en note : *hic desunt folia nescio quot*. La préface et le dernier chapitre du livre X manquent également. (2).

MONT-CASSIN : 275. x^e-xie siècle. La fin du livre X a été ajoutée au xvie siècle. (1).

MONTPELLIER : Ecole de Médecine, 31. xiiie siècle; assez semblable au manuscrit perdu de Cluny. Il ne contient ni la préface ni la fin du dernier chapitre depuis *inlibataque permaneant*. La chronique dite de Frédégaire lui fait suite avec ce titre : *Incipiunt Gregorii Turonensis chronica.* (1).

CLERMONT-FERRAND : n° 202. xiiie siècle ; outre la lacune IV, 32-37, les chapitres 25-26, sont confondus dans ce manuscrit comme dans celui du Bec aujourd'hui perdu. Tout le texte entre *Crassatus* (25) et *Leontio mille aureis* (26) est omis. Mais tous les chapitres sont exactement numérotés et les tables des chapitres complètes. Ce manuscrit a donc été copié sur un texte complet, mais d'où un feuillet aura été arraché. Il possède toute la fin du livre X. (Il rentrerait dans la deuxième classe de M. Pertz).

SAINT-OMER : n°s 697-706 que M. Pertz range dans la troisième classe à cause de ses nombreuses lacunes, mais ces lacunes ne correspondent pas toutes à celles des autres manuscrits de cette famille. Il se rapproche pourtant beaucoup du ms. de Paris 5921.

AUTUN : Séminaire 40. xiie siècle. Ce manuscrit contient les quatre premiers livres et une partie du Ve. Les trois premiers livres sont complets ; le quatrième a de nombreuses lacunes, plus considérables que celles des manuscrits de la deuxième classe et qui proviennent certainement de ce qu'il a été copié sur un texte mutilé, car les tables des chapitres sont complètes. (Appartiendrait à la première ou à la deuxième classe de M. Pertz).

BERNE : Manuscrit sur papier de 1546.

GENÈVE : n° 21. ixe siècle. Provient de l'abbaye de Murbach.

FLORENCE : Bibl. Laurentienne, n° 35. xe siècle.

LA HAYE : n° 920. Ecrit en 720.

NAMUR : n° 11. xe siècle.

Nous ne possédons plus les manuscrits suivants qu'a connus Dom Bouquet :

1. *Cod. Duboisianus*; ixe siècle ; ayant appartenu au cardinal Dubois. (3).

2. *Cod. Beccensis*, du cloître du Bec ; xe siècle. La préface

manquait, ainsi que les chapitres 32-37 du livre IV; mais la table des chapitres était complète. (2).

3. *Cod. Regiomontensis,* de Royaumont; XIIᵉ siècle; avait la même lacune que le manuscrit du Bec au livre IV, et comme lui avait une table des chapitres complète. Il lui manquait en outre la fin du dernier chapitre du livre X depuis *inlibataque permaneant.* (2).

4. *Cod. Cluniacensis;* XIᵉ siècle. Il lui manquait le 33ᵉ chapitre du livre IV et la fin du livre X, chapitre 31, depuis *inlibataque permaneant.* (1).

5. *Ms. des Bénédictins de Vendôme,* sur papier; XVᵉ siècle. Il contenait les cinq premiers livres complets, sauf la préface (1).

6. *Ms. de Saint-Trond en Hasbaye.*

Nous possédons encore un certain nombre de fragments :

PARIS. I. — Biblioth. imp. lat. 7906, IXᵉ siècle. Contient le livre I.

II. — Biblioth. imp. lat. 1048; IXᵉ siècle : *De episcopis Turonicis.* C'est le 31ᵉ chapitre du livre X.

III. — Biblioth. imp. lat. 1451; Xᵉ siècle, les livres V et VI.

IV. — Biblioth. imp. lat. 5924; XIIᵉ siècle.

MONTPELLIER. Bibl. de l'Ec. de Médecine, 305 : contient la fin du livre X, jusqu'à *inlibataque permaneant.* M. Pertz croit y retrouver un reste mutilé du ms. de Royaumont.

BRUXELLES. Nᵒ 5387-5396 : *De episcopis Turonicis*; c'est le chapitre 31 du livre X.

MADRID. A. 76 : *De episcopis Turonicis*; (L. X, c. 31).

Enfin on a retrouvé à LEYDE et au VATICAN, des fragments ayant appartenu à un manuscrit du VIIᵉ siècle. Les numéros des chapitres prouvent que le manuscrit auquel ces fragments ont appartenu, était complet et possédait les chapitres omis par les manuscrits de la troisième classe. A Leyde se trouvent les chapitres 43 et 47 du livre V; les fragments de Rome vont du chapitre 27 du livre IX : *ab eo loco quasi millia XXXV* au chapitre 31 : *Tholosanis illuc direxit;* et du chapitre 33 du même livre : *domum ejus omnes res illius* au chapitre 37 : *ut liceret ei ingredi.* C'est là le seul passage des quatre derniers livres (à l'exception des ch. 7-8, du livre VII[1]), que nous possédions dans un manuscrit du VIIᵉ siècle.

Voici les remarques que peuvent suggérer ces indications incomplètes sur les manuscrits de Grégoire.

1. Voy. plus haut, p. 51.

1. Les plus anciens manuscrits, suivis par quelques textes postérieurs, ne contiennent que les six premiers livres et ces six premiers livres sont incomplets. Les fragments de Leyde et de Rome représentent seuls un manuscrit du VII⁰ siècle complet. On a vu comment nous avons cherché à expliquer ces lacunes, par la manière même dont Grégoire a composé son histoire [1].

2. Deux manuscrits, ceux de Corbie et de Beauvais, placent deux chapitres du livre VII à la fin du livre IV. Nous avons cherché à expliquer cette anomalie d'une manière analogue [2].

3. Toute une famille de manuscrits, complets d'ailleurs, ne possèdent pas les chapitres 32-37 du livre IV, qui ne se trouvent que dans les manuscrits de Cluny, du Mont-Cassin, de Leyde 39 et de Montpellier 31.

Ce fait ne peut s'expliquer de la même manière que les précédents : car les manuscrits de la seconde classe, s'ils ne possèdent pas ces chapitres, en possèdent du moins les titres dans l'index. Ils doivent donc provenir d'un manuscrit rendu incomplet par la négligence d'un copiste ou par une mutilation accidentelle.

4. Le livre X ne nous est parvenu que dans un petit nombre de manuscrits. Parmi ceux dont nous possédons la description, il n'y a que les mss. du Mont-Cassin, du Bec et de Clermont, qui nous aient fait connaître la fin du chapitre 31, à partir de *inlibataque permaneant*; et encore est-ce au XVI⁰ siècle que ces dernières lignes ont été ajoutées au ms. du Mont-Cassin. La première partie de ce chapitre 31 nous a été conservée seulement par les mss. de Royaumont, de Paris 5920, de Cluny, de Montpellier 31 et par les trois mss. que nous venons de citer. De plus nous possédons ce chapitre entier comme opuscule séparé à Bruxelles (5387-5396), à Madrid (A. 76), et à Paris (1048). Dans les mss. de Bruxelles 936 et de Paris 9765, le X⁰ livre manque tout entier bien que le IX⁰ livre s'y trouve complet ; et dans le ms. de Paris 5921, il n'y a que quelques chapitres du livre X fondus avec le livre IX. Dans ces trois mss. la chronique dite de Frédégaire forme le X⁰ livre. Nous avons tâché d'expliquer comment le X⁰ livre était absent de certains manuscrits et comment s'était formé le IX⁰ livre du ms. de Paris 5921 [3]. Nous examinerons dans le chapitre suivant les autres questions critiques que soulève le chapitre 31 du livre X.

1. Voy. plus haut, p. 46-47.
2. Ibid. n. 1.
3. Voy. plus haut, p. 48 n. 5.

Le titre de l'ouvrage de Grégoire de Tours n'a jamais été celui qu'on lui donne presque toujours aujourd'hui : *Historia ecclesiastica Francorum*. Ces mots expriment une idée assez compliquée, et ont été évidemment employés par imitation du titre de l'Histoire de Bède : *Historia ecclesiastica gentis Anglorum*. Les Mss. de Corbie et de Paris 9765, portent le titre de : *Historia ecclesiastica*, sans doute à cause du premier livre qui est un résumé de l'Histoire sainte, et à cause du point de vue religieux auquel se plaçaient toujours les historiens du moyen âge. Mais les autres mss. ont pour titre : *Gesta Francorun* (Paris 5922 et 5920, La Haye, Clermont-Ferrand, Berne); *Historia Francorum* (Montpellier 31, Bruxelles 936); et encore : *Historia regum Francorum* (Montpellier 305) ; *Historia* (Leyde); *Chronica* (Genève). Les écrivains du moyen âge emploient les mêmes expressions. Sigebert de Gembloux et Tritheim, qui citent la liste de tous les ouvrages de Grégoire, ont adopté le nom d'*Historia Francorum,* reproduit par toutes les éditions jusqu'à D. Bouquet. Ce titre nous semble aussi le plus vrai et le plus simple.

Les premières éditions de Grégoire de Tours ont été faites sur des mss. analogues à ceux de Clermont [1], du Bec et de Royaumont. Il leur manque les chapitres 32-37 du livre IV. Mais elles connaissent les rubriques des chapitres. Elles contiennent la fin du Xe livre tout entière.

Les éditions antérieures à celle de Duchesne sont les suivantes : *B. Gregorii Turonensis ep. Historiarum præcipue Gallicarum libri decem,* (avec le *de vita Patrum*, le *de Gloria confessorum* et la chronique d'Adon), venundantur ab impressore Jodoco Badio et Joanne Parvo et Joanne Confluentino. Paris, 1522, in-fol. Le privilége est de 1511, l'épître dédicatoire à Guillaume Petit est de 1512 [2].

Gregorii Turonici Historiae Francorum libri X, (avec Adon). Parisiis apud Guil. Morelium, 1561, in-8.

Gregorii Turonici Historiae Francorum libri X, (avec Adon). Basileae per Petrum Pernam, 1568, in-8. (Cura MATH. FLACCI ILLYRICI).

1. Le ms. de Clermont et celui du Bec ont seuls pour début du ch. 32 (38) du l. IV : *Eo namque tempore.* Toutes les éditions antérieures à Ruinart ont cette même expression, tandis que Ruinart donne avec les autres mss. : *Ergo ut ad historiam recurramus.*

2. Cette triple date est cause que souvent on indique des éditions de 1511, 1512, qui en réalité n'existent pas.

Historia christiana veterum patrum, R. LAURENTII DE
LA BARRE labore et industria. Parisiis apud Michaelem Sonnium,
1583. P. 232 : *Historiae Francorum.*

*Bibliotheca veterum Patrum et antiquorum Scripto-
rum ecclesiae,* (ed. MARGUERIN DE LA BIGNE). Paris,
1576 et 1589, 9 v. in-f., t. VII, Hist. Francorum (le t. VI de la
Coll. des PP. de Cologne, (1618-1622) et le t. XI de celle de
Lyon (1677), contiennent aussi l'Histoire des Franks).

*Gregorii Turonensis episcopi Historiæ Francorum
libri X.* Ex. Bibliothèque LAUR. BOCHELLI. Parisiis, Petri Che-
valerii, 1610, in-8.

Le manuscrit de la bibliothèque Palatine a servi de texte à :

MARQ. FREHER : *Corpus Historiae Francicae.* Hanoviae,
1613, inf. *Greg. Tur. Historia Francorum,* p. 240. Il a aussi
la lacune, IV, 32-37, ainsi que l'édition de :

DUCHESNE : *Scriptores rerum Francicarum.* Paris, 1636-
1649. *Greg. Tur. Hist. Francorum,* t. I, p. 251-59. Il a eu à
sa disposition les mss. de Beauvais, de Corbie, de Saint-Michel,
de Metz, de Sainte-Marie d'Otterburg, auxquels manquaient ces
mêmes chapitres du l. IV. C'est d'après les mss. de Duchesne,
qu'Hadr. Valois et Lecointe ont critiqué le texte de Grégoire
de Tours.

La première édition complète et vraiment critique a été celle
du bénédictin

THÉOD. RUINART : *Gregorii Turonensis ep. opera et
Fredegarii chronica. Parisiis,* 1699, *in-f.* Avec une préface
et des notes excellentes. Ruinart avait consulté, outre les mss.
connus par Duchesne et Freher, ceux du Bec, de Royaumont,
de la Bibliothèque du roi Regius A, du Mont-Cassin, de la reine
Christine, du Vatican, des Bénédictins de Vendôme et de Saint-
Trond en Hasbaye.

L'édition des *Historiens de France,* t. II, p. 75-390, ne
fit que reproduire Ruinart en y ajoutant les variantes des mss.
de Cluny et du cardinal Dubois.

MM. GUADET ET TARANNE : *Sancti G. F. Gregorii Tur. ep.
Historiae ecclesiasticae Francorum libri X.* Parisiis, Jules
Renouard, 1836-37, 2 v. in-8; reproduisent l'édition des Histo-
riens de France en ajoutant quelques variantes des mss. de
Cambrai et de Paris 9765.

La plus ancienne traduction française de l'Histoire des Franks
est celle de CLAUDE BONNET, *gentilhomme dauphinois.* Paris,
1610, in-8. — En 1668, parut celle de M. DE MAROLLES, 2 v.,

1668. — La *Collection des Mémoires de Guizot*, t. I et II. Paris, 1823, publia la première traduction à peu près satisfaisante. MM. Guadet et Taranne donnèrent, en même temps que leur édition de l'*Historia Ecclesiastica*, une traduction, 1836-1838, 4 vol. in-8, avec le texte en regard. M. Bordier en a publié une nouvelle en 2 vol. in-12, 1859-1861.

La traduction allemande de M. W. GIESEBRECHT, 2 vol. in-12, Berlin, 1851, est excellente et enrichie d'une préface et de notes précieuses.

Nous attendons avec impatience l'édition de Grégoire de Tours, promise par les *Monumenta Germaniæ*. Elle fixera sans doute le texte d'une manière définitive, grâce à une étude complète et minutieuse de tous les manuscrits de l'*Historia Francorum*.

CHAPITRE III

DE L'AUTHENTICITÉ DU TEXTE DE L'HISTOIRE DES FRANKS.

L'Histoire des Franks fut de bonne heure répandue dans tout l'Occident, ainsi que les ouvrages hagiographiques de Grégoire. Tous les écrivains postérieurs la consultèrent, la citèrent et la transcrivirent. Du vivant même de Grégoire, Marius d'Avenches eut connaissance du commencement de l'œuvre. [1] Au siècle suivant, l'auteur de l'*Historia Epitomata* fit un abrégé des six premiers livres ; au VIIIᵉ siècle, l'auteur des *Gesta regum francorum*, tira de l'histoire des Franks le récit de la même période. *Paul Diacre* à la fin du VIIIᵉ siècle connaissait l'œuvre entière, les dix livres [2] ; il les cite comme une autorité pour l'histoire des Lombards et de leurs expéditions en Gaule [3]. Le nom de Grégoire est constamment cité, et son autorité invoquée ;

---

1. Voir plus loin notre étude sur Marius.

2. Paul Diacre, *Historia Langobardorum*. (Muratori, *Scriptores Rerum Italicarum* T. I. 1. p. 405-511.) L. III c. 27, cf. Grég. IX, 25 ; c. 30, cf. Grég. X. 3.

3. Id. ibid. III, 3, 4, 6, 8 ; cf. Grég. IV, 42, 43, 45.

toujours les plus grands éloges lui sont décernés, tantôt comme *miraculorum curiosus indagator ac studiosissimus editor*[1], tantôt comme *historicus... insignis*[2]..., *clarus in omnibus*[3].

Au xvie siècle Grégoire fut le premier historien latin du moyen âge imprimé en France[4].

Claude Fauchet[5] qui, le premier parmi les érudits d'alors, apporta un peu de critique dans ses recherches, reconnut immédiatement l'importance de l'histoire des Franks. Il appelle Grégoire « le père de notre histoire[6]. » — « C'est dans sa fontaine, dit-il, qu'il faut puiser nos vieilles mœurs et coustumes françoises, comme chez le plus ancien auteur François-Gaulois que nous ayons[7]. » L'ouvrage de Grégoire de Tours fut édité neuf fois en un siècle, depuis Guillaume Petit jusqu'à Marq. Freher. La dixième édition, celle de Duchesne, faite d'après des manuscrits auparavant inconnus, apporta des éléments nouveaux à la critique, et fut l'origine de vives discussions sur l'autorité de l'Histoire des Franks.

Jusqu'alors les historiens, plus soucieux de l'intérêt narratif que d'une scrupuleuse exactitude, avaient accepté sans examen non-seulement tous les récits de Grégoire, mais encore ceux de *l'Historia Epitomata* et des *Gesta regum Francorum*. Adrien de Valois, le premier, appliqua une critique rigoureuse à l'étude de l'époque mérovingienne[8]. Il admire Grégoire de Tours, il appelle son ouvrage « le fonds même de notre histoire[9]»; mais il censure avec une sévérité presque exagérée la rudesse de son style, les erreurs, les omissions, les répétitions, les contradictions, les fautes de chronologie où il est tombé[10].

---

1. *Miracula S. Germani autissiodorensis*, auctore Herico monacho († 88J) Acta SS. Boll. 31 Jul. VII, p. 255-283.

2. *Vita sancti Medardi anon*, AA. SS. Boll. 8 juin II, p. 82.

3. Sigebert de Gembloux, *Chronographia*, ad. ann. 572. ap. Pertz SS. VI, p. 300-535. — Voir dans l'édition des *Libri miraculorum*, par Bordier, IV, p. 238-276, le recueil des témoignages sur Grégoire de Tours du vi[e] au xvie siècle.

4. Voir au chap. précédent, p. 55.

5. *Antiquitez françoises et gauloises*, par Claude Fauchet, Parisien, Premier Président de la Cour des Monnoyes, 1579. — Ses œuvres complètes ont été publiées à Paris en 1610, 2 vol. in-4°.

6. Id. Œuvres I, feuillet 147, verso.

7. Id. ibid. I, feuillet 103, recto.

8. Had. Valesius, *Rerum Francicarum libri VIII*. Paris, 1646-1658, 3 v. in-f.

9. « *Historiae nostrae fundus.* » Préface, T. II.

10. « *Non solum ineleganter et inculte, sed etiam sordide, trivialibus et non-nunquam barbaris verbis historiam scripsit, ac ne grammaticae quidem leges*

Il est vrai que de Valois en jugeait uniquement d'après des manuscrits incomplets ou mutilés. — Lecointe dans ses *Annales
ecclesiastici Francorum* [1] reprit les objections de de Valois,
en ajouta de nouvelles, et tira de l'étude de ces mêmes manuscrits tout un système sur la formation du texte de l'Histoire des Franks. Il prit les deux plus anciens manuscrits
connus, ceux de Corbie et de Beauvais, pour le texte original
de Grégoire, et il considéra tous les chapitres fournis seulement par les manuscrits postérieurs comme des interpolations.
Il en vint même à parler de l'*Interpolator* comme d'un
auteur distinct, dont il aurait pu analyser l'esprit, les idées,
les intentions, en opposition avec Grégoire. Grâce à ce système,
Lecointe débarrassait facilement l'Histoire des Franks de toute
contradiction, éclaircissait les confusions, redressait les erreurs,
en mettant tout ce qui le gênait sur le compte de l'Interpolateur.
C'est ainsi qu'il repoussait le récit scandaleux des vices de
Salonius et de Sagittaire [2], impossible à concilier, pour lui,
avec la sainteté nécessaire du clergé; c'est ainsi qu'il niait la
réalité des querelles entre Grégoire et Félix de Nantes [3],
querelles contraires, à ses yeux, à la dignité épiscopale. Les
quatre derniers livres sont un embarras pour Lecointe. Il n'ose
pas les mettre explicitement à la charge de l'interpolateur, et
cependant, pour rester fidèle à son système, il ne devrait pas
les considérer comme l'œuvre de Grégoire. — Il les accepte
pourtant sur la foi du ms. de Saint-Michel (Colbertinus M. auj.
Bibl. imp. n° 5920), dont les dix premiers cahiers sont perdus,
mais il rejette le témoignage des derniers livres toutes les fois
qu'il est en contradiction avec d'autres documents qui lui
plaisent davantage. Il rejette aussi entièrement la fin du chapitre 31 du livre X depuis « *Hos autem libros,* » prétendant que Grégoire ne pouvait citer en 593 « *anno vicesimo
primo ordinationis nostrae* » le *de Vita Patrum* et le *de
Gloria Confessorum*, terminés après les miracles de Saint-
Martin [4] auxquels il travaillait encore en 595. Lecointe cher-

plerumque servavit. » — « *Gregorii nimia securitas et negligentia, dictorum
oblivio interdum etiam errores, nunc de eadem re duobus in locis aliter atque
aliter scribentis, nunc secum aperte pugnantis, quandoque et rerum ordinem
turbantis et temporum.* » Id. ibid.
1. Paris, 1665-1679. 8 vol. in-f.
2. *Hist. Franc.* V, 21.
3. V, 5.
4. Lecointe a commis de nombreuses erreurs dans son classement

chait en outre à diminuer l'autorité du texte de Grégoire en relevant après de Valois les contradictions et les erreurs qu'il contient, l'inexactitude des indications chronologiques et leur manque de concordance.

Ruinart, dans la préface de son édition de Grégoire, publiée en 1699, répondit aux objections de Lecointe. Appuyé sur de nouveaux manuscrits, il soutint que ceux dont Lecointe avait invoqué l'autorité étaient des copies incomplètes et inexactes du texte primitif de Grégoire, et prétendit tirer de leur texte même la preuve que les chapitres qu'ils ne possédaient pas leur étaient connus, et avaient été omis par eux soit à dessein soit par erreur. Par exemple le ms. de Corbie ne donne pas la lettre de l'évêque Eugenius, bien qu'il contienne ces mots : « *epistolam..... hoc modo transmisit.* » (II, 3). Au ch. 13 du livre IV les mots « *Juxta institutionem sancti Galli sicut supra scripsimus* » présents dans le ms. de Corbie, font allusion au ch. 5 qu'il a omis. Les mots « *Saxones iterata insania* » (IV, 14) se trouvent dans les mss. *Regius* A et *S. Arnulfi Mettensis* et font allusion au ch. 10 que ces mss. ne contiennent pas. Les mêmes mss. omettent le ch. 13 auquel ils renvoient pourtant par ces mots du ch. 16 : « *diversa, ut diximus, exercebat mala.* » Le chapitre 28 du livre V suppose le ch. 21 en disant « *iteratur antiqua calamitas.* » Pourtant les mss. de Corbie et de Beauvais possèdent le ch. 28 sans avoir le ch. 21. Au ch. 51, Grégoire nous parle du concile de Braine « *post synodum memoratam;* » le ms. de Corbie contient ce chapitre sans avoir le ch. 50 où le concile de Braine est raconté. Ruinart applique les mêmes remarques aux chapitres 11 et 12, 15 et 16, 11 et 24, 34 et 35 du livre V, aux chapitres 15 et 16 du livre VI ; il fait de plus observer que les faits rapportés au ch. 11 du livre V se retrouvent dans l'*Historia Epitomata* qui, d'ordinaire, laisse de côté les chapitres omis par le ms. de Corbie et par ceux de la même famille. Ce chapitre existait donc dans des ms. de Grégoire au milieu du VIIe siècle, époque où l'Epitome fut composé.

Nous pouvons aujourd'hui opposer à Lecointe un argument plus direct et plus décisif que ceux de Ruinart ; c'est l'existence des fragments de Leyde et de Rome ; ils nous prou-

chronologique des œuvres de Grégoire. Nous renvoyons sur ce sujet à notre précédent chapitre. La date de 595, donnée ici, vient d'une fausse interprétation des *Mir. S. Mart.* IV, 5.

vent qu'un manuscrit aussi ancien que celui de Corbie possédait les passages absents de ce dernier, et attribués par Lecointe
à un interpolateur. Pourtant l'argumentation de Ruinart n'est
pas en réalité aussi forte qu'elle le paraît au premier abord.
Elle montre bien que les chapitres rejetés par Lecointe trouvent naturellement leur place dans l'œuvre de Grégoire, qu'ils
sont même nécessaires pour qu'elle soit complète ; mais elle ne
prouve pas que ces chapitres fussent connus du copiste du manuscrit de Corbie, ni même qu'ils n'aient pas pu être omis par
Grégoire et ajoutés après sa mort. Nous trouvons en effet
deux autres renvois analogues à ceux que cite Ruinart, sans
qu'on puisse trouver les passages auxquels ces renvois font
allusion. Au ch. 16 du livre IV nous lisons « *Tetricus, cujus
in superiori libello memoriam fecimus.....* » Il n'est nulle
part fait mention de Tetricus dans l'Histoire des Franks, et ce
renvoi ne peut s'appliquer qu'au *de vita Patrum* (VIII, 9) où il
est parlé de Tetricus. Le ch. 36 du livre VI commence par ces
mots : « *Aetherius, Luxoensis episcopus, de cujus supra
meminimus.....* » et ce passage est pourtant le seul où Aetherius de Lisieux soit mentionné. D'ailleurs la théorie même
de Ruinart est invraisemblable. D'après lui, on aurait fait des
copies des premiers livres de Grégoire en négligeant systématiquement les chapitres relatifs à l'histoire religieuse pour ne
conserver que ce qui intéresse l'histoire politique des Franks.
D'où vient alors qu'on en ait conservé un certain nombre
qui traitent d'affaires ecclésiastiques, tout le premier livre
d'abord, puis au livre II les chapitres 2-6, 10, 13 ; au livre III
les chapitres 2, 17, 19, ainsi que plusieurs passages relatifs
aux évêques de Tours mêlés au récit des événements politiques ; au livre V les chapitres 8, 11 ; au livre VI, les chapitres
6 et 16. Et comment se fait-il d'autre part qu'un chapitre
aussi important, au point de vue historique, que le chapitre
50 du livre V, qui traite du concile de Braine, ait pu être
omis par ces mêmes manuscrits. Le ch. 10 du livre IV qui
parle d'une guerre contre les Saxons, et le ch. 13 qui raconte
la conduite de Chramne en Arvernie manquent aussi aux mss.
Regius et S. Arnulfi Mettensis sur lesquels s'appuie également
Lecointe. — Il faut donc chercher une autre explication aux
divergences que nous présentent les divers manuscrits.

Nous croyons avoir expliqué l'origine de ces divergences
en montrant comment Grégoire travaillait, ayant à la fois sur
le métier trois ou quatre ouvrages, écrivant chaque chapitre

séparément, sans se préoccuper d'avance de quelle manière
il les réunirait pour en faire un livre, sans savoir toujours dans
lequel de ses ouvrages rentrerait le chapitre qu'il écrivait.
Ainsi, lorsque parlant de Tetricus au ch. 16 du livre IV, il
ajoutait : *cujus in superiori libello meminimus,* il pen-
sait non au troisième livre de l'Histoire des Franks, mais à la vie
de Saint-Nizier (V. PP. VIII), qu'il venait sans doute de terminer. Il n'avait point conçu d'avance le plan d'après lequel
il réunit plus tard ses ouvrages, et il n'aurait pas pu le faire,
puisqu'il écrivait au fur et à mesure des événements, soit les
vies des Pères, soit les miracles de Saint-Martin, soit les querelles
des rois Franks. Chaque livre existait pour lui séparément, et
faisait partie de l'ensemble de ses œuvres, où il n'avait pas
encore nettement distingué chacun des recueils auxquels il
a plus tard donné des titres, et ajouté des préfaces. Lorsqu'il
fit ou fit faire pour la première fois copie des quatre, puis des
six premiers livres de son Histoire, cet essai de rédaction
se trouva très-incomplet et défectueux. Il avait voulu laisser
de côté pour ses ouvrages hagiographiques ce qu'il avait écrit
sur les saints et les grands personnages ecclésiastiques, tout en
conservant pourtant ce qui avait quelque intérêt pour l'histoire
générale, et en particulier tout ce qui était relatif aux églises
d'Arvernie et de Tours. Les quatre premiers livres comprenant
le récit des événements antérieurs au moment où il avait
commencé d'écrire, se trouvaient assez complets et bien composés
malgré des lacunes évidentes [1]. Les deux livres suivants sont
beaucoup plus défectueux. L'absence du récit du concile de
Braine (V. 50) ne peut s'expliquer qu'en supposant que Grégoire n'avait pas encore complétement terminé et classé son
travail au moment où la copie de ces deux livres a été faite
pour la première fois.

Ainsi nous ne pouvons pas admettre avec Ruinart que les
manuscrits incomplets des six premiers livres représentent des
copies faites d'après le texte complet et où ce qui est relatif à
l'histoire religieuse a été systématiquement supprimé, puisque
ces manuscrits conservent des chapitres relatifs à l'histoire

---

1. Par exemple au chapitre II, 3, la lettre d'Eugenius; et le ch. 5 du livre
IV. — Ce que nous disons ici s'applique seulement aux mss. de Cambrai,
de Beauvais, de Corbie et de Paris 9765. Les mss. Regius A (5922) et Colbert A (Saint Arnulfi Mettensis, 5921) représentent une copie tout à fait
défectueuse; l'omission des chapitres 10 et 13 du livre IV ne peut
s'expliquer que par une erreur.

religieuse et en omettent d'autres relatifs à l'histoire politique. Nous ne pouvons pas non plus admettre que ces manuscrits représentent une première rédaction de l'œuvre, considérée d'abord comme complète et définitive par Grégoire et augmentée plus tard, puisqu'il manque des passages et des chapitres nécessaires à l'intelligence du récit, et dont d'autres chapitres supposent l'existence. Nous devons donc regarder ces manuscrits comme représentant un premier essai de rédaction, une première réunion de chapitres écrits isolément par Grégoire. Cette rédaction primitive a naturellement été riche en erreurs et en omissions, Grégoire l'a alors revue, corrigée, complétée, et a ainsi composé son histoire sous sa forme définitive et complète [1]. Il a surtout ajouté de nombreux passages relatifs à l'histoire religieuse ; il a marqué quelles places occupent dans la série chronologique des événements, les saints dont il avait ailleurs raconté la vie; il a ajouté des traits qui n'avaient point trouvé leur place, ou qu'il avait oublié dans ses œuvres hagiographiques [2].

Quelle que soit d'ailleurs l'opinion qu'on admette sur la formation de la rédaction abrégée des six premiers livres, l'hypothèse des interpolations ne saurait être admise. La réponse de Ruinart était déjà péremptoire. La découverte des fragments de Leyde et de Rome a été un argument direct contre l'hypothèse de Lecointe. Enfin pour supposer une interpolation, il faut pouvoir indiquer les raisons de la supercherie, et montrer une différence entre l'œuvre de l'auteur et celle de l'interpolateur. Or, dans Grégoire, les chapitres rejetés par Lecointe, sont parfaitement en harmonie pour le style comme pour les faits avec son histoire ainsi qu'avec ses œuvres hagiographiques. Il est impossible de deviner dans l'intérêt de quel personnage, de quelle église, de semblables interpolations auraient pu être faites. Enfin il suffit de lire le chapitre 50 du livre V, cet admirable récit du concile de Braine, pour se convaincre que nous avons là sous les yeux l'œuvre de Grégoire, ses pas-

---

1. Seul, le passage sur Aetherius de Lisieux est resté sans explication. Peut-être y a-t-il eu un chapitre perdu : peut-être aussi dans un moment d'inattention, le nom de Aetherius a-t-il rappelé à Grégoire celui d'Aetherius de Lyon dont il avait parlé longuement ailleurs (V. P. VIII, 8 ; H. F. IX, 41, X, 28). Il pouvait dire en parlant des derniers livres *supra,* car les additions à la première rédaction ont été faites assez tard. V. plus haut p. 48.

2. Voyez surtout IV, 32-37.

sions, sa vie même, sa personnalité tout entière. C'est lui que nous entendons et voyons ; c'est bien le même homme qui nous a laissé une si vive peinture du procès de Prétextat au concile de Paris. (V, 19). — Rapprochez les deux récits ; cette simple comparaison suffit à renverser tout le système de Lecointe.

De nos jours un critique allemand, M. Kries, a élevé de nouvelles objections contre l'autorité et l'authenticité du texte de l'Histoire des Franks. Il n'a pas rejeté, comme Lecointe, les chapitres omis par les manuscrits incomplets ; mais, poussé par un patriotisme rétrospectif, il a voulu mettre en suspicion les récits que fait Grégoire sur la brutalité et les vices des Franks. Pour cela il a cherché à ébranler le crédit qu'on accorde généralement au témoignage de l'évêque de Tours. Enfin, s'attachant en particulier au chapitre 31 du livre X, il en a nié l'authenticité en relevant des contradictions entre son contenu et le reste de l'œuvre. L'autorité de Grégoire sera appréciée dans la suite de notre travail. Bornons-nous ici à examiner les objections de M. Kries contre le dernier chapitre de l'Histoire des Franks [1].

1° M. Kries ne trouve pas que ce chapitre soit la fin naturelle de l'ouvrage. En effet le livre X ne paraît pas terminé. Il est beaucoup plus court que les autres, et aurait dû sans doute s'étendre jusqu'à la mort de Gontran, qui n'est nulle part mentionnée, bien que l'épilogue ait été écrit après cet événement. D'ailleurs rien ne relie ce dernier chapitre aux précédents. Rien n'annonce ni ne justifie sa présence.

— Ce que nous avons dit dans le précédent chapitre sur la manière dont Grégoire a composé son histoire répond à cette objection. En effet, le X° livre n'est pas terminé. Le chapitre 31 a été écrit en 592 pour servir d'épilogue non-seulement à l'Histoire des Franks, mais à toutes les œuvres de Grégoire, qu'il considérait comme faisant partie d'un même ensemble. En 594 il a revu cet épilogue et il a fait concorder avec cette année toutes les indications chronologiques, sauf celle du règne de Gontran, mort en 593. Mais il n'a pas eu le temps de combler la lacune qui sépare cet épilogue du point où il avait laissé son récit en 591. C'est ce qui explique le manque

---

1. M. Giesebreckt dans l'appendice de sa remarquable traduction de l'*Historia Francorum*, a répondu à la plupart des arguments de Kries. Nous n'avons ajouté que peu de chose à sa réfutation.

de lien entre le dernier chapitre et les chapitres précédents. Un interpolateur aurait cherché à combler la lacune.

2° Examinant le chapitre 31 en lui-même, M. Kries y trouve des contradictions inexplicables et qui doivent faire croire ou que le texte des livres précédents a été altéré ou que ce dernier chapitre est apocryphe. — Les manuscrits les plus anciens ne le contiennent pas. — Les uns l'omettent tout entier, les autres laissent du moins de côté la fin depuis *inlibataque permaneant*. Aussi l'authenticité de la première partie doit-elle être fortement suspectée, et celle de la seconde est-elle inadmissible.

— Il est parfaitement vrai que les seuls manuscrits possédant le chapitre 31 complet sont ceux du Mont-Cassin, du Bec et de Clermont ; sans compter les copies séparées de cet opuscule qui se trouvent à Bruxelles, à Madrid et à Paris, et que M. Kries ne connaissait pas. Les seuls qui possèdent le chapitre 31 jusqu'à *inlibataque permaneant* sont ceux de Royaumont, de Colbert M, de Cluny et de Montpellier. Mais quand on a vu par quelles vicissitudes a passé l'Histoire des Franks pendant sa composition et combien peu de manuscrits représentent sa rédaction définitive, on n'accordera pas à cette objection une trop grande importance. Remarquons d'ailleurs que les trois manuscrits où se trouve l'épilogue complet sont parmi les meilleurs [1], et que l'exemplaire séparé du chapitre 31 qui se trouve à Paris est du XIe siècle, qu'il est par conséquent un des plus anciens manuscrits ; enfin que tous les manuscrits qui contiennent les 30 chapitres du livre X contiennent aussi le chapitre 31, du moins en partie. On n'a pourtant jamais suspecté l'authenticité des 30 premiers chapitres ; il serait étonnant si le 31e avait été postérieurement ajouté qu'aucun manuscrit ne nous représentât le texte du Xe livre sous sa forme primitive. Ce n'est donc pas la composition des manuscrits, c'est le contenu même du chapitre 31 qui peut nous permettre de juger de son authenticité. Nous examinerons successivement les objections élevées par M. Kries contre les deux parties de l'épilogue.

II. « Grégoire, dit M. Kries, conjure ceux qui copieront son ouvrage de n'y rien changer [2], comme s'il avait pu prévoir les

---

1. Disons pourtant que la fin depuis *inlibataque permaneant* n'a été ajoutée qu'au XVIe siècle au ms. du Mont-Cassin.
2. « *Conjuro omnes sacerdotes Domini..., per adventum Domini nostri Jesu*

mutilations et les interpolations que son histoire devait subir plus tard. Cette phrase a été évidemment écrite à une époque où le texte de Grégoire avait déjà été modifié et altéré. »

— Il est bien étrange que ce soit un interpolateur qui s'indigne contre les interpolations, et surtout qui prononce des anathèmes contre ceux qui devaient toucher à un texte qu'il altère lui-même. — Mais sans tenir compte de cette invraisemblance morale, Grégoire n'a fait qu'imiter ici l'exemple de ses devanciers. Il y avait longtemps que l'on était accoutumé à mutiler les textes. Rufin, dans la préface de la traduction du Περὶ Ἀρχῶν d'Origène, avait prononcé de terribles imprécations contre quiconque oserait changer le texte de son livre [1], et il avait écrit tout un opuscule : *De Origenis librorum adulteratione*. Eusèbe cite dans son histoire ecclésiastique (V. 20,) la prière adressée par saint Irénée à ceux qui copieront ses ouvrages, de n'y rien ajouter et de n'en rien retrancher. Cette adjuration se trouve en tête de plusieurs manuscrits de la chronique d'Eusèbe traduite par saint Jérôme ; elle est reproduite en grec et en latin [2]. Comme nous savons que Grégoire s'est

Christi, ac terribilem reis omnibus Judicii diem, si nunquam confusi de ipso Judicio discedentes cum diabolo condemnandi estis, ut numquam libros hos abolere faciatis, aut rescribi, quasi quaedam legentes, et quasi quaedam praetermittentes, sed ita omnia vobiscum integra inlibataque permaneant. »

1. « *Illud sane omnem qui hos libros descripturus est vel lecturus, in conspectu Dei Patris et Filii et Spiritus Sancti contestor atque convenio per futuri regni fidem, per illum qui praeparatus est diabolo et angelis ejus aeternum ignem... ne addat aliquid scripturae, ne auferat, ne inserat, ne immutet, sed conferat cum exemplaribus unde scripserit, et emendet ad litteram et distinguat, et inemendatum vel non distinctum codicem non habeat; ne sensuum difficultas, si distinctus codex non sit, majores obscuritates legentibus generet.*» — V. Origenis opera, Venise, 1514 inf.

2. « Ὁρκίζω σε τον μεταγραψόμενον τὸ βίβλιον τοῦτο κατὰ τοῦ κυρίου ἡμῶν Ἰησοῦ Χριστοῦ καὶ κατὰ τῆς ἐνδόξου παρουσίας αὐτοῦ, ἧς ἔρχεται κρῖναι ξῶντας καὶ νεκρούς, ἵνα ἀντιβάλῃς ὁ μεταγράψω, καὶ κατορθώσῃς αὐτὸ πρὸς ἀντίγραφον τοῦτο, ὅθεν μετεγράψω, ἐπιμελῶς, καὶ τὸν ὅρκον τοῦτον ὁμοίως μεταγράψῃς, καὶ θήσῃς ἐν τῷ ἀντιγράφῳ. » — V. Migne, *Patrologiae cursus*, t. XXVII : *Hieronymi opera*, t. VIII, col. 39.

Voici la traduction de saint Jérôme : « *Adjuro te, quicumque hos descripseris libros, per Dominum nostrum Jesum Christum, et gloriosum ejus adventum, in quo veniet judicare vivos et mortuos; ut conferas quod scripseris, et emendes ad exemplaria ea, de quibus scripseris, diligenter : et hoc adjurationis genus transcribas, et transferas in eum codicem, quem descripseris.* » — Saint Jérôme décrit dans sa préface de la Chronique d'Eusèbe les mutilations qu'on faisait déjà à cette époque subir aux manuscrits : «*Nec ignoro multos fore, qui solita libidine omnibus detrahendi (quod vitare non*

servi de cette chronique pour composer son livre I [1], la présence
dans l'épilogue d'une formule d'adjuration tout à fait semblable à
celle de saint Jérôme doit être pour nous une présomption en
faveur de son authenticité.

2. — « L'épilogue parle de sept livres de *Miracula*, tandis
que la préface du *De gloria confessorum* en cite huit. »

— C'est une erreur. Dans le De gloria confessorum, le titre
général de Libri miracularum n'est pas mentionné ; le *De vita
patrum* figure à côté de sept autres opuscules sous le titre de :
De quorundam feliciosorum vita. Dans l'épilogue, ces sept
opuscules s'appellent : *libri miraculorum* et le *De vita patrum*
est mentionné à part. Dans les deux préfaces, il y a huit
ouvrages hagiographiques cités ; elles s'accordent donc parfaitement.

3. — « L'épilogue nomme le livre des Vies des Pères *De Vitis
Patrum*, tandis qu'il explique dans la préface de cet ouvrage
pourquoi il a choisi le titre *De Vita Patrum* comme plus
correct. »

— La préface du *De Vita Patrum* a été écrite après l'épilogue. Il n'avait sans doute pas encore en écrivant le chapitre
31 réfléchi à la différence entre *Vita* et *Vitae*, ni donné la
préférence à *Vita*. Il faudrait d'ailleurs savoir au juste si la leçon
Vitis est celle de tous les manuscrits.

4. — « La série des évêques de Tours contenue dans l'épilogue ne concorde pas avec celle que donnent les premiers
livres de l'histoire des Franks. L'épilogue ne compte pas
Justinianus et *Armentius* dans la liste des évêques, *Theodorus* et *Proculus* sont placés entre *Licinius* et *Dinifius* au
lieu de l'être entre *Leo* et *Francilio* ; la durée de leur épiscopat
n'est plus que de deux ans au lieu de trois, tandis que celle de
l'épiscopat d'*Ommatius* est de quatre ans et six mois au lieu de
trois ans. Enfin la somme des années écoulées du pontificat de
Gatien à celui de Grégoire n'est pas la même dans l'épilogue
et dans le corps de l'ouvrage ; il y a une année de différence. »

— Les divergences des deux listes d'évêques sont au fond de
bien peu d'importance. Pour la question de chronologie, il fau-

---

potest, nisi qui omnino nil scribit), huic volumini geminum dentem infigant.
Calumniabuntur tempora, convertent ordinem, res arguent, syllabas eventilabunt ; et, quod accidere plerumque solet, negligentiam librariorum ad auctores
referent. » — Eusebii chronicorum canonum quae supersunt, éd. Schoene,
p. 2.

1. Voy. plus loin, ch. IV, p. 74.

drait être sûr de posséder le vrai texte de Grégoire; il est bien
rare que les manuscrits ne commettent pas d'erreurs dans la
reproduction des chiffres. D'ailleurs, une différence d'une année
dans le total est bien légère. L'histoire de Justinianus et d'Armentius est la même dans l'épilogue (§ 4) que dans le livre second
(ch. I) : on pouvait indifféremment leur donner ou leur refuser
un numéro d'ordre dans la liste des évêques, puisqu'ils avaient
occupé le siége de Tours par une sorte d'usurpation pendant
l'épiscopat de Briccius; le livre II les compte comme les premier,
second et troisième évêques après saint Martin, et Eustochius
comme le quatrième, tandis que l'épilogue reprend l'histoire des
évêques à Gatien, et dresse sa liste différemment.

Premier évêque = Gatien.
    2ᵉ   = Litorius.
    3ᵉ   = Martin.
    4ᵉ   = Briccius.
    5ᵉ   = Eustochius.

Quant à Theodorus et Proculus, Grégoire a évidemment voulu
rectifier ce qu'il avait dit au livre III, ch. 17. D'ailleurs s'il a
écrit cet épilogue, c'est, comme il le dit lui-même, parce qu'il
n'était pas satisfait de ce qu'il avait précédemment écrit sur les
évêques de Tours, parce qu'il voulait déterminer avec plus de
précision l'époque de leur ordination, la durée de leur épiscopat
et le nombre d'années écoulées depuis Gatien [1]. Il ne faut donc
pas s'étonner s'il est parfois ici en contradiction avec les livres
précédents, d'autant plus que d'après son propre avis il lui a été
impossible d'arriver à une exactitude absolue. Il n'aura pas eu
le temps de mettre d'accord les premiers livres avec l'épilogue,
de même qu'il n'a pas eu le temps de terminer le dixième
livre.

III. — C'est surtout la fin de l'épilogue qui paraît suspecte à
M. Kries. — Nous avons déjà répondu à l'objection tirée des
manuscrits. Mais il croit trouver dans le texte même des difficultés insolubles.

1. — « Grégoire parle de l'étude des sept arts libéraux et
donne à Martianus Capella la qualification de *noster* [2]. Mais à

---

1. « *De episcopis Turonicis licet in superioribus libris quaedam scripsisse visus
sim, tamen propter ordinationem eorum et supputationem, quo tempore primum praedicator ad Turonicam accessit urbem, reciprocare placuit.* »

2. « *Quod si te, sacerdos Dei, quicumque es, Martianus noster septem disci-*

cette époque Martianus Capella n'était pas répandu en Gaule, et Grégoire en particulier se souciait assez peu des sept arts libéraux. Il nous dit lui-même dans le *De gloria Confessorum*: « *sum sine litteris rhetoricis et arte grammatica.* »

Il est, au contraire, probable que Martianus Capella était à cette époque employé dans la plupart des écoles de Gaule. Son *Satyricon* fut écrit à la fin du ive siècle, ou au plus tard au commencement du ve [1]; Boëce s'en inspira à la fin du ve siècle dans ses traités sur l'arithmétique et la musique. Au ixe siècle, Martianus Capella est employé dans toutes les écoles, nous avons plusieurs manuscrits du Satyricon de cette époque; Scot Erigène et Remi d'Auxerre le commentaient. Théodulfe, tout au commencement du siècle, parle de l'arbre des sept arts libéraux comme d'une chose que tout le monde connaît, et sans même nommer Martianus Capella [2]. C'est donc du ve au viiie siècle que Martianus Capella s'est répandu dans les écoles de Gaule. Il est bien probable qu'au vie siècle il était connu dans la plus illustre des églises Gallo-Romaines, celle de Tours, dont le chef était en rapport d'amitié avec l'Italien Fortunat. Grégoire, tout ignorant qu'il pût être des élégances du langage avait pourtant appris d'Avitus quelque chose des lettres païennes [3]. D'ailleurs ici même, il fait allusion à la rusticité de son style « *ut stilus noster sit rusticus*», et le *noster* appliqué à Martianus Capella, ne veut pas dire « le Martianus qui m'est familier, » mais « le Martianus qu'on enseigne dans l'école de Tours. C'est en effet aux « *sacerdotes* » de Tours qu'il s'adresse.

Cette allusion à la rusticité de son style n'a pu être faite que par Grégoire lui-même, et elle nous rappelle les passages analogues de la préface des Miracles de Saint Martin (l. I), et de celle *De gloria Confessorum*. Nous reconnaissons aussi Grégoire aux paroles qui suivent: « *Si tibi in his quiddam placuerit salvo opere nostro, te scribere versu non abnuo.* » Nous

---

plinis erudiit, id est, si te in grammaticis *docuit legere, in* rhetoricis..., *in* geometricis..., *in* astrologicis..., *in* arithmeticis..., *in* harmoniis...: *si in his omnibus ita fueris exercitatus, ut tibi stilus noster sit rusticus, nec sic quoque, deprecor, ut avellas quod scripsi.* »

1. Voy. la préface de la dernière édition de *Martianus Capella* par Fr. Eyssenhardt (Leipzig, Teubner, 1866). — Capella dit p. 231 : « *Carthago inclita pridem armis, nunc felicitate reverenda,*» paroles écrites certainement avant 439, époque de la prise de Carthage par les Vandales.

2. Theodulfi *Carmina* IV, 2, dans la *Bibliotheca maxima Patrum* XIV.

3. *Vitae PP.* VI, préf.

savons en effet que Grégoire avait aussi voulu faire mettre en vers par Fortunat ses *Miracula sancti Martini* [1].

2. — « Grégoire a toujours compté les années d'après les ans de règne des rois d'Austrasie. A la fin de l'épilogue nous lisons : « *hos autem libros in anno vicesimo primo ordinationis nostrae perscripsimus.* » Jamais jusqu'ici les années de son épiscopat n'avaient été indiquées.

— Il ne raconte plus ici des événements politiques. Il vient de dresser la liste et de résumer l'histoire des évêques. Il a raconté son propre épiscopat, et il termine par des considérations toutes personnelles. Il est naturel que, parlant de lui, de ses travaux littéraires, il dise en quelle année de son épiscopat il y a mis la dernière main. Or, il ajoute d'ailleurs un peu plus loin que la vingt et unième année de son épiscopat correspond à la dix-neuvième année du roi d'Austrasie, Childebert.

3. — « Après avoir dit au début de l'épilogue qu'il voulait marquer avec exactitude l'époque de l'ordination de chaque évêque, il avoue ici qu'il n'est pas toujours possible de déterminer l'époque de ces ordinations [2]. Il y a contradiction entre ces deux passages. »

Il n'y a là aucune contradiction ; il a dit au commencement qu'il voulait refaire la liste des évêques de Tours, et rechercher l'époque de leur ordination [3] et la durée de leur épiscopat ; il avoue en terminant qu'il n'a pas pu arriver à une complète exactitude. C'est précisément ce qui explique les divergences entre les renseignements donnés par les premiers livres et ceux que fournit l'épilogue ; nous avons là une preuve de la sincérité de l'auteur, et de l'authenticité de ce dernier chapitre.

4. — « La trente et unième année de Gontran ne correspond pas à la dix-neuvième de Childebert, à la cinquième de Grégoire le Grand, et à la vingt et unième de Grégoire de Tours [4]. »

Nous avons déjà cherché à résoudre cette difficulté, grâce à

---

1. Voy. le prologue de Fortunat à sa vie en vers de saint Martin dans *Fortunati carmina*, ed. Chr. Brower, Moguntiæ, 1603 et 1616, in-4.

2. « *...licet in superioribus libris de episcopis Turonicis scripserimus, annotantes annos eorum, non tamen sequitur ac supputatur numerus chronicalis, quia intervalla ordinationum integre non potuimus reperire.* »

3. « *...propter ordinationem eorum.... reciprocare placuit.* »

4. « *...Annum...ordinationis nostrae primum et vicesimum, qui fuit Gregorii papae Romani quintus, Guntchramni regis trigesimus primus, Childeberti junioris decimus nonus...* »

l'ingénieuse hypothèse de M. Giesebrecht [1]. Grégoire aurait
écrit l'épilogue en 592 ; puis il l'aurait revu et corrigé en 594 ;
il aurait fait accorder avec cette date toutes les indications
chronologiques ; sauf la mention de l'an de règne de Gontran,
qui n'avait plus de valeur, puisque le roi de Burgundie était
mort en 593.

5. — « D'après l'épilogue, cent soixante-huit ans se sont
écoulés depuis la mort de saint Martin jusqu'à 594, tandis
qu'en suivant les calculs de la fin du livre, on arrive à un total
de cent quatre-vingt-dix-sept. »

Je n'essaierai point avec M. Giesebrecht [2] de résoudre la contradiction en proposant des hypothèses sur la manière dont les
copistes ont pu altérer les chiffres primitifs. Nous devons
attendre pour cela d'avoir un texte bien constitué. Les chiffres
des supputations chronologiques varient presque avec chaque
manuscrit, et il est impossible d'en tirer ni de fortes objections
ni des explications satisfaisantes.

Lecointe avait déjà appuyé sur l'incohérence de la chronologie de Grégoire de Tours une partie de ses objections contre
la pureté du texte de l'histoire des Franks. Il serait bien
difficile de discuter cette question avec le texte que nous
possédons aujourd'hui ; j'ignore si elle sera jamais complètement
élucidée.

Malgré les objections de Lecointe et de Kries, nous nous
rangerons donc à l'opinion de Ruinart. Il est possible que le
texte de l'histoire des Franks ait subi des altérations légères et
partielles ; mais nous possédons bien l'œuvre de Grégoire telle
qu'il l'a composée. — Les chapitres dont l'authenticité a été
suspectée ont existé dans des manuscrits aussi anciens que ceux
où ils sont omis ; leur contenu ne révèle en aucune façon une
main étrangère ; il est impossible de trouver quel motif aurait pu
donner lieu à des interpolations ; leur présence enfin est nécessaire à l'intelligence du reste de l'œuvre. Le chapitre 31 du
livre X en particulier porte en soi les preuves de son authenticité ; il est parlé de l'épiscopat de Grégoire, de ses travaux,
avec une précision et une simplicité qui seraient bien surpre-
nantes chez un interpolateur. Le caractère, la personne même
de l'évêque s'y laissent clairement apercevoir.

1. Voy. plus haut p. 19, n. 4.
2. Voy. *Zehn Bücher fraenkischer Geschichte*, übersetzt v. W. Giesebrecht
(collection des *Geschichtschreiber der deutschen Vorzeit*), Berlin, 1851, 2 vol.
in-12. T. II, appendice.

Convaincus que nous possédons un texte sincère et authentique, nous pouvons rechercher à quelles sources Grégoire a puisé la connaissance des faits qu'il nous rapporte, et quelle autorité nous devons accorder à son témoignage [1].

1. Il y a quelques années, une nouvelle tentative a été faite par M. Lecoy de la Marche pour ébranler l'autorité de l'Historia Francorum. Son opuscule : *De l'Autorité de Grégoire de Tours*, reproduit toutes les objections de Lecointe et de Kries. Le grand défaut de cette dissertation vient d'une confusion perpétuelle entre la question d'authenticité et la question d'autorité. M. Lecoy mêle constamment les arguments qui doivent nous faire croire à une corruption du texte à ceux qui doivent nous faire suspecter l'intelligence ou l'impartialité de Grégoire. M. Lecoy en effet se trouvait entre deux alternatives également dangereuses. Il n'osait pas reprendre la thèse de Lecointe et voir des interpolations partout où il était en désaccord avec l'Histoire des Franks ; et il ne voulait pas, d'autre part, élever des doutes injurieux contre le témoignage d'un grand évêque. De même en effet que M. Kries met en doute l'autorité de l'Histoire des Franks à cause du fâcheux tableau qu'elle fait des mœurs des Germains, M. Lecoy la met en doute à cause de la triste idée qu'elle donne du clergé catholique au VIᵉ siècle (Voy. *Revue Critique*, 1867, n° 2, p. 23-26). Il réfute Grégoire avec les *Gesta episcoporum Cameracensium* et avec *Roricon*, c'est-à-dire avec des amplifications de l'Histoire des Franks écrites plusieurs siècles plus tard. — Nous aurons occasion plus loin, en traitant de l'autorité de Grégoire, de parler de la plupart des erreurs relevées par M. Lecoy de la Marche. Mais quand on étudie les écrivains du Moyen-Age, on voit que les erreurs les plus grossières, et même parfois les contradictions, ne sont pas des arguments contre l'authenticité d'un texte. — M. H. Bordier a réfuté les objections les plus importantes de M. Lecoy de la Marche dans l'Appendice de sa traduction de l'Histoire des Franks, T. II, p. 405 et suiv. Voyez aussi la réponse de M. Lecoy, dans la *Correspondance littéraire* 1862, 25 mars, et à part : *De l'Autorité de Grégoire de Tours*, réponse à M. Bordier. Paris, 1862, in-8°, 19 pages.

CHAPITRE IV.

SOURCES DE L'HISTOIRE DES FRANKS.

L'histoire des Franks se compose d'éléments très-divers. Le premier livre est un résumé de l'histoire universelle et principalement de l'histoire ecclésiastique depuis la création jusqu'à la mort de saint Martin, composé d'après des sources écrites. Les livres II et III qui embrassent toute la période écoulée entre la mort de saint Martin et celle de Théodebert (400-547) ont emprunté de nombreux renseignements et même des chapitres entiers à des sources écrites, mais ils doivent plus encore à la tradition orale. Les sept autres livres qui racontent les événements accomplis de 547 à 591 contiennent le récit de ce que Grégoire a vu ou de ce qu'il a appris de la bouche de ses contemporains. Il faut cependant remarquer que dans le livre IV, Grégoire écrit de souvenir après 575 les faits qui s'étaient passés entre la mort de Théodebert et celle de Sigebert (547-575), tandis que les six derniers livres sont de véritables mémoires écrits pour ainsi dire au jour le jour. Nous examinerons successivement ce que Grégoire doit à des sources écrites, ce qu'il a emprunté aux traditions populaires, ce qu'il a connu par des témoignages oraux contemporains, enfin ce qu'il a vu de ses yeux ; nous étudierons en même temps de quelle manière il s'est servi de ces diverses sources d'information.

Le premier livre de l'histoire des Franks est une introduction où Grégoire s'est proposé de déterminer dans une revue rapide de l'histoire universelle le nombre des années écoulées entre la création du monde et la passion du Christ, puis entre la passion et l'époque qu'il entreprend de raconter. Il a en vue la chronologie plutôt que l'histoire [1]. Il veut rassurer ainsi ceux qui

---

1. «*Scripturus bella regum... Illud etiam placuit propter eos, qui adpropinquante mundi fine desperant, ut collecta per chronicas vel per historias anteriorum annorum summa, explanetur aperte quot ab exordio mundi sint anni...*»
« *De supputatione vero hujus mundi evidenter chronicae* Eusebii *Caesariensis episcopi ac* Hieronymi *presbyteri proloquuntur, et rationem de omnium annorum serie pandunt. Nam et* Orosius *diligentissime haec inquirens, omnem*

tremblent à l'idée que la fin du monde est proche. Il nous dit
lui-même dans le prologue quels ouvrages il a eu pour guides ;
ce sont des chroniques et des histoires. « *per chronicas vel per
historias,* » les chroniques d'Eusèbe et de saint Jérôme [1], les
histoires d'Orose [2]. Il a également connu et consulté les calculs
de Victorius pour la fixation de la fête de Pâques [3]. — Enfin,
c'est naturellement la Bible qui lui fournit le fond de son récit.
Voulant déterminer l'époque de l'incarnation et de la passion
du Christ, il s'attache d'abord aux événements de l'histoire
juive qui ont précédé, préparé et prédit la venue du Messie,
puis aux souffrances et aux victoires de l'Église. Les événements
de l'histoire profane n'apparaissent pour ainsi dire que pour
marquer le rapport synchronique des histoires profanes et de

*numerum annorum ab initio mundi usque ad suum tempus in unum collegit.
Hoc etiam et* Victorius, *cum ordinem paschalis sollemnitatis inquireret, fecit.
Ergo et nos scriptorum supra memoratorum exemplaria sequentes, cupimus a
primi hominis conditione, si Dominus dignabitur suum commodere auxilium,
usque ad nostrum tempus cunctam annorum congeriem computare. Quod fa-
cile adimplebimus, si ab ipso Adam sumamus exordium »* (I, prologue). —
C'est cette même pensée qui avait inspiré à Jules Hilarion (IVᵉ siècle) sa
Chronologia sive *De mundi duratione.* Voy. *Maxima collectio Patrum,* Lyon,
VI, 373.

1. Voy. plus haut, p. 7-10. Le mot *chronique* était encore pris à cette
époque dans son sens étymologique : ouvrage de chronologie ; mais
bientôt il devient synonyme du mot *annales,* qui désigne une histoire
où les événements sont racontés année par année. — C'est Eusèbe et
saint Jérôme qu'il a le plus constamment sous les yeux. Il marque le
moment où il cesse de les avoir pour guides ; ch. 34 : « *Usque hoc tempus historiographus in chronicis scribit Eusebius. A vicesimo primo enim ejus
(Constantini) imperii anno, Hieronymus presbyter addidit...* »; ch. 37 : « *Hu-
cusque Hieronymus : ab hoc vero tempore Orosius presbyter plus scripsit.* »

2. Voy. plus haut p. 7.

3. Victorius n'a d'ailleurs rien fourni de nouveau à Grégoire, car il suit
la chronologie d'Eusèbe. — *Victor, Victorius,* ou *Victorinus (Marianus),* né
en Aquitaine, était clerc de l'église de Rome. En 454, une vive contes-
tation s'éleva entre l'église d'Orient et celle d'Occident à propos de la
célébration de la fête de Pâques. Les Orientaux la plaçaient le 24 avril,
les Occidentaux le 17. Saint Hilaire, prié par le pape Léon de composer
un cycle nouveau pour la fixation du canon paschal, chargea de ce
travail Victorius qui détermina la date de Pâques en remontant jusqu'à
la création. Au VIᵉ siècle, Victor de Capoue renversa son système, qui
fut abandonné partout, sauf en Gaule, où le concile d'Orléans l'avait
adopté en 541 et où il fut suivi encore quelque temps. Au Xᵉ siècle,
Abbon de Fleury écrivit un commentaire sur le canon de Victorius. —
V. *Hist. litt. de la France,* II, 424-428. — *De doctrina temporum, sive commentarius in Victorii Aquitani et aliorum canones paschales,* par Gilles Bou-
cher, jésuite. Anvers, 1633 ou 34.

l'histoire sacrée. Comme nous l'avons déjà dit [1], la chronologie à cette époque a une grande importance religieuse. Appuyée sur la Bible elle cherche la date de la création, de la passion du Christ, elle voudrait même calculer celle de la fin du monde.

Généralement Grégoire suit, transcrit ou résume les textes qu'il a sous les yeux avec une assez grande exactitude [2]. Pourtant il cite souvent de mémoire plutôt qu'il ne copie littéralement, résumant le sens de la citation sans s'attacher aux mots [3]; les noms propres peu connus sont transcrits par lui avec négligence [4], il s'est embrouillé dans les tableaux synchroniques d'Eusèbe [5], et a commis des méprises et des contre-sens assez graves [6].

Outre la Bible, saint Jérôme et Orose qu'il avait constamment sous les yeux, Grégoire possédait de nombreux documents sur l'histoire religieuse. Les vies de saints, les actes des martyrs, les martyrologes abondaient en Gaule dès cette époque, et Grégoire, tant en Auvergne qu'à Tours, a dû en connaître un

1. V. introd. p. 8.

2. La Bible : passim; Eusèbe et Jérôme : ch. 7, 16, 25, 34, 36, 37; Orose : ch. 6, 24, 26, 38.

3. V. ch. 13 : Rois III, c. 12, v. 13; et la citation d'Orose au ch. 6: « *et cum tanta fuisset honestas aedificii, attamen victa atque subversa est* », tandis qu'il y a dans Orose II, 6 : « *et tamen magna illa Babylon, illa prima post reparationem humani generis condita, nunc pene etiam minima mora victa, capta, subversa est.* »

4. V. ch. 16 : Tropas pour Triopas, Agatadis pour Ascatades. Festus doit être une erreur, par suite d'une mauvaise lecture des mots de saint Jérôme « *Ephesus condita* » l'an 55 d'Acaste.

5. Grégoire établit le synchronisme d'Amon (pour Amos), Argeus et Gygès. Il aurait dû mettre Manassé à la place d'Amos, car si celui-ci est bien contemporain d'Argeus, le roi qui règne en Lydie pendant qu'il règne en Palestine n'est pas Gygès, mais Ardis. Le second synchronisme: Vafrès, Nabuchodonosor, Servius Tullius, est de soixante ans postérieur.

6. La légende sur la sépulture d'Adam à Hébron (ch. 4) vient de la Vulgate même, dont le texte contient un contre-sens (Josué XIV, 15). A la dix-neuvième année d'Auguste (11 av. J.-C.), Eusèbe parle de Munatius Plancus « *qui dum Galliam regeret comatam, Lugdunum condidit.* » Cette fondation remontait à l'an 43 av. J.-C., mais Grégoire écrit : « *Cujus (Augusti) nono decimo imperii anno, Lugdunum Galliarum urbem conditam manifestissime reperimus.* » — Au ch. 36, Grégoire appelle le fils de la matrone romaine Mélanie Urbanus, tandis que saint Jérôme nous dit a. 377 : « *unico praetore tunc urbano filio derelicto.* » — Après Servius Tullius, Grégoire ajoute (c. 17): « *Post hos, imperatores* », c'est qu'en effet, dans les tableaux chronologiques de saint Jérôme, la colonne de souverains de Rome ne porte plus aucun nom pour toute la période républicaine, entre les rois et les empereurs.

grand nombre. Il cite Sulpice Sévère (l. I, 7, et II Prol.) dont il avait certainement entre les mains la *Chronica sacra* et la vie de saint Martin, mais nous ne retrouvons pas dans les œuvres de Sulpice Sévère le passage sur le sacrifice d'Isaac auquel Grégoire fait allusion au chapitre 7 [1]. — Il cite encore (c. 20 et 23) les *Gesta Pilati*, lettre de Ponce-Pilate à Tibère sur la mort du Christ, que le pape Gélase I en 494 avait déjà rangée parmi les livres apocryphes [2]. Enfin il nous parle encore (c. 27) des *Passionum historiae*, c'est-à-dire des actes des martyrs où il a lu le récit des premières persécutions contre les chrétiens à Lyon. Ces récits, composés souvent par des témoins oculaires de la mort du martyr et dans l'église même à laquelle il appartenait, étaient les documents les plus authentiques sur l'histoire religieuse, en même temps que les plus éloquents des livres d'édification. Nous en possédons encore un assez grand nombre [3], mais bien peu sans doute comparativement à ce qu'il en devait exister au temps de Grégoire. Nous n'avons pas la relation dont il paraît s'être servi pour l'histoire des martyrs de Lyon. La lettre adressée par les églises de la Viennoise et de la Lugdunaise aux églises d'Asie sur la mort de Pothin et de ses compagnons, conservée par Eusèbe dans son histoire ecclésiastique (V. 1, 2), n'est pas tout à fait d'accord avec Grégoire. Elle ne donne pas le chiffre des quarante huit martyrs qu'il mentionne dans l'histoire des Franks (c. 27) et dont il cite les noms dans le *De gloria martyrum* (c. 49) [4]. Il paraît de plus avoir fait

1. Grégoire dit que ce fut sur le Calvaire qu'Abraham alla sacrifier Isaac, image prophétique du Christ. Tous les pères qui ont parlé d'Isaac l'ont comparé au Christ; mais je n'ai pu retrouver chez aucun de ceux qui ont précédé Grégoire cette confusion du Calvaire et du mont Moriah. — Les dialogues sur la vie de saint Martin par Sulpice Sévère ont dû servir à Grégoire; mais le récit de la mort du grand évêque ne s'y trouve pas. Grégoire l'aura emprunté aux traditions locales du pays de Tours.

2. Justin (*Apolog.* 2) cite les *Gesta Pilati* comme un récit très-répandu de son temps. Est-ce le même que la lettre écrite à Tibère par Pilate et dont parlent Eusèbe (*Hist. eccl.* II, 2) et Orose (VII, 2)? Le texte de Grégoire le ferait croire. Pierre de Blois dans son *Contra perfidiam Judaeorum* (*Max. coll. Patrum* t. XXIV) nous a conservé une lettre de Pilate à Tibère qui répond bien à ce que dit Grégoire des *Gesta Pilati* au c. 23.

3. V. Ruinart, *Acta primorum martyrum sincera et selecta...* Parisiis, 1689, in-4. Nouvelle édition, Ratisbonne, 1859, in-8.

4. Il en nomme seulement quarante-cinq; il omet Attale, cité par Eusèbe. Les martyrologes donnent encore d'autres noms: Rogata, Apollonius, Geminianus, Julianus, Ausonia, Domna. — C'est par erreur que

une confusion. Tandis que dans le *De gloria martyrum*, il fait
mourir les quarante-huit martyrs avec saint Pothin, ce qui est
exact; dans l'histoire des Franks il les fait mourir avec Irénée,
successeur de Pothin sur le siège épiscopal de Lyon. Grégoire
d'ailleurs est le seul auteur qui mentionne le martyre d'Irénée.
Eusèbe, qui parle longuement de lui, n'en dit rien [1]. La citation
de l'*Historia passionis S. Saturnini* faite au ch. 28 se trouve
littéralement dans les actes que nous possédons sur la vie et la
mort de ce saint [2]. Mais ils ne contiennent pas les noms des
évêques apôtres des Gaules indiqués par l'histoire des Franks,
ni les paroles qu'elle met dans la bouche de saint Saturnin marchant au martyre [3].

A côté des sources citées par Grégoire, il en est d'autres qu'il
ne nomme pas, mais auxquelles il a fait des emprunts faciles à
reconnaître. Depuis la fin du ve siècle, l'esprit humain semblait
frappé de stérilité. Les écrivains ne trouvaient plus une seule
idée nouvelle, pas même une comparaison ou une expression
poétique ; ils copiaient leurs devanciers ou se faisaient les échos
fidèles des inventions spontanées de l'imagination populaire. Si
un pareil travail n'était pas fastidieux et sans utilité réelle, il
serait possible de retrouver dans des écrivains antérieurs à
Grégoire, presque tout ce que contient son premier livre, sans
en excepter les réflexions pieuses et les explications allégoriques
des récits de la bible.

Grégoire ne cite nulle part l'*Histoire ecclésiastique* d'Eusèbe.
Mais il devait l'avoir constamment sous les yeux, en même
temps que la chronique; nous venons de voir qu'il y fait allusion
à l'occasion des martyrs de Lyon. Il lui emprunte les termes

Ruinart et M. Bordier mettent une virgule entre *Vectius* et *Epagathus*, et
comptent dans Grégoire quarante-six martyrs. Vectius Epagathus est un
seul personnage, ancêtre de Grégoire. V. plus haut p. 27.

1. Peut-être faut-il lire « *beatum Photinum* » au lieu de « *beatum Ire-
neum* » à l'avant-dernière ligne du ch. 27. Les actes de saint Irénée
étaient d'ailleurs perdus à la fin du VIe siècle. Saint Grégoire-le-Grand
se plaint de n'avoir pu les trouver (*ep.* XI, 56).

2. V. Ruinart, *Acta... martyrum...* p. 109.

3. On sait comment les vies de saints et les récits de martyres étaient
modifiés et amplifiés à mesure qu'on les transcrivait. Les sèches mentions des martyrologes primitifs deviennent avec les siècles de longues
légendes. Grégoire pouvait avoir un manuscrit des actes de S. Saturnin
plus développé que le texte qui nous est parvenu et semblable pourtant en quelques parties. — V. aussi sur S. Saturnin le *De gloria Martyrum*, c. 48.

dont il se sert pour parler de saint Polycarpe [1]. Enfin, ce qu'il dit d'Hérode est une confusion des deux récits d'Eusèbe (ch. 12) sur Hérode l'Ascalonite qui fit massacrer les enfants de Bethléem et sur Hérode Agrippa qui persécuta les apôtres [2].

Nous trouvons déjà, dans le premier livre, à l'occasion de la mort de la femme et du fils de Constantin, une indication empruntée à Sidoine Apollinaire, dont il invoquera plusieurs fois le témoignage au livre second [3].

Grégoire avait certainement entre les mains un grand nombre de vies de Saints, mais nous avons conservé bien peu des plus anciens monuments de ce genre. Les ouvrages hagiographiques de Grégoire lui-même, en les faisant oublier, ont contribué à leur disparution. Il n'est pas douteux cependant qu'il a eu sous les yeux la vie de saint Quirinus, écrite au IVe siècle et que nous possédons encore [4], ainsi que les vies de saint Hilaire par Sulpice Sévère et par Fortunat [5].

Certains écrits théologiques des Pères de l'Église étaient familiers à Grégoire ; c'est à eux qu'il emprunte les allégories et les prophéties bizarres qu'il prétend retrouver dans l'Ancien

1. « *Beatissimus Polycarpus... velut holocaustum purissimum, per ignem Domino consecratur.* » Hist. Fr. I, 26. — « *...acceptabile holocaustum omnipotenti oblatus est Deo.* » Eusèbe, *Hist. eccl.* IV, 15.

2. « *Herodes rex, dum in apostolos Domini saevit, percussus divinitus ob tanta scelera intumescens ac scatens vermibus, accepto cultro ut malum purgaret, propriae in se manus ictum libravit.* » Hist. Franc. I, 23. — « *Verenda ...scatentia vermibus horrescebant..... malo accepto cultrum poposcit (solebat ...purgatum sic pomum ...comedere) tunc... elevavit in semetipsum dexteram, ictumque libravit.* » Eus. *Hist. eccl.* I, 8, 9. — « *...percussit eum angelus Dei .....et scatens vermibus expiravit.* » Id. ibid. II, 10.

3. « *...Crispum filium veneno. Faustam conjugem calente balneo interfecit (Constantinus)...* » Hist. Fr. I, 34. — « *...iisdem fere temporibus exstinxerat conjugem Faustam calore balnei, filium Crispum frigore veneni.*» Sid. Apoll. *ep.* V, 8. Sidoine est le seul auteur qui nous dise que Crispus soit mort par le poison ; il a peut-être inventé ce détail pour mieux balancer l'antithèse *calore... frigore.* Tous les historiens disent simplement que Constantin le fit périr. Voy. Eutrope X, 6 ; *Chronique* de saint Jérôme ad ann. Abraham 2342, 2344 ; Aurelii Vict. *epitome;* Orose VII, 28 ; Zosime, ap. *Script. hist. Augustae*, Francfort, 1590. II, p. 685, 6.

4. Le récit du miracle qui le sauva lorsqu'il fut jeté dans le Danube (H. F. I, 33) est tout à fait semblable à celui de la vie du saint. AA. SS. Boll. 4 juin, I, p. 381-383.

5. Celle de Sulpice Sévère est contenue dans le deuxième livre de son histoire ecclésiastique. Celle de Fortunat était écrite avant 559, et Grégoire, ami du poète, devait la connaître. Voy. AA. SS. Boll. 13 janv. I, 788-795.

Testament [1] ; par exemple la comparaison de l'Église avec Ève
et avec l'arche de Noé, de Jésus-Christ avec Noé et avec Isaac [2]. Il
emploie des expressions prises textuellement à saint Prosper de
Riez [3]. Nous trouvons dans les *Recognitiones* faussement
attribués à saint Clément de Rome, un passage tout à fait
analogue à celui qui identifie Chus fils de Cham avec Zoroastre [4].

Avec le second livre, Grégoire commence en réalité un nouvel
ouvrage ; son abrégé de l'histoire universelle jusqu'à saint
Martin est terminé ; il ne se contente plus de résumer brièvement deux ou trois auteurs en les suivant pas à pas ; il abandonne
ses précédents guides pour composer une histoire originale,
l'histoire des Franks, cherchant partout ses matériaux, tantôt

1. « ...me... beati patris Aviti Arverni pontificis studium ad ecclesiastica sollicitavit scripta. » V. PP. II, préf.

2. Ces comparaisons étaient des lieux communs de la littérature ecclésiastique. Voy. les commentaires de saint Jérôme sur l'Ancien Testament, le commentaire apocryphe de saint Euchère sur la Genèse, les homélies d'Eusèbe, et surtout l'ouvrage de saint Prosper, évêque de Riez: *De promissionibus et praedictionibus Dei*. Ces écrits se trouvent dans toutes les grandes collections des Pères.

3. « ...ipsa (arca) enim inter fluctus et scopulos hujus sæculi transiens... » H. F. I, 4. « ...quae in scopulis saeculi, atque in gurgite flagitiorum... merguntur... » S. Prosper, *De promissionibus atque praedictionibus Dei*, I, 7.

4. « Hic fuit totius artis magicae... adinventor.... qui et stellas et ignem de coelo cadere, falsa virtute, hominibus ostendebat... Hinc Persae vocitaverunt Zoroastrem. id est, viventem stellam. Ab hoc etiam ignem adorare consueti, ipsum divinitus igne consumtum ut deum colunt. » H. F. I, 5. Les doctrines religieuses des Perses préoccupaient vivement les Pères de l'Église. Clément d'Alexandrie (*Stromata* V), saint Augustin (*de Civitate Dei* XXI, 14), Paul Orose (I, 4), font de Zoroastre l'inventeur de la magie. Une des fausses homélies clémentines (IX, 3) l'identifie à Nemrod descendant de Misraïm, fils de Cham, et raconte avec détail le fait mentionné par Grégoire. Zoroastre invoque au nom de l'art magique l'étoile qui dirige le monde pour qu'elle lui donne l'empire. Elle lui communique en effet le feu qui assure l'empire, mais il en est foudroyé. « Ἐκ ταύτης οὖν τῆς ἐξ οὐρανοῦ χαμαὶ πεσούσης ἀστραπῆς ὁ μάγος ἀναιρεθεὶς Νεβρὼδ ἐκ τοῦ συμβάντος πράγματος Ζωροάστρης μετωνομάσθη, διὰ τὸ τὴν τοῦ ἀστέρος κατ' αὐτοῦ ζῶσαν ἐνεχθῆναι ῥοήν. » Le feu du ciel précieusement conservé assura l'empire à ses successeurs et lui-même fut adoré comme un Dieu. Les *Recognitiones*, conservées dans la traduction de Rufin d'Aquilée († 410), rapportent les mêmes faits, mais en identifiant Zoroastre à Misraïm lui-même. Grégoire avait certainement ce texte entre les mains : « .....hunc (Misraïm) gentes quae tunc erant Zoroastrem appellaverunt, admirantes primum magicae artis auctorem. » Il tire des étincelles des étoiles et meurt foudroyé. « Hinc et nomen post mortem ejus Zoroaster, hoc est vivum sidus appellatum est. » *Recognitiones* IV, 27.

dans des documents écrits, tantôt dans la légende, tantôt dans la tradition orale [1].

Il cite encore une fois Paul Orose, mais sans l'avoir bien compris (ch. 9); car il rapporte à Stilicon ce qu'Orose avait dit des Germains [2]. Pour l'histoire ecclésiastique, les documents consultés par Grégoire sont semblables à ceux dont il avait fait usage dans le premier livre; c'étaient des nécrologes, des chroniques des monastères et d'églises, des récits de la vie et de la mort des saints [3]. Le plus souvent il ne cite pas ses sources. Il ne nous dit point par exemple d'où il tire tout ce qu'il rapporte sur les évêques de la cité arverne et de Tours, dont il connaissait certainement l'histoire par des documents écrits conservés dans les églises de ces deux villes. — Pour l'histoire de la persécution des Vandales (l. II, ch. 2 et 3) au contraire Grégoire cite les *Martyrum passiones* auquel il emprunte son récit [4]. On pourrait croire qu'il s'agit ici des deux ouvrages de *Victor Vitensis*, évêque de Vite en Byzacène, d'où il fut chassé par les Vandales et se réfugia à Constantinople en 483. Nous possédons en effet de lui l'*Historia persecutionis vandalicae* en trois livres, et les *Acta S. Eugenii episcopi Carthaginiensis* († 505 *Albigae in Occitania*) [5]. Mais, si Grégoire a eu ces écrits sous les yeux, il s'en est bien mal servi. Il fait une complète confusion dans la série des rois Vandales [6]. On retrouve

---

1. « *Sic et Eusebius, Severus, Hieronymusque in Chronicis, atque Orosius, et bella regum et virtutes martyrum pariter texuerunt..... Venientes ergo per ante dictorum historias, ea quae in posterum acta sunt, Domino adjuvante, disseremus.* » II, Prologus.

2. « *Excitatae per Stiliconem gentes Alanorum, ut dixi, Suevorum, Wandalorum, ...Francos proterunt, Rhenum transeunt, Gallias invadunt, directoque impetu Pyrenaeum usque perveniunt.* » P. Orose VII, 40. — « *Stilico congregatis gentibus Francos proterit, Rhenum transit, Gallias pervagatur, et ad Pyrenaeos usque perlabitur.* » Hist. Franc. II, 9. — Grégoire fait encore une citation de P. Orose dans le prologue du l. V; mais ce n'est plus comme autorité historique qu'il le cite. Il parle des résultats funestes de la discorde et rappelle les paroles d'Orose sur Carthage : « *Quae res tamdiu servavit? concordia. Quae res eam post tanta destruxit tempora? discordia.* » P. Orose IV.

3. Nous devons sans doute à des documents de cette nature les ch. 1-7, 13-17, 21-24, 26, 36, 39 du livre II; 2, 17, 19, 34, 35 du livre III; 4 du livre IV.

4. « *Legimus tamen quorumdam ipsorum martyrum passiones, ex quibus quaedam replicanda sunt, ut ad ea quae spopondimus veniamus.* » H. F. II, 3.

5. Dans Ruinart, *Acta martyrum sincera*.

6. Grégoire donne la série suivante : Gundéric, Trasamund, Hunéric,

bien dans ces deux ouvrages la mention des sept martyrs, d'Eugenius envoyé en exil, de Cyrola ou Cyrila, de Vindemialis;
mais les événements sont racontés d'une manière toute différente,
et surtout nous n'y trouvons pas la lettre d'Eugenius dont il
eût été si curieux de comparer le texte à celui de Grégoire.
J'incline à penser que l'évêque de Tours aura eu entre les mains
un autre récit des mêmes événements.

La citation de Paulin sur les évêques gallo-romains de l'époque
de Vénérand au ch. 13 du l. II, ne se retrouve pas dans les œuvres
de Paulin de Nole; pas plus que la lettre citée au cinquième
paragraphe du ch. 31 du l. X. Il s'agit pourtant évidemment ici
de Paulin de Nole, le seul que paraisse avoir connu Grégoire,
puisqu'il lui attribue à deux reprises (M. M. I, 2; Gl. C. 110)
la Vie en vers de saint Martin par Paulin de Périgueux [1]. Nous
voyons d'ailleurs par le chapitre que Grégoire a consacré à
Paulin de Nole dans le De gloria Confessorum (c. 110) qu'il le connaissait mal et seulement par des récits plus ou moins inexacts.
Sa mort seule lui était connue par un document écrit [2]. Cet
exemple nous montre à quel point les documents précis manquaient aux écrivains de cette époque, et avec quelle réserve on
doit ajouter foi à leur témoignage.

Les seuls renseignements détaillés que Grégoire ait pu avoir
sur Clovis devaient se trouver dans les Vies de Saints. Il cite la
Vie de saint Remi de Reims (II. 31) [3] dont Fortunat a fait un
abrégé qui nous a été conservé, mais qui ne contient guère que des
récits de miracles. Le baptême de Clovis n'y est pas mentionné.
La Vie originale de saint Remi fut d'ailleurs perdue de bonne
heure, et au IXe siècle Hincmar, pour suppléer à cette perte,
composa sur saint Remi une sorte de roman religieux sans
valeur historique [4]. Dans le même chapitre, Grégoire cite le début
d'une lettre de saint Remi que nous possédons encore. Il a bien

Hildéric, Gélésimir, au lieu de Gundéric, Genséric, Hunéric, Guntamund,
Trasamund, Hildéric, Gélésimir.

1. Paulin, né à Bordeaux en 353, évêque de Nole en 409, mort en 431,
peut très-bien avoir parlé de Vénérand qui vivait au commencement
du Ve s. — Le passage cité par Grégoire semble tout à fait d'un contemporain : « *Si enim hos videas... videbis profecto...* » et ne peut être de
Paulin de Périgueux, mort à la fin du ve siècle, 476-478.

2. « *Et quia de hujus beati vita nihil legeramus, idcirco ea quae per rela-
tionem fidelium cognovimus, ...memoravimus. De transitu autem ejus est apud
nos magna lectio...* » Gl. C. 110.

3. « *Est enim nunc liber vitae ejus, qui eum narrat mortuum suscitasse.* »

4. Voy. AA. SS. Boll. 1 Oct. I. p. 128-131 et 131-166.

conservé le sens des paroles, mais sans les reproduire littéra-lement[1].

Nous possédons aussi la Vie de saint Maixent, composée au temps de Childebert, et nous' y trouvons en effet la légende que cite Grégoire (II. 37)[2]. Nous avons également conservé les Actes de saint Aignan d'Orléans, où Grégoire peut avoir puisé une partie de ses récits sur Attila (II, 7) [3]. Il existe une Vie de saint Clodoald, écrite semble-t-il par un contemporain ; elle est complètement d'accord avec l'histoire des Franks dans le récit qu'elle fait de la mort des enfants de Clodomir ; mais il n'y a aucune ressemblance de style entre les deux textes, aussi est-il difficile de décider lequel des deux a servi de source à l'autre. Un accord aussi complet sur les événements est bien rare dans deux récits complètement indépendants l'un de l'autre, et je serais disposé à croire que c'est Grégoire qui s'est servi de la Vie de saint Clodoald[4] ; nous voyons en effet que dans le récit qu'il a tiré de la Vie de saint Maixent, il a complètement changé le texte tout en racontant fidèlement les faits, tandis que toutes les Vies de Saints écrites d'après Grégoire reproduisent exacte-ment ses paroles mêmes. Nous en avons des exemples dans les Vies de saint Privat[5], de saint Didier de Langres[6], de sainte Clotilde[7], etc.

1. Voy. Duchesne, *Hist. Franc. script.*, I, 849. « *Angit me et satagit vestrae causae tristitia, quod gloriosae memoriae germana vestra transiit Albochledis. Sed consolari possumus, quia talis de hac luce discessit, ut recordatione magis suscipi debeat quam lugeri.* » Le texte de Grégoire est un peu différent : « *Angit me et satis me angit vestrae causa tristitiae, quod bonae memoriae germana vestra transiit Alboflledis. Sed de hac re consolari possumus, quia talis de hoc mundo migravit, ut suscipi magis debeat quàm lugeri.* »
2. « *Multasque et alias virtutes operatus est, quas si quis diligenter inquiret, librum vitae illius legens, cuncta reperiet.* » Voy. AA. ŚS. Boll., 26 juin, V, p. 169-175.
3. « *Beatissimus Anianus... cujus virtutum gesta nobiscum fideliter retinen-tur.* » Voy. Duchesne, *Hist. Franc. script.*, I, p. 521,
4. AA. SS. Boll. 7 Sept., III, 98-103.
5. AA. SS. Boll. 21 Aug. IV, p. 438-441. Voy. Grég. H. F. I, 30.
6. AA. SS. Boll. 23 Mai. V, p. 244-246. Voy. Grég., ibid.
7. AA. SS. O. S. B. I. 98. Grégoire connaissait un nombre considérable de Vies de Saints, comme nous le voyons par ses ouvrages hagiogra-phiques. Il cite une Vie en vers de l'abbé Maxime (G. C. 22); une relation des Clercs de Bordeaux sur saint Séverin (ibid. 45); des écrits sur saint Romain (ibid. 58); une Vie de saint Vivien (ibid. 58); une Vie de saint Marcel, évêque de Paris (ibid. 89); un livre des miracles de saint Médard (ibid. 95); la Vie de saint Aubin par Fortunat (ibid. 96); une Vie de saint Nizier (V. PP. VIII, 12).

Malheureusement, ces ouvrages hagiographiques dont Grégoire doit avoir fait un assez fréquent usage, n'ont pour la plupart qu'une médiocre valeur historique. Les auteurs de ces écrits pieux cherchent avant tout l'édification des fidèles, l'exaltation des mérites d'un saint; les faits historiques ne sont qu'un cadre où la légende et la réalité s'unissent et se confondent; chaque Vie de Saint cherche à faire jouer un rôle à son héros dans les événements qui ont le plus frappé l'imagination des contemporains; c'est ainsi que Chrocus, Attila, Clovis, les divers rois Franks apparaissent dans l'histoire de la plupart des Saints illustres du ve et du vi^e siècle pour y jouer un rôle terrible ou bienfaisant, mais toujours plus ou moins légendaire [1]. Grégoire connaissait pourtant quelques sources plus strictement historiques et plus dignes de foi, mais dont les plus importantes ne s'étendaient guère au delà de la première moitié du ve siècle. Il possédait en effet deux ouvrages aujourd'hui perdus, mais qui devaient être de la plus grande valeur pour l'histoire des invasions barbares et des derniers temps de l'empire romain. Autant que nous pouvons en juger par les fragments contenus dans les chapitres 8 et 9 du livre II de l'histoire des Franks, *Sulpicius Alexander* et *Renatus Profuturus Frigeridus* ou *Frigiretus* [2] écrivaient l'un dans la première, l'autre dans la seconde moitié du ve siècle. Le fragment du livre III de Sulpicius Alexander parle de la guerre de Quintinus et Nannenus, généraux du tyran Maxime, contre les Franks; les fragments du livre IV parlent d'Arbogaste, de Valentinien, du rhéteur Eugène et de leurs relations avec les Franks. Ces citations ne dépassent donc pas la fin du ive siècle. Nous ignorons jusqu'où s'étendait cette histoire, mais il est vraisemblable qu'elle s'arrêtait vers cette époque, car c'est dans Renatus Frigeridus que Grégoire va chercher ensuite des indications sur l'histoire des Franks sous les tyrans Constantin et Jovin. — L'ouvrage de Frigeridus devait s'étendre jusqu'à la seconde moitié du ve siècle, au moins jusqu'en 455; le portrait d'Aetius cité au livre II, chapitre 8, de l'*Historia Francorum*, était tiré du XIIe livre. Autant que nous pouvons en juger par ces citations, Sulpicius Alexander n'était pas sans talent littéraire; son récit de la lutte de Quintinus contre les

---

1. Vies de S. Privat, S. Antidius de Besançon, S. Didier de Langres, Ste Geneviève, S. Aignan, S. Maximin de Micy, S. Vaast, S. Césaire d'Arles. S. Melanius, S. Arnulf, etc.

2. *Frigeridus* (ms. de Corbie), *Frigiretus* (ms. de Cambrai).

Franks est pittoresque et animé ; mais il est déparé par une prétention de style et une recherche poussée jusqu'à l'obscurité qui rappellent Sidoine Apollinaire [1]. Frigeridus écrit plus simplement, mais il n'a pas la vigueur pittoresque de Sulpicius Alexander, et son style se ressent davantage, tant pour le choix des mots que pour la syntaxe, du rapide envahissement de la barbarie [2]. Pourtant son portrait d'Aetius n'est point dépourvu d'un certain art laborieux, et montre que la tradition antique des portraits à la Suétone et à la Tacite, n'était point encore entièrement perdue. Il est probable que Sulpicius Alexander et Renatus Frigeridus étaient tous deux gallo-romains. Ils connaissent mieux qu'aucun autre historien contemporain ce qui s'est passé au IVe et au Ve siècle sur les frontières de la Gaule et de la Germanie ; les épisodes de la lutte des Romains contre les barbares cités par l'histoire des Franks ne se retrouvent nulle autre part. De plus, Frigeridus, quoique sévère pour Constantin [3], montre pour les partisans de Jovin en Arvernie une sympathie qui semble déceler une origine gallo-romaine [4]. S'il était Arverne il serait tout naturel que Grégoire ait connu et possédé son ouvrage. La perte de son histoire est peut-être plus digne encore de regrets que celle de l'œuvre de Sulpice Alexandre. Le quatrième siècle en effet est relativement bien connu, tandis que Renatus Frigeridus nous aurait seul fait connaître d'une manière détaillée la vaste et obscure question des invasions du Ve siècle ; il aurait suppléé à la brièveté des chroniques, nos seules sources à cette époque ; il nous aurait surtout fait savoir la vérité sur la campagne d'Attila qui reste jusqu'ici enveloppée de tant d'incertitude.

À côté de ces ouvrages importants, Grégoire possédait encore d'autres documents moins développés, mais précieux pour l'histoire, semblables à ces chroniques dont nous avons déjà parlé [5],

---

1. « *Itaque universis domibus exustis, in quas saevire stoliditas ignava victoriae consummationem reponebat, noctem sollicitam milites sub armorum onere duxerant.* » II, 9.

2. « *Qui (Constantius) praemissis agminibus, dum cum patre resideret, ab Hispania nuntii commeant, a Gerontio Maximum, unum e clientibus suis, imperio praeditum, atque in se comitatu gentium barbararum accinctum parari.* » II, 9.

3. « *Constantinus gulae et ventri deditus.* » ibid.

4. « *Decimus Rusticus, Agroetius ex primicerio notariorum Jovini, multique nobiles apud Arvernos capti a ducibus Honorianis, et crudeliter interempti sunt.* » ibid.

5. Voy. p. 10.

et qui ajoutent à l'indication des consuls de chaque année la mention des événements les plus remarquables. Telles sont les chroniques de Prosper, de Marcellin, d'Idace, de Marius. Celles que cite Grégoire en les appelant Consulaires (*Consulares, Consularia — fasti, chronica*), ne nous sont pas connues. Elles rapportaient des événements de la fin du ve siècle, relatifs aux Franks et aux Romains du Nord de la Gaule[1]. Si, comme cela est vraisemblable, ce que Grégoire dit de Clodion est également tiré de ces chroniques, on peut conclure des expressions « *ultra Ligerim* » et « *trans Rhodanum* » pour indiquer le sud de la Loire et le sud-est du Rhône, qu'elles ont été écrites dans le pays entre la Somme et la Loire, resté romain jusqu'à la fin du ve siècle.

Ce passage n'est pas le seul où Grégoire ait fait usage de sources de cette nature. Nous remarquons en plusieurs endroits l'usage d'annales et de chroniques. On reconnaît l'emploi des documents de ce genre à trois caractères : l'indication exacte d'une date, de l'an de règne d'un roi; la mention de phénomènes physiques, qui s'oublient lorsqu'ils ne sont pas notés sur le champ; le manque de liaison entre les faits, rapportés sèchement, sans détail et sans explication, chaque phrase contenant un fait. — Ce dernier caractère est frappant dans les chapitres 18 et 19 du livre II, où Grégoire rapporte les événements du règne de Childéric, peut-être d'après cette chronique qui l'avait déjà renseigné sur les premiers rois Franks[2]. On ne peut méconnaître l'usage de documents analogues dans les chapitres 20, 27, 30, 37, 43 du livre II; 20, 30, 37[3] du livre

---

1. « *Nam et in* Consularibus *legimus Theodomerem regem Francorum, ...et Aschilam matrem ejus, gladio interfectos. Ferunt etiam tunc Chlogionem... regem Francorum fuisse... In his autem partibus, id est ad meridionalem plagam, habitabant Romani usque Ligerim fluvium.* Ultra Ligerim *vero Gotthi dominabantur. Burgundiones quoque... habitabant* trans Rhodanum. » H. F. II, 9. sub fine.

2. « *Igitur Childericus Aurelianis pugnas egit; Adouacrius vero cum Saxonibus Andegavos venit. — Magna tunc lues populum devastavit. — Mortuus est autem Aegidius, et reliquit filium, Syagrium nomine. — Quo defuncto, Adouacrius de Andegavo et aliis locis obsides accepit. — Britanni de Biturica a Gotthis expulsi sunt, multis apud Dolensem vicum peremtis.....* » Ch. 18, etc. « .... *Eo anno mense nono terra tremuit. Adouacrius cum Childerico foedus iniit...* » Ch. 19. — Voy. pour l'explication de ces deux chapitres : Junghans, *Die Geschichte Childerichs und Chlodovechs kritisch untersucht*, p. 13-16.

3. « *Gravem eo anno et solito asperiorem hyemem fecit, ita ut torrentes concatenati gelu pervium populis iter, tanquam reliqua humus, praeberent.*

III; 8 du livre IV. — Nous pouvons en conclure que si le détail des événements du règne de Clovis et de ses fils, a été fourni à Grégoire par la tradition orale, il possédait pourtant dans des documents historiques, précis et dignes de foi, la mention sèche et sommaire des faits principaux, et la date exacte de quelques-uns d'entre eux. Nous pouvons par conséquent accorder notre confiance à l'ensemble de son récit.

Ce ne sont pas là les seules sources écrites où Grégoire de Tours ait puisé. Il a su trouver des matériaux pour son ouvrage dans des écrits purement littéraires, ou qui du moins n'avaient point pour but le récit des événements passés. En cela, il s'est montré véritablement historien. C'est ainsi qu'il cite à plusieurs reprises les lettres de Sidoine Apollinaire. Non-seulement il lui emprunte des expressions qu'il trouve remarquables [1] ; mais il cherche dans ses lettres la confirmation de certains faits historiques. L'anecdote sur Ecdicius (H. F. II, 24) se trouve aussi racontée par Sidoine Apollinaire (*ep.* III, 3.) Grégoire avait encore sur ce point d'autres témoignages que celui de Sidoine, car leurs récits diffèrent dans les détails, et il dit que plusieurs personnes ont rapporté le même fait [2]. Il mentionne la lettre où Sidoine Apollinaire parle du dévouement de Patiens, évêque de Lyon, pendant la famine (Sid. Apoll. *ep.* VI, 12)[3] ; et la lettre à l'évêque Basilius au sujet des persécutions d'Euric (Sid. Apoll. *ep.* VII, 6)[4]. Né dans la cité des Arvernes, élevé pour ainsi dire dans l'Eglise dont Sidoine avait été évêque au siècle précédent [5], Grégoire avait eu dès sa jeunesse entre les mains les

---

Aves quoque rigore affectae vel fame, absque ullo hominum dolo, cum magnae essent nives, manu capiebantur... Mortuo ergo Theudoberto quarto decimo regni sui anno, regnavit . Theodobaldus... » — Ce froid rigoureux paraît bien n'avoir pu se produire qu'au nord de la Gaule: Les annales que Grégoire transcrit ici auraient donc été écrites dans la même région que celles qui nous ont fait connaître Chlodion. Il se pourrait pourtant aussi que nous eussions ici un fragment d'annales arvernes.

1. Voy. IV, 12 : « *Quibus et a quibus, ut Sollius noster ait, nec dabat pretia contemnens, nec accipiebat instrumenta desperans.* — Sid. Apoll., ep. I, 2, *ad Ecdicium.* — Cette phrase est d'ailleurs à peu près inintelligible.

2. « *Quem Ecdicium mira velocitate fuisse, multi commemorant.* »

3. « *Exstat exinde hodie apud nos beati Sidonii epistola in qua eum* (Patientem) *declamatorie conlaudavit.* » II, 24.

4. « *Exstat hodieque, et pro hoc causa, ad Basilium episcopum nobilis Sidonii ipsius epistola, quae haec ita loquitur.* » II, 25.

5. *C. Sollius Apollinaris Sidonius* était né à Lyon vers 430, avait été préfet de Rome, et avait épousé la fille de l'empereur Avitus. Il devint évêque d'Arvernie en 472 et mourut en 489.

œuvres du Saint, si intéressantes pour la connaissance de l'état intérieur de la Gaule à la veille de l'invasion des Franks. Aussi l'appelle-t-il « *noster* » (IV, 12) et lui consacre-t-il un long chapitre de son histoire (II, 23).

Un autre recueil de lettres, analogue à celui de Sidoine Apollinaire, mais aujourd'hui perdu, le recueil des lettres de Saint Férréol, évêque d'Uzès, a pu également être utile à Grégoire [1].

Enfin, Grégoire a su tirer des écrits de saint Avit des détails intéressants sur le rôle de l'illustre évêque de Vienne dans le royaume burgunde, auprès de Gondebaud [2]. Dans ses nombreux voyages en Burgundie et par son oncle saint Nizier de Lyon, il avait pu apprendre quel rôle important Avitus avait joué dans les événements politiques et religieux de la fin du ve et du commencement du vi[e] siècle. Il avait probablement rapporté en Arvernie ou à Tours un exemplaire de ses œuvres, car il les énumère et les admire avec une visible complaisance (II, 34) : il cite un grand discours d'Avitus à Gondebaud, dont le texte ne se retrouve pas dans les œuvres de l'évêque de Vienne, mais qui est parfaitement conforme pour le fond des idées avec la première lettre d'Avitus à Gondebaud; il parle enfin avec détail d'une homélie sur les Rogations que nous avons conservée. Nous possédons également les lettres dont parle Grégoire et qui sont dirigées contre l'hérésie d'Eutychès et de Sabellius [3].

1. « *Qui* (Ferreolus) *libros aliquos epistolarum, quasi Sidonium secutus, composuit.* » H. F. VI, 7.

2. *Alcimus Ecdicius Avitus*, consacré évêque de Vienne en 490, mort en 525, sut, par l'énergie de son caractère et par son habileté, exercer une influence prépondérante sur Gondebaud et surtout sur son fils Sigismond. Ses lettres nous le montrent mêlé à tous les événements politiques et religieux, écrivant à l'Empereur au nom du roi des Burgundes (v. ep. 7, 84), saluant dans Clovis le défenseur de l'orthodoxie (ep. 41), et faisant peu à peu triompher le catholicisme au milieu des Burgundes ariens. — Voy. Binding, *Das Burgundisch Romanische Koenigreich*, p. 168 et suiv. — *Aviti opera* ed. Sirmond. Paris, 1643, in-8°. — L. Delisle et Rilliet de Candolle, *Etudes paléographiques et historiques sur des papyrus du* vi[e] *siècle.*

3. « *Magnae enim facundiae erat tunc temporis beatus Avitus : namque insurgente haeresi apud urbem Constantinopolitanam, tam illa quam Eutyches, quam illa quam Sabellius docuit, id est nihil divinitatis habuisse Dominum nostrum Jesum Christum, rogante Gundobado rege, ipse contra eos scripsit. Exstat exinde nunc apud nos epistolae admirabiles, quae sicut tunc haeresim oppresserunt, ita nunc Ecclesiam Dei aedificant. Scripsit enim Homiliarum librum unum de mundi principio; et de diversis aliis conditionibus libros sex,*

Cette intelligence historique, ce goût pour les documents intéressants et exacts se retrouvent encore dans les derniers livres de l'histoire des Franks. Nous avons vu que Grégoire cite les ouvrages où il a puisé les faits qu'il raconte ; nous verrons tout à l'heure qu'il indique souvent à quels personnages il doit les témoignages oraux qu'il rapporte. Il fait plus, il a soin à plusieurs reprises de transcrire textuellement des pièces officielles qui sont pour l'histoire d'une très-grande valeur. Il nous est difficile malheureusement de contrôler l'exactitude de ces transcriptions. C'est par l'histoire des Franks seule que nous connaissons la lettre d'Eugène, évêque de Carthage, à son Eglise (II, 3) ; le traité d'Andelot, si important pour l'histoire et la géographie de l'époque Mérovingienne (IX, 20) ; la lettre écrite par les évêques du nord de la Gaule à sainte Radegonde lorsqu'elle fonda le monastère de Sainte-Croix (IX, 10) ; et la réponse de sainte Radegonde (IX, 42) ; la lettre écrite par les évêques réunis auprès de Gontran à Gondegisile de Bordeaux, Nicaise d'Angoulême et Saffarius de Périgueux sur les troubles de Poitiers (IX, 41) ; enfin le discours prononcé par saint Grégoire le Grand à Rome pendant la peste provoquée par une inondation du Tibre en 589 (X, 1), et le jugement de Chrodielde et de Basine (X, 16). — Il est vrai que Grégoire était admirablement placé pour connaître la plupart de ces pièces ; il avait lui-même été chargé de faire ratifier le traité d'Andelot [1] ; il était ami de sainte Radegonde, et avait été appelé à Poitiers pour y apaiser les troubles suscités par Chrodielde [2]. Enfin, un diacre de l'église de Tours s'était trouvé à Rome au moment de l'élection de Grégoire, l'avait entendu parler au peuple, et

---

versu compaginatos ; epistolarum libros novem, inter quas supradictae continentur epistolae. Refert enim in quadam homilia, quam de Rogationibus scripsit..... » II, 34. — Les lettres contre Eutychès et Sabellius sont les lettres 2, 3, 28, du recueil de Sirmond. Les hérésiarques niaient, non la divinité, mais l'humanité du Christ. Il faudrait « nihil humanitatis habuisse Dominum, » etc. — Nous ne possédons plus la collection complète de tous les écrits dont parle ici Grégoire. Nous n'avons que quatre-vingt-quatre lettres, les six livres de vers, l'homélie sur les Rogations et des fragments de ses écrits théologiques et de ses autres homélies. Grégoire a peut-être confondu les lettres où Avitus attaque Eutychès qui niait l'humanité du Christ et les écrits où il attaquait les Ariens qui niaient sa divinité. Voy. surtout : Collatio episcoporum praesertim Aviti Viennensis episcopi coram rege Gundobado adversus Arianos.

1. Voy. p. 35.
2. Voy. p. 36.

avait rapporté à Tours ce discours immédiatement après qu'il avait été prononcé. — Nous possédons ce dernier texte dans plusieurs ouvrages. Paul Diacre à la fin du VIIIe siècle l'a cité dans sa Vie de saint Grégoire le Grand (ch. 11) mais en supprimant la fin depuis « *Clerus igitur egrediatur....* » Il a simplement copié l'histoire des Franks depuis les premières lignes du livre X «*tanta inundatione Tiberis fluvius* »; il ne peut donc nous servir à le contrôler. Jean Diacre qui a écrit à la fin du IXe siècle une vie beaucoup plus développée de saint Grégoire a également cité ce discours. La fin seule diffère du texte de Grégoire de Tours; celui de Jean Diacre ajoute quelques lignes au texte de l'histoire des Franks [1] et indique un autre ordre pour les processions (liv. I, ch. 42). Aucun manuscrit antérieur à l'époque de Jean Diacre ne nous a conservé le texte et ne nous permet de décider quelle est la meilleure version.[2] Le passage omis par Grégoire de Tours peut l'avoir été par mégarde, ou parce qu'il ne présentait pas grand intérêt. Mais pour l'ordre des processions, le témoignage de l'histoire des Franks, tout à fait contemporain, doit être préféré. Jean Diacre a pu confondre les processions ordonnées en 589 avec d'autres processions postérieures ou même reproduire simplement l'ordre des processions suivi au temps où il vivait.

Le soin que Grégoire a pris de nous conserver ces pièces officielles est une preuve de la conscience qu'il apportait à la composition de son œuvre.

S'il est parfois difficile de savoir quels documents écrits Grégoire a consultés pour composer son histoire, il est bien plus difficile encore de déterminer l'origine et la valeur des renseignements oraux qui lui sont parvenus. Il n'a pas connu par lui-

---

1. Vers la fin, au milieu de la phrase : « *Proinde, fratres carissimi, contrito corde* » il ajoute : « devota ad lacrimas mente veniamus; *nullus vestrum ad terrena opera in agros exeat, nullus quod libet negotium agere praesumat, quatenus ad sanctae genitricis Domini ecclesiam convenientes, qui simul omnes peccavimus, simul omnes mala quae fecimus deploremus,* ut districtus judex, etc. »

2. Voy. la *Praefatio in libros moralium* de l'édition bénédictine des œuvres de Grégoire-le-Grand. Paris, 1705, 4 v. in-f°.

même tous les événements contemporains qu'il raconte ; quelques uns lui ont été rapportés par des témoins oculaires; d'autres récits avaient déjà passé par plusieurs bouches avant d'arriver jusqu'à lui. Pour l'époque antérieure, les traditions et les anecdotes populaires se mêlent au témoignage des contemporains ; enfin Grégoire a dû certainement se faire l'écho de certaines légendes et traditions poétiques. Distinguer nettement les légendes poétiques des simples récits populaires et ceux-ci des témoignages oraux contemporains, serait une tâche impossible, car ces éléments divers se mêlent et se confondent ; et si même on parvenait à les séparer parfaitement, il faudrait encore discerner la part de vérité qui s'y trouve contenue et qui peut varier pour chaque légende, pour chaque tradition, pour chaque témoignage. Nous devons donc nous borner à donner les exemples les plus remarquables de ces divers genres d'informations orales, et laisser à ceux qui écrivent l'histoire critique de cette époque le soin de déterminer dans le détail l'origine et la valeur de chaque récit.

Grégoire ne fait nulle part allusion à des chants populaires qui auraient pu servir à la composition de son ouvrage, et pourtant il est plus que probable que l'histoire des premiers chefs franks lui était parvenue sous une forme légendaire et poétique. Nous en sommes malheureusement sur ce point réduits aux conjectures ; les éléments d'une recherche scientifique nous manquent par l'absence de points de comparaison. Le prologue de la loi salique, les vers sur la victoire de Clotaire II [1] ne nous suffisent pas, et, par malheur, le recueil de chants germains composé par ordre de Charlemagne [2] ne nous a pas été conservé. Pourtant il nous est possible, par le simple examen du texte de Grégoire, de retrouver l'écho de poèmes et de chants, productions spontanées de l'imagination populaire.

Clovis, le fondateur de la puissance franke, a naturellement dû être le principal héros de ces compositions épiques, aussi trouvons-nous dans les récits dont il est l'objet les exemples les plus frappants de traditions poétiques. Nous avons montré [3] que les courtes indications sur les guerres de Childéric, données par Grégoire, sont tirées d'annales contemporaines. Ce sont de sèches et brèves mentions de faits, sans lien, sans explication. Ce sont des notes prises par un contemporain à qui un mot

1. Voy. plus haut, p. 15.
2. Voy. Einhard, *Vita Karoli*, 29.
3. Voy. plus haut, p. 85.

suffit pour fixer le souvenir d'un événement important et connu
de tous. Il n'y a là ni composition littéraire, ni mise en scène
dramatique, ni recherche de style. Au contraire, le récit du
début du règne de Childéric, de son expulsion, de sa fuite en
Thuringe, de son mariage avec Basine et de la naissance de
Clovis [1], forme un absolu contraste avec les fragments d'annales
dont nous venons de parler. M. Junghans a montré que l'origine
de ce récit devait être un poème sur la naissance de Clovis [2].
Au point de vue historique, les plus grandes invraisemblances
y sont accumulées. Quelle apparence y a-t-il que les Franks
aient pris un Romain pour roi, contrairement à toutes les habitudes germaniques? Le retour de Childéric n'est pas mieux
expliqué, et, bien qu'il y ait eu réellement un roi de Thuringe,
du nom de Basinus ou Bisinus [3], la fuite de Basine tient plus du
roman que de l'histoire. La forme du récit, surtout si on la com-

---

1. H. F. II, 12. « *Childericus vero cum esset nimia in luxuria dissolutus,
et regnaret super Francorum gentem, coepit filias eorum stuprose detrahere.
Illi quoque ob hoc indignantes, de regno eum ejiciunt. Comperto autem quod
eum interficere vellent. Thoringiam petiit, relinquens ibi hominem sibi carum,
qui virorum furentium animos verbis lenibus mollire possit; dans etiam
signum quando redire possit in patriam : id est, diviserunt simul unum
aureum, et unam quidem partem secum detulit Childericus, aliam vero
amicus ejus retinuit, dicens : « Quandoquidem hanc partem tibi misero, par-
tesque conjunctae unum effecerint solidum, tunc tu securo animo in patriam
repedabis. » Abiens ergo in Thoringiam, apud regem Bisinum uxoremque
ejus Basinam latuit. Denique Franci hoc ejecto, Aegidium sibi, quem superius
magistrum militum a republica missum diximus, unanimiter regem adscis-
cunt. Qui cum octavo anno super eos regnaret, amicus ille fidelis, pacatis
occulte Francis, nuntios ad Childericum, cum parte illa divisi solidi quam
retinuerat, mittit. Ille vero certa cognoscens indicia, quod a Francis deside-
raretur, ipsis etiam rogantibus, a Thoringia regressus, in regno suo est resti-
tutus. His ergo regnantibus simul, Basina illa, quam supra memoravimus,
relicto viro suo, ad Childericum venit. Qui cum sollicite interrogaret, qua de
causa ad eum de tanta regione venisset, respondisse fertur. : « Novi, inquit,
utilitatem tuam quod sis valde strenuus; ideoque veni ut habitem tecum; nam
noveris, si in transmarinis partibus aliquem cognovissem utiliorem te, expe-
tissem utique cohabitationem ejus. » At ille gaudens, eam sibi in conjugio
copulavit. Quae concipiens peperit filium, vocavitque nomen ejus Chlodove-
chum. Hic fuit magnus, et pugnator egregius. »*
2. Junghans, *Die Geschichte Childerichs und Chlodovechs...*, p. 6-12. —
Nous reproduisons ici les principaux points de l'argumentation de
Junghans.
3. Il était le grand-père de sainte Radegonde : « *Beatissima igitur Rade-
gundis, natione barbara, de regione Thoringa, avo rege Bassino, patruo
Hermenfrido, patre rege Birethario.* » Vie de Sᵉ Radegonde, dans les *Acta
SS. Ordinis S. Benedicti*, I, p. 319, citée par Junghans.

pare aux notes annalistiques qui racontent la suite du règne de
Childéric, décèle mieux encore son origine poétique. Il est composé comme un poème ; les causes de la chute de Childéric sont
exposées avec ampleur et une certaine emphase ; l'histoire de la
pièce d'or et de l'union de Basine et du roi frank est rapportée
avec ces détails minutieux, personnels et dramatiques qu'aime
la légende ; des paroles empreintes d'une poétique exagération
sont mises dans la bouche de Basine. Enfin, la naissance de
Clovis forme comme le couronnement de ce chant épique, et sa
gloire future est entrevue dans l'avenir : « *Hic fuit magnus,
et pugnator egregius.* » Nous ne saurions donc voir dans le
récit de Grégoire autre chose que l'écho d'une légende
populaire, et il nous serait impossible de déterminer dans
quelle mesure la vérité historique s'y trouve mêlée. Cette
légende continue à se développer après Grégoire, et dans
l'*Historia epitomata*[1] et les *Gesta regum Francorum*[2],
nous la retrouvons avec des additions importantes qui en
font ressortir mieux encore le caractère tout poétique. L'ami
de Childéric, Wiomade, conseille à Aegidius de traiter les
Franks avec dureté, afin que ceux-ci regrettent leur ancien
roi. Childéric s'en va à Constantinople, et Maurice lui prête
secours pour rentrer dans son royaume. Enfin, la nuit de ses
noces, Childéric a une vision où il entrevoit toutes les destinées
futures de sa race[3].

1. Ch. 11, 12.
2. Ch. 6, 7.
3. M. Junghans va plus loin ; il croit trouver un élément mythique
dans l'histoire de Childéric. Je me contente de citer ce qu'il dit à ce
sujet, et j'abandonne la question aux mythologues. « La religion et la
mythologie des anciens Germains ont dû influer sur la formation d'un
poème tel que celui-ci, et le récit de Grégoire, emprunté à des traditions populaires contemporaines, ne devra être admis par l'historien
comme véridique, même partiellement, qu'après avoir été examiné et
jugé d'après les règles de critique de la mythologie comparée. —
L'histoire de la fuite et du retour de Childéric rappelle en plusieurs
points et de fort près une série de légendes dont la tradition a perpétué
le souvenir dans toutes les parties de l'Allemagne, et que l'on s'accorde
à regarder comme les formes diverses d'un mythe odinique, mythe qui,
dans des temps comparativement peu éloignés de nous, a été souvent
rattaché à de grands personnages historiques, rois, princes ou héros
célèbres. Il y a sans doute, dans les récits auxquels nous faisons allusion, une circonstance caractéristique du mythe d'Odin qui ne se
retrouve pas dans l'histoire de Childéric : le héros où le roi qui, d'après
ces traditions, se rend en Orient, est marié, et sa femme le trompe

Le récit des meurtres politiques de Clovis qui termine le second livre de l'Histoire des Franks, quoique reposant évidemment sur une donnée historique, semble aussi avoir pour source immédiate des chants populaires [1]. Nous y retrouvons les mêmes caractères que nous avons signalés à propos de l'histoire de Childéric : une grande abondance de détails personnels et dramatiques [2], des discours développés, des conversations animées [3], une certaine emphase poétique de style [4], une régularité et une logique dans la marche des événements qui décèle le travail de composition et d'arrangement de toute création poétique, même des créations spontanées de l'imagination populaire [5]. Chacun des trois chapitres forme un tout bien coordonné qui finit par une sorte

durant son absence. Mais Childéric, lui aussi, lorsqu'il est expulsé par les Franks, se dirige vers l'Orient, c'est-à-dire vers la Thuringe (on voit qu'en faisant séjourner Childéric à Constantinople, au fond de l'Orient, l'*Historia epitomata* reste tout à fait dans l'esprit de la légende), et, pendant son absence, un autre règne à sa place. Il reste éloigné pendant huit années, puis il revient dans sa patrie, à l'instigation d'un ami. La pièce d'or partagée joue au fond, dans cette histoire, le même rôle que l'anneau divisé dans les traditions dont nous parlons. Quant au mariage de Childéric avec Basine, mariage dont il est question dans la seconde partie du poème, on peut hésiter à le rapprocher de l'incident du héros qui retrouve sa compagne après avoir été séparé d'elle. Ce mariage, en effet, a son importance propre, en dehors du chant sur la naissance de Clovis. Un mythe odinique est-il venu, ici encore, s'implanter sur le terrain de l'histoire. C'est ce que nous n'avons pas à rechercher en ce moment. Il nous suffira d'avoir montré que si, en nous plaçant au point de vue historique, nous avons dû signaler comme invraisemblables et inadmissibles certaines circonstances du récit de Grégoire, ces mêmes circonstances se trouvent pleinement justifiées et s'expliquent tout naturellement quand on se place au point de vue de la légende. » P. 11, 12.

1. II. 40, 41, 42. — Voy. Junghans, *Geschichte*, etc., p. 111-116.
2. Voy. la promenade du boiteux Sigebert dans la forêt Buconia, le détail du meurtre de Chlodéric, l'anecdote des boucliers en or faux.
3. Voy. le discours de Clovis aux sujets de Sigebert, les paroles du fils de Chararic à son père, celles de Clovis à Ragnachaire et à Richaire.
4. Voy. les paroles du fils de Chararic : « *In viridi ligno hae frondes succisae sunt,* » etc., et plus loin : *Quod verbum sonuit in aures Chlodovechi* (c. 41), et l'exclamation de Clovis : « *Vae mihi, qui tanquam peregrinus inter extraneos remansi...* » V. Junghans, p. 115, n. 2.
5. Junghans fait remarquer que ces récits, avec une curieuse uniformité, attribuent tous ces meurtres au même motif : la vengeance d'un crime ou d'une offense. Clovis punit Chlodéric de sa conduite envers son père, Chararic du refus de marcher contre Syagrius, Ragnachaire de ses violences envers ses sujets, Ragnachaire et Richaire de la honte dont ils ont couvert la race royale. P. 116.

de refrain : « et c'est ainsi que Clovis s'empara de son royaume et de ses trésors [1]; » le premier se termine même par un accès d'enthousiasme religieux : « Et Dieu prosternait tous les jours ses ennemis sous sa main et augmentait son royaume, parce qu'il marchait devant lui d'un cœur droit et faisait les choses qui étaient agréables à ses yeux [2]. » Historiquement, il est vraisemblable que Clovis a cherché à se débarrasser de tous les petits chefs qui gênaient son pouvoir; tout d'ailleurs dans ce triple récit est parfaitement conforme aux antiques institutions et aux mœurs des Germains, mais il est peu vraisemblable que Clovis ait accumulé tous ces crimes dans les deux ou trois dernières années de sa vie et surtout qu'il ait terminé la série de ses meurtres par la scène de tragi-comédie politique que nous rapporte Grégoire [3]. Il est très-naturel au contraire que l'imagination populaire, frappée par l'énergie mêlée de ruse avec laquelle Clovis détruisit toutes les petites souverainetés franques pour les souder dans son empire, ait pris les deux ou trois faits les plus importants et les ait ornés, arrangés sous une forme épique et dramatique. Clovis y est dépeint sous de vives couleurs, unissant à une énergie sauvage une duplicité à laquelle il semble se complaire en artiste ; le discours invraisemblable où il se désole de la mort de tous les siens pour savoir s'il ne lui restait pas quelque parent à tuer montre avec une grande force et d'une manière toute pittoresque l'impression produite par son caractère sur l'esprit de ses contemporains. — Grégoire a mis ces chants populaires en prose latine, en les entremêlant de quelques réflexions [4] personnelles.

1. « *Regnumque Sigeberti acceptum cum thesauris...* » ch. 40; « *Quibus mortuis, regnum eorum cum thesauris et populo adquisivit,* » ch. 41; « *Quibus mortuis, omne regnum eorum et thesauros Chlodovechus accepit,* » ch. 42.

2. « *Prosternebat enim quotidie Deus hostes ejus sub manu ipsius, et augebat regnum ejus, eo quod ambularet recto corde coram eo, et faceret quae placita erant in oculis ejus,* » ch. 40.

3. « *Interfectisque et aliis multis regibus, vel parentibus suis primis, de quibus zelum habebat, ne ei regnum auferrent, regnum suum per totas Gallias dilatavit. Tamen congregatis suis, quadam vice, dixisse fertur de parentibus quos ipse perdiderat : « Vae mihi, qui tanquam peregrinus inter extraneos remansi : et non habeo de parentibus, qui mihi, si venerit adversitas, possit aliquid adjuvare. » Sed hoc non de morte horum condolens, sed dolo dicebat, si forte potuisset adhuc aliquem reperire, ut interficeret.*

4. Sur Chlodéric, ch. 4 : « *Sed, judicio Dei, in forcam quam patri hostiliter fodit incidit;* » sur les boucliers dorés, ch. 24 : « *erat enim aereum deauratum sub dolo factum.* »

Le récit de la guerre de Thuringe (III, 7); celui de la guerre de Clotaire contre les Saxons ont aussi le caractère de compositions poétiques (IV, 14)[1].

On trouve dans l'histoire des Franks d'autres récits, empruntés évidemment à la tradition orale et en partie légendaires, mais où l'on ne peut reconnaître la trace de chants et de poèmes. L'exemple le plus remarquable est l'histoire de Chrocus, ce chef des Alamans qui dévasta la Gaule, pilla un temple des Arvernes et qui, après avoir martyrisé saint Privat, évêque de Javouls, fut fait prisonnier à Arles, et mis à mort[2]. Grégoire place ces événements au milieu du IIIe siècle, sous Valérien et Gallien (253-268). Il semble les emprunter à la tradition populaire de l'Arvernie; c'est sur le pillage du temple arverne de Vasso qu'il insiste le plus, et il emploie les expressions « *fertur, ut aiunt...* », qui indiquent presque toujours des informations orales et qui se rencontrent aussi dans les récits sur Childéric et sur Clovis[3]. Grégoire n'est pas seul à nous parler de Chrocus. Les Actes de saint Privat[4] suivent la même tradition et l'empruntent peut-être à l'*Historia Francorum;* ils rapportent aussi que le Saint périt martyrisé par les Alamans conduits par Chrocus. D'après une autre tradition, rapportée par le chroniqueur connu sous le nom de Frédégaire et suivie par presque tous les chroniqueurs après lui, Chrocus aurait été roi des Vandales au Ve s. Sa légende se mêle à celle d'Attila : comme lui[5], il passe le

---

1. Voy. Ampère, *Hist. litt. de la France av. Charlem.* t. II, p. 286; et la *trad. de l'Hist. Grég. de Tours* par Bordier, t. I, p. 161, n.

2. H. F. I, 30 : « *Horum* (Valeriani et Gallieni) *tempore et Chrocus ille Alamannorum rex, commoto exercitu, Gallias pervagavit. Hic autem Chrocus multae adrogantiae fertur fuisse. Qui cum nonnulla inique gessisset, per consilium,* ut aiunt, *matris iniquae, collectam, ut diximus, Alamannorum gentem, universas Gallias pervagatur, cunctasque aedes, quae antiquitus fabricatae fuerant, a fundamentis subvertit. Veniens ergo Arvernis...*» Vient alors la destruction du temple de Vasso.— Au chapitre 32, après avoir raconté le martyre de saint Privat, l'Histoire des Franks ajoute : *Chrocus vero apud Arelatensem, Galliarum urbem, comprehensus, diversis adfectus suppliciis, gladio verberatus interiit, non immerito poenas quae sanctis Dei intulerat luens.* » On voit par l'expression « *et Chrocus ille*, ce célèbre Chrocus, » que Grégoire rapporte ici un fait universellement connu et partout raconté.

3. L. II, ch. 14 : « *Qui* (Childericus)... *respondisse fertur :* » ch. 41 : « *...filius ejus* (Chararici) *dixisse fertur :* » ch. 42 : *...ille* (Chlodovechus) *respondisse fertur :* » ibid. : « *...quadam vice dixisse fertur* (Chlodovechus).»

4. AA. SS. Boll. 21 août, IV, 438-441.

5. Voy. Paul Diacre, *Gesta episcoporum Mettensium*, ch.

Rhin à Mayence, prend Metz grâce à la chute du mur de la ville, épargne Trèves et se précipite sur la Gaule. Il vient, comme dans l'Histoire des Franks, à Arles où il est pris et mis à mort par un soldat nommé Marius [1]. Les Actes de saint Didier de Langres (martyr du IIIe siècle) suivent à la fois les deux traditions [2]. Ils reproduisent assez exactement le récit de l'histoire des Franks, mais en faisant, comme Frédégaire, Chrocus chef des Vandales. Au fond, Chrocus, tel que nous le connaissons, n'a aucune

1. Si le récit de Frédégaire avait été réellement, comme le manuscrit le ferait croire, tiré de la chronique d'Idace ou d'une autre chronique du Ve siècle, nous pourrions le regarder comme la source où Grégoire a puisé. Mais ce récit ainsi que ceux qui l'accompagnent a été composé au VIIe siècle, d'après des traditions populaires, par un écrivain qui connaissait l'Histoire des Franks. Pourtant il semble bien qu'il reproduise ici une des formes de l'antique légende que suivait Grégoire. Nous pouvons donc juger par lui de ce que devait être la tradition populaire dont s'est servie l'Histoire des Franks en l'abrégeant et en y ajoutant le fait purement arverne de la destruction du temple de Vasso. Nous avons en particulier l'explication des paroles de Grégoire : « *per consilium, ut aiunt, matris iniquae.* » C'est ce qui m'engage à donner le texte de Frédégaire, d'après le manuscrit de Clermont (Bibl. Par. lat. n° 10910 f. 76 v°). Bien qu'écrit postérieurement à Grégoire, ce texte nous apprend ce qu'a dû être la tradition orale qu'il avait entendu raconter ou chanter. « *Chrocus rex Uuandalorum cum Suaeuis et Alanis egressus de sedibus, Galleas* (corr. *Gallias*) *adpetens, consilium matris nequissimam utens, dum ei dixisset : se* (corr. *si*) *nouam uolueris facere et nomen adquirere, quod alii aedificauerunt, cuncta distruae, et populum quem superas totum interfice : nam nec aedificium meliorem a praecessorebus* (corr. *praecessoribus*) *facere non potes neque plus magnam rem per quem* (corr. *quam*) *nomen tuum eleuis* (corr. *eleues*). *Qui Renum Magoncia ponte ingeniosae transiens primum, ipsamque ciuitatem et populum uastauit : deinde cunctasque ciuitatis* (corr. *ciuitates*) *Germania uallans, Mettis peruenit, ubi murus ciuitatis diuino noto* (corr. *nutu*) *per nocte ruens, capta est ciuetas* (corr. *ciuitas*), *a Uuandalis. Treuerici uero in arenam huius ciuitatis quem munierant, liberati sunt. Post haec cunctas Galleas* (corr. *Gallias*) *Chrocus cum Uuandalis, Suaeuis et Alanis peruagans, alias ubsidione deliuit, aliasque ingeniosae rumpens uastauit. Nec ulla ciuetas* (corr. *ciuitas*), *aut caster* (corr. *castellum*) *ab eis in Galliis liberata est. Cumque Arelato obsederint* (corr. *obsederent*), *Chrocos* (corr. *Chrocus*) *a Mario quaedam militiae captus et uinculis constrictus est, qui ductus ad poenam per uniuersas ciuitates, quas uastauerat, impia uita digna morte finiuit.* »

Les corrections sont l'œuvre d'une main très-ancienne, peu postérieure au manuscrit qui est du VIIe-VIIIe siècle. Elles sont faites sur les lettres ou au-dessus des lettres et en encre pâle. Les Suèves et Alains de Frédégaire sont les *Alamanni* de Grégoire. Les copistes ont d'ailleurs bien souvent confondu les *Alani* et les *Alamani*. (Voy. Hist. Fr. II, 9, les variantes des mss.).

2. AA. SS. Boll. 23 Mai, V, 246. — Dans Laurent de Liège, *Gesta episcoporum Virdunensium*, c'est Attila qui prend Langres.

réalité historique. Il flotte entre le IIIe et le Ve siècle; il est
tantôt à la tête des Alamans, tantôt à la tête des Vandales; on
revendique, tantôt pour un Saint, tantôt pour un autre, l'honneur
d'avoir été victime de ses fureurs [1]; tandis que l'histoire ne nous
fait connaître qu'un seul Chrocus, un roi des Alamans, qui avait
accompagné Constance en Grande-Bretagne et qui aida Constantin
à s'emparer du pouvoir à la mort de son père[2]. Aussi, M. Ana-
tole de Barthélemy a-t-il reconnu avec raison dans le Chrocus
de Grégoire de Tours, « le héros d'une de ces vieilles légendes,
peut-être chantées, qui passèrent dans le domaine de l'histoire,
et qui, suivant le siècle où elle était rappelée, y ajoutait, en chan-
geant de date, les événements qui frappaient le plus vivement
l'imagination des masses » [3].

1. Voy. aussi les Actes de S. Antidius. AA. SS. Boll. 25 juin, V, p. 41; —
les martyrologes d'Usuard et d'Adon aux noms de S. Didier, S. Antho-
lianus (6 février), S. Liminaeus (29 mars), SS. Florentin et Hilaire (27
septembre). — Sigebert de Gembloux dit (anno 411) que les Saints Antidius, Didier, Florentin et Hilaire furent victimes de Chrocus et des
Vandales, et que le chef barbare fut mis à mort *a Mariano praeside*, le
préfet Marianus.

2. « *Quo* (Constantio) *mortuo, cunctis qui aderant adnitentibus, sed praeci-
pue Croco* (ou Eroco) *Alemannorum rege auxilii gratia Constantium comi-
tato, imperium capit* (Constantinus). » *Excerpta Aurelii Victoris* : Constantinus.

3. *Revue des Questions historiques*, 4e année, 16[o] livraison, p. 387. Dans
ce remarquable article sur la campagne d'Attila, auquel nous devons
une grande partie de nos observations sur la légende de Chrocus, M. de
Barthélemy dit encore : « Les invasions des barbares dans la Gaule
formèrent, la tradition populaire aidant, une légende dans laquelle les
événements se mêlèrent pendant plusieurs siècles. Les invasions des
Franks et des Vandales et la campagne d'Attila formèrent une sorte
d'épopée dans laquelle chaque chroniqueur, chaque hagiographe vint
prendre des matériaux à son gré. Quant au souvenir de l'expédition de
Chrocus, attribuée par Grégoire de Tours au règne de Valérien et qui
ensuite vient se placer à des dates postérieures, je ne puis m'empêcher
de penser aux invasions germaines qui, au milieu du IVe siècle, déso-
lèrent les Gaules. Les généraux romains qui purent opposer une digue
à cette inondation de barbares, Postume, Marius, Lélien, Victorin,
Tétricus, prirent la pourpre et fondèrent un empire romain dans les
Gaules pendant quinze années; leurs monnaies célèbrent leurs victoires
sur les Germains. Il y a même un rapprochement à faire entre le nom
de l'un d'eux et celui du préfet d'Arles qui s'empara de Chrocus. Je ne
crois donc pas être trop hardi en avançant que Chrocus est un personnage complètement légendaire, autour duquel, pendant plusieurs
siècles, vinrent se grouper toutes les dévastations qui causèrent les
invasions germaines sur le sol gaulois. » P. 369-90.

A côté de récits presque entièrement légendaires comme paraissent l'être l'histoire de Chrocus et celle de l'exil de Childéric, il en est d'autres dont le fonds est véritable, mais qui, transmis de bouche en bouche, ont été en partie transformés et arrangés par la tradition populaire. Ils ont reçu une forme plus dramatique, presque littéraire. Des détails précis, personnels, des discours sortis de l'imagination du peuple excitée par l'impression de grands événements, parfois des épisodes entiers, sont venus s'ajouter au fonds historique primitif. Tout ce que Grégoire raconte du règne de Clovis porte ce caractère : les événements, les traits principaux du récit sont exacts ; mais les détails, la forme ont été créés par la tradition. On peut se rendre compte de la manière dont se forment ces récits, à demi-historiques, à demi-légendaires, en comparant les récits de l'*Historia Francorum* à ceux de l'*Historia epitomata* et à ceux des *Gesta regum Francorum*. On voit comment du VI\ au VII\ siècle, puis du VII\ au VIII\, la tradition se développe par une sorte de végétation spontanée, ajoutant des éléments nouveaux et transformant les anciens [1].

Les récits de Grégoire, écrits à une époque plus rapprochée des événements, contiennent évidemment une plus grande part de vérité ; mais lorsqu'on voit quelles transformations ont subi les faits de Grégoire à Frédégaire, c'est-à-dire en soixante ou soixante-et-dix ans, malgré l'existence d'une histoire écrite, on peut juger à quel point ils avaient dû être altérés pendant les soixante-dix années qui séparent ces événements de la composition de l'Histoire des Franks. — Ces traditions ne sont pas toutes de même nature ; les unes, nous l'avons vu, sont de vrais poèmes où il est très-difficile de saisir la réalité précise sous le voile de la légende [2]; d'autres, tels que le récit de la guerre de Clovis contre les Romains et de ses premières conquêtes [3], les récits du mariage de Clotilde et de la guerre de Burgundie [4], sont des souvenirs d'un caractère beaucoup plus sérieux et authentique quoique transmis par la tradition du peuple frank. Mais il s'y mêle des anecdotes auxquelles on ne peut accorder une grande confiance, bien qu'elles soient très-intéressantes et

1. Voyez surtout l'histoire du mariage de Clotilde. Le fait seul du mariage reste certain. Tous les détails varient avec l'époque et la contrée où le récit a pris naissance.
2. Voy. plus haut, p. 90 et suiv.
3. II, 27.
4. II, 28, 32, 33.

utiles pour déterminer le caractère des événements et de l'époque. Ainsi l'histoire du vase enlevé à une église et refusé à Clovis, qui se venge un an après en tuant au champ de Mars le soldat rebelle à ses volontés, peut bien être apocryphe ; elle nous enseigne cependant le rôle protecteur joué dès l'origine par Clovis envers l'Eglise, et la terreur qu'il sut inspirer à ses soldats indisciplinés [1]. De même l'anecdote d'Aridius feignant de trahir Gondebaud pour entraîner Clovis hors de la Burgundie, inspire bien peu de confiance, mais elle nous montre la ruse et la souplesse du Romain triomphant sans combat de la simplicité du barbare [2]. — Enfin une autre partie de ces traditions orales est due, non plus au peuple frank acteur dans les événements, mais à la population gallo-romaine au milieu de laquelle les événements se sont accomplis, ou au clergé qui en a profité. Le récit de la conversion de Clovis, l'étrange discours où Clotilde pour le convaincre attaque la mythologie païenne, la mort du premier enfant baptisé, la guérison du second par les prières de la reine, la prière de Clovis au milieu de la bataille contre les Alamans, sont d'invention chrétienne, gallo-romaine et ecclésiastique [3]. Il en est de même du baptême du roi. Nous pouvons même remarquer ici une exagération poétique du style; la peinture emphatique de la basilique ornée pour la cérémonie, l'antithèse bien balancée mise dans la bouche de saint Remi [4], tous les détails portent la trace d'une composition littéraire, et je ne serais pas étonné que Grégoire ait eu sous les yeux quelque poëme pieux en vers latins sur le baptême de Clovis [5]. La guerre wisigothique est également

1. II. 27.
2. Cette anecdote me paraît marquer le moment où la troupe barbare dont le chef n'est que le premier parmi des égaux se change en l'armée d'un roi qui entend exercer l'autorité à la romaine. La tradition gallo-romaine a même exagéré ce caractère en faisant tenir aux soldats de Clovis ce langage invraisemblable dans des bouches germaines : « *Omnia gloriose rex, quae cernimus tua sunt : sed et nos ipsi tuo sumus dominio subjugati, etc.* » II, 27.
3. II, 32.
4. II. 29, 30.
5. II, 31 : « *Velis depictis adumbrantur plateae, ecclesiae cortinis albentibus adornantur, baptisterium componitur, balsama diffunduntur, micant flagrantes odore cerei, totumque templum baptisterii divino respergitur ab odore; talemque ibi gratiam adstantibus Deus tribuit, ut aestimarent de paradisi odoribus conlocari. Rex ergo prior proponit se a pontifice baptizari. Procedit novus Constantinus ad lavacrum, deleturus leprae veteris morbum, sordentesque maculas gestas antiquitus recenti latice deleturus. Cui ingresso ad baptismum sanctus Dei sic infit ore facundo : « Mitis depone colla Sicamber: adora quod*

racontée par Grégoire d'après une tradition à demi-cléricale, à demi-populaire, recueillie à Tours et à Poitiers. C'est Tours qui forme comme le centre du récit. C'est dans une île de la Loire, près de Tours, qu'Alaric et Clovis se rencontrent. C'est saint Martin qui promet à Clovis la victoire. C'est à Tours que le roi revient célébrer sa victoire et reçoit les insignes honorifiques envoyés par l'empereur d'Orient [1]. Nous ne devons pas oublier pourtant en montrant dans l'histoire de Clovis tous ces éléments empruntés à la tradition orale que la charpente du récit est composée d'indications chronologiques précises empruntées à des annales [2].

Le premier livre de l'Histoire des Franks, bien qu'extrait presque entièrement d'écrits antérieurs, contient pourtant quelques traditions orales, sans compter la légende de Chrocus dont nous avons déjà parlé : elles ont ce caractère à la fois ecclésiastique et populaire que nous indiquions tout à l'heure.

Telle est la tradition sur le vœu fait par saint Jacques de ne rien manger jusqu'à ce qu'il eût vu le Seigneur ressuscité [3]; celle sur saint Jean qui attend vivant dans son tombeau le retour du Christ [4]; l'admirable histoire d'Injuriosus et de sa fiancée qui eut la patrie de Grégoire pour théâtre [5]; enfin le récit plus ou moins

---

incendisti, incende quod adorasti. » — M. Gaston Paris me fait remarquer ces deux fins d'hexamètres : *ore facundo, colla Sicamber.* — Il serait bien possible que tous ces détails sur le mariage, la conversion et le baptême de Clovis fussent empruntés à la Vie de saint Remi, aujourd'hui perdue et dont Grégoire parle quelques lignes plus loin. (Voyez plus haut, p. 81). Il n'était pas rare d'ailleurs que ces Vies de Saints fussent mises en vers, comme Fortunat le fit pour la Vie de saint Martin. En tout cas le récit du baptême est vrai dans ses traits principaux, quelque embellis que puissent être certains détails. Nous en avons la preuve dans un passage de la lettre que saint Avitus écrivit à cette occasion à Clovis (D. Bouquet, IV, 50 A) : « *Conferebamus namque nobiscumque tractabamus, quale esset illud, cum adunatorum numerus pontificum manus sancti ambitione servitii membra regia undis vitalibus confoveret, cum se Dei servis inflecteret timendum gentibus caput, cum sub crasside crines nutritos salutaris galea sacrae unctionis induceret.* » Le fait que le récit de Grégoire ne parle que de saint Remi au lieu de « *adunati pontifices* » que mentionne saint Avitus, semblerait prouver qu'il a bien pour source la Vie perdue de saint Remi. — Sur les sources de Grégoire pour le règne de Clovis, voy. Junghans, appendice, 8.

1. II, 35, 37, 38.
2. Voy. plus haut, p. 85.
3. I, 21 : « *Fertur Jacobus apostolus...* »
4. I, 24 : « *Hic fertur non gustare mortem...* »
5. I, 42 : « *Hos usque hodie, duos Amantes vocitare loci incolae voluerunt.* »

véridique de la dispute entre les habitants de Poitiers et ceux de
Tours au sujet du corps de saint Martin, fait passé sous silence
par Sulpice Sévère et que notre évêque avait entendu raconter
dans son diocèse[1].

On peut attribuer en général à cette source à demi-légendaire
de la tradition ecclésiastique et populaire tout ce que rapporte
Grégoire sur les martyrs, les saints, les anciens évêques et
surtout les miracles. Quand même il a eu sous les yeux des
sources écrites, ces sources elles-mêmes reproduisent le plus
souvent des traditions orales où l'illusion se mêle dans une forte
proportion à la réalité[2].

A partir du livre III, Grégoire raconte des événements assez
récents pour qu'il ait pu les tenir de témoins oculaires ou du
moins de contemporains, et il arrive bientôt à l'époque où il est
lui-même contemporain. Mais ici encore il faut examiner quels
moyens d'information il a eu à sa portée, et distinguer ce qu'il a
su par le bruit public et par des rapports plus ou moins vagues de
ce qu'il a su par des témoins bien renseignés et dignes de foi.
Grégoire ne nous dit pas souvent à qui il doit la connaissance de
ce qu'il raconte et, quand il le dit, c'est à l'occasion de détails
anecdotiques, non d'événements importants où de semblables
indications seraient si précieuses. Il se contente d'ordinaire des
vagues formules « *ferunt, adserunt, fertur* »[3].

1. I, 43.
2. Il serait impossible de désigner tous les chapitres où ces traces de
traditions orales se retrouvent. Il suffit d'indiquer d'une manière générale quelle autorité l'origine des renseignements fournis par Grégoire
permet de leur attribuer, et laisser aux historiens le soin d'appliquer à
chaque détail une critique plus précise.
Une tradition, dont il est bien difficile de marquer l'origine, est celle
qui fait venir les Franks de Pannonie (H. F. II, 9). Est-ce une trace de
la légende savante sur la descendance troyenne des Franks racontée
par l'*Historia Epitomata* et les *Gesta*? Est-ce une opinion populaire? On
ne saurait le décider.
3. II, 6 : « *Quae a quibusdam audivi, narrare non distuli.* » — II, 9 : « Tra-
dunt *enim* multi *eosdem* (Francos) *de Pannonia fuisse digressos.* » — II, 21 :
« *Ferunt etiam...* » Fondation du monastère de Chautoin par saint Eparchius (S. Cybard). — II, 39 : « *Hic fertur in Oriente fuisse...* » Voyage de
Licinius à Jérusalem. — III, 8 : « *... multi tamen adserunt...* » Meurtre
d'Hermenfrid par Thierry I. — IV, 46 : « *Hic fertur quadam vice dixisse.* »
Tradition sur la mort du Poitevin Léon, ami de Chramne. — IV, 34 :
« *... ut a fidelibus viris cognovimus...* » Légende sur un moine de Randans.
— Voyez aussi plus haut, p. 95.
Quant aux indications précises données par Grégoire sur les témoins
qu'il a consultés, voici celles que nous avons remarquées : — IV, 12.

Il est toutefois possible, grâce à ce que nous savons sur la vie de Grégoire, de déterminer avec une assez grande certitude quelles ont été ses sources d'information et quels événements il a pu le mieux connaître. C'est l'histoire de sa vie en effet qui nous permet d'apprécier pour chaque événement la valeur de son témoignage. Bien qu'il s'intéresse à peu près à tout et qu'il tâche de connaître ce qui se passe au loin, même en Espagne ou en Italie, il s'attache surtout aux faits qu'il a le mieux connus, et il mesure la longueur de ses récits non à l'importance des événements, mais à l'abondance de ses informations. Son autorité dépend des lieux où il a vécu et des personnages qu'il a connus.

Nous pouvons examiner à part le IIIᵉ livre et les vingt-et-un premiers chapitres du IVᵉ qui contiennent le récit des événements arrivés dans les vingt-sept années qui ont précédé sa naissance et pendant son enfance et son adolescence. Le IIIᵉ livre est écrit tout entier d'après des renseignements oraux, comme en témoignent l'absence de chronologie et le manque de liaison entre les faits. Ce sont des récits isolés mis bout à bout. Grégoire a pu naturellement être particulièrement bien informé sur les deux pays où il a passé ses premières années : l'Arvernie et la Burgundie[1]. Son oncle saint Gall, que le roi Thierry avait eu en grande amitié et avait même emmené à Trèves et à Cologne, avait dû lui raconter l'histoire de l'Arvernie sous Thierry[2], son

---

Persécutions de Cautinus contre le prêtre Anastase racontées d'après le propre témoignage de ce dernier: «...*ut ipse referre erat solitus.*» — VI, 6: Miracles de saint Hospice racontés par un sourd-muet qu'il avait guéri. — VI, 8 : Miracle opéré par saint Eparchius, raconté par le comte d'Angoulême qui en avait été témoin : « *Haec ego ab ipsius comitis ore cognovi...* » — VII, 1 : Histoire de l'évêque Salvius (saint Sauve) « ... *ut ipse referre erat solitus...* » — VIII, 12 : Récit sur l'évêque Théodore de Marseille, fait à Grégoire par Magnéric, évêque de Trèves.— X, 1. Détails sur Grégoire le Grand et son élévation au pontificat rapportés par un diacre de Tours revenant de Rome. — X, 24 : Evénements d'Orient racontés par l'évêque Simon. — Il faut enfin remarquer les étranges idées sur l'Egypte et sur le Nil, que notre auteur avait puisées dans les relations de voyageurs plus ou moins véridiques, « *multi locorum per-lustratores.* » I, 10.

1. Evénements d'Arvernie : III, 2, 9, 12, 13, 16, 21, 26. — Evénements de Burgundie : III, 5, 6, 11. — Nous voyons Grégoire recevoir des renseignements sur le lac Léman d'un prêtre Suisse (G. M. 76), probablement lors d'un voyage en Burgundie. C'est à une source analogue qu'est dû le récit de l'éboulement du mont Tauredunum (IV, 31).

2. « ... *Quem* (Gallum) *dicto citius arcessitum tanta dilectione excoluit*

oncle saint Nizier la conquête de la Burgundie. Il avait dû voir en outre dans la cité Arverne et à Lyon un grand nombre des témoins oculaires ou même des acteurs de ces événements. Dans la première partie du IV⁰ livre, les renseignements deviennent plus nombreux et plus précis encore, et des souvenirs personnels se mêlent aux récits qu'il a entendus dans son enfance. Il serait difficile de les distinguer les uns des autres. Il s'étend longuement sur les luttes qui signalèrent l'épiscopat de Cautinus, et nous avons vu qu'il en connaissait les détails de la bouche même d'une des victimes de l'évêque[1]. Il donne également une place considérable au récit des révoltes de Chramne[2], et nous savons qu'il connut Wiliachaire, plus tard devenu prêtre, et qui, partisan de Chramne, s'était réfugié dans l'église de Saint-Martin de Tours qu'il incendia. Il nous raconte dans ses Miracles de saint Martin[3] une conversation qu'il eut plus tard avec lui sur ce qui s'était passé à Tours avant l'époque où il y vint; il avait pu être non moins bien renseigné par les nombreux témoins des faits qu'il raconte et en particulier par l'évêque Eufronius[4]. C'est de sainte Radegonde qu'il tenait sans doute ce qu'il nous dit des guerres de Thuringe et de Saxe et de la vie privée de Clothaire.[5]

Les fils de Clothaire, Chilpéric, Sigebert et Gontran ont pu également lui faire connaître les actions de leur père, et il a pu apprendre, à la cour même des rois franks, la fin tragique des enfants de Clodomir[6]. Sur l'Austrasie les récits de Grégoire sont peu complets et peu précis[7]. C'est une série d'anecdotes sans lien qu'il avait pu apprendre en partie de son oncle Gallus, en partie d'autres témoins tels que Sigebert, ou l'évêque de Rheims Egidius, dans son premier séjour en Austrasie.

Les affaires de Bretagne semblent avoir été assez bien connues de l'évêque de Tours. Le siége épiscopal de cette ville était en rapports assez fréquents avec celui de Nantes; l'évêque de

(Theodericus) *ut eum proprio filio plus amaret.* » V. PP. VI, 2. Theudebert vint souvent aussi en Arvernie (III, 21-27). Le souvenir de ses actions était tout récent et très-vivant dans la ville natale de Grégoire pendant sa jeunesse.

1. IV, 5, 6, 7, 11, 12, 13. Voy. page 101, n. 3.
2. IV, 13, 16, 17, 20.
3. M. S. M. I, 23.
4. III, 17, 28; IV, 1, 2, 15, 18.
5. Thuringe : III, 4, 7, 8. — Clothaire : IV, 3, 21. — Saxe : IV, 10, 14 16, 17.
6. III, 18.
7. III, 3, 14, 27, 33, 34, 35, 36.

Nantes Félix, avait été mêlé, comme conciliateur, aux luttes des comtes bretons[1]. Grégoire, qui le connaissait et eut même plus tard à se plaindre de lui[2], put entendre de sa bouche le récit de ces événements ainsi que la fin tragique de Chramne[3].

Grégoire s'occupe aussi des pays du Midi, surtout dans leurs rapports avec le royaume frank. Il connaît assez bien ce qui touche l'Espagne et les rois wisigoths, autant comme habitant de l'Arvernie que comme habitant de la Touraine[4]. L'histoire de l'Arvernie est en effet intimement unie à celle de la Septimanie qui y confinait presque, et où les Goths d'Espagne et les Franks étaient continuellement en lutte[5]. Tours était sur le chemin des ambassades qui étaient constamment échangées entre le Nord de la Gaule et l'Espagne, et nous voyons Grégoire s'entretenir avec les envoyés[6]. Il connaît moins bien les affaires d'Italie[7] et il raconte très-inexactement tout ce qui s'y est passé. Il ne pouvait en effet être renseigné que d'une manière indirecte sur les affaires de ce pays.

Nous indiquerons enfin parmi les récits que Grégoire emprunte à des relations orales, la charmante et curieuse anecdote de l'évasion d'Attale[8] qu'il avait évidemment entendu raconter dans sa famille.

A partir de la mort de Clothaire, Grégoire est un témoin contemporain[9]. Il a vingt-trois ans, il va bientôt être consacré

1. IV, 4.
2. V, 5.
3. IV, 20.
4. III, 10, 29, 30; — IV, 8.
5. III, 21-23.
6. V, 44; VI, 40; IX, 16.
7. III, 31, 32; IV, 9. — Grégoire dit qu'Amalasonte épousa l'esclave Traguilan, et que les Italiens appelèrent Théodat, roi de Toscane, qui la fit périr; ce fut au contraire Eutharic qu'épousa Amalasonte; elle gouverna après la mort de Théodoric pour son fils Athalaric, et à la mort de celui-ci, elle appela Théodat qui l'exila. Il n'est donc pas vrai que Théodat ait eu à payer aux rois franks une composition pour ce meurtre. — Il n'est pas exact non plus que Buccelin se soit emparé de la Sicile; il demeura en Italie et y fut tué par Narsès.
8. III, 15.
9. C'est en réalité à partir du l. V que Grégoire se met à écrire au fur et à mesure des événements. Les quatre premiers livres forment un ensemble terminé par un résumé chronologique, ce qui n'existe pas pour les livres suivants. Il y a pourtant plus de précision à partir de 561, et déjà il avait l'intention de poursuivre son œuvre : « *quod in sequentibus libris, Domino juvante, disserimus* » (IV, 50).

diacre, et il commence une vie d'activité religieuse et même politique qui le mêle à tous les grands événements de son temps. Le récit offre dès lors moins de lacunes et de désordre. Nous avons sous les yeux, non pas une histoire composée avec art, mais des mémoires à la fois personnels et politiques où rien d'essentiel n'est omis. L'intérêt que Grégoire porte aux faits historiques est toujours proportionné moins à leur importance qu'à la part qu'il y a prise. Aussi s'étend-il avec une complaisance toute particulière sur les événements dont il a été témoin oculaire [1]. Nous examinerons au chapitre suivant quelle con-

---

1. Nous ne voulons pas refaire encore ici la biographie de Grégoire en énumérant tous les événements auxquels il a assisté. Mais nous croyons être utile à ceux qui étudieront Grégoire en donnant la liste des chapitres où sont racontés les faits dont nous sommes sûrs qu'il a été témoin.

Livre IV : 30. Expédition du comte Firmin contre Arles; 31. Peste en Arvernie; 32. Le moine Julien; 33. L'abbé Sunniulf; 35. Luttes pour l'évêché d'Arvernie; 36. Saint-Nizier de Lyon. — Grégoire qui était à la cour de Sigebert en 572-573, puis à Tours en 573-575, a dû voir de près une partie des luttes entre les fils de Clothaire dont l'Aquitaine et l'Austrasie furent les principaux théâtres. (C. 48-52).

Livre V : 1, 2. Guerre en Touraine. Mérovée à Tours ; 4. Gontran Boson à Tours; 6. Miracle dans l'église de Saint-Martin; 7. Saint Senoch; 13. Leudaste en Touraine; 14. Mérovée et Gontran Boson ; 19 Affaire de Prétextat et de Mérovée; 22. Le comte Winnoch à Tours; 24. Prodiges à Tours; 25. Gontran Boson à Tours; 44. Agila à Tours; 45 et 48. Grégoire auprès de Chilpéric à Braine.

Livre VI : 3. Alliance de Chilpéric et de Childebert; Grégoire à Novigentum; 5. Discussion entre Chilpéric et un Juif; 10. Vol à Saint-Martin de Tours; 12. Guerre entre Chilpéric et Gontran; 13. Lupus et Ambrosius; 32. Leudaste; 40. Oppila à Tours.

Livre VII : 12, 13. Guerre en Touraine et en Poitou ; 21, 22. Ebérulf à Tours; 23. Assassinat du juif Armentarius; 29. Meurtre d'Ebérulf; 47. Troubles civils à Tours.

Livre VIII : 1-7. Gontran à Orléans; 13-14. Grégoire à Coblentz; 15-17. Grégoire auprès de Wulfilaïc; 26. Affaires de Touraine et de Poitou; 34. L'enfant Anatolius; 40. Pelagius à Tours.

Livre IX : 6. Imposteurs à Tours ; 7. Ennodius à Tours ; 13-14. Grégoire à Rheims; 16. Ambassade espagnole; 20. Grégoire à Metz et à Chalon; 25. Troubles civils à Tours ; 26. Mort d'Ingoberge; 30. Tours exempté d'impôts; 33. Ingeltrude et sa fille à Tours ; 39-44. Troubles à Sainte-Croix de Poitiers.

Livre X : 5. Violences de Cuppa à Tours ; 11. Offrandes faites à saint Martin par Frédégonde; 12. Ingeltrude et Berthegonde; 13. Prêtre hérétique à Tours; 15, 17, 19. Troubles à Ste-Croix de Poitiers; 31. Episcopats d'Eufronius et de Grégoire.

fiance nous pouvons avoir dans sa clairvoyance et sa sincérité lorsqu'il raconte des faits auxquels il a assisté. D'ailleurs le fait même de sa résidence à Tours, au centre de la lutte entre les fils de Clothaire, plus tard le rôle politique important qu'il joua auprès de Childebert et de Gontran, le rendaient précisément spectateur des événements historiques les plus considérables, et qui méritaient le mieux le développement et les détails avec lesquels il les raconte. Il n'en est point partout ainsi, il est vrai ; les troubles civils de la ville de Tours[1], les intrigues monastiques d'Ingeltrude[2] et de Chrodielde[3] n'intéressent en rien l'histoire générale. Mais ces récits nous sont précieux pour la connaissance des mœurs de l'époque.

A côté de ce qu'il a connu par lui-même, Grégoire a cherché à rendre son récit le plus complet possible, et a recueilli de tous côtés des informations pour ne rien omettre de ce qui intéresse l'histoire des royaumes franks. Nous avons vu dans sa biographie quelle était l'importance de Tours comme centre religieux de la Gaule ; Grégoire nous montre les pèlerins y affluant des provinces les plus éloignées. Il a pu avoir par eux un grand nombre de renseignements oraux. — Mais surtout la position éminente de l'évêque de Tours le mit en relations avec tous les plus grands personnages de son temps, avec tous ceux qui y jouèrent un rôle, et il put connaître les événements politiques par ceux mêmes qui en avaient été les principaux acteurs. Il connut quatre rois : Sigebert, Chilpéric, Childebert et Gontran[4], quatre reines : Radegonde, Brunehaut, Frédégonde, et Ingoberge femme de Charibert[5]; Chrodielde et Bertheflède, filles de Charibert; Agnès, fille de Clothaire; Basine, fille de Chilpéric[6].

<hr>

1. VII, 47 ; — IX, 25.
2. IX, 32 ; X, 12.
3. IX, 39-44 ; X, 15, 17, 19.
4. Nous le voyons auprès de Sigebert en 572-573 (Voy. plus haut, p. 29). Il est auprès de Chilpéric aux synodes de Paris et de Braine (V, 19, 45, 48; VI, 3, 5), auprès de Childebert à Coblentz (VIII, 13-14; IX, 20), auprès de Gontran à Orléans et à Chalon (VIII, 1-7; IX, 20).
5. Nous avons vu (plus haut, p. 31) ses rapports avec Radegonde; il connut Brunehaut à la cour de Sigebert et à celle de Childebert, Frédégonde à celle de Chilpéric, Ingoberge dans sa retraite après la mort de Charibert (IX, 26). C'est par ces femmes sans doute qu'il connut tous les détails qu'il nous donne sur la vie privée des rois franks : Clothaire (IV, 3); Charibert (IV, 26); Chilpéric (IV, 28); Gontran (IV, 25).
6. Chrodielde et Bertheflède (IX, 33, 39; X, 15, 17, 19); Basine (IX, 39, 43; X, 15, 16). — Agnès était avec Radegonde à Poitiers, et les vers de For-

L'affaire de Mérovée et de Gontran Boson, qui eut tant d'importance sous le règne de Chilpéric, se passa en partie sous les yeux de Grégoire. Il sait le reste par les trois principaux acteurs de ce drame, Mérovée et Gontran, dont il était le protecteur naturel pendant qu'ils étaient réfugiés à Saint-Martin de Tours, et Prétextat, évêque de Rouen, dont il fut le défenseur au synode de Paris [1]. Ce même Gontran Boson joua un rôle important dans la révolte de Gondovald [2], mais nous ne savons si Grégoire eut occasion de le revoir après cette prise d'armes; les détails en furent probablement racontés à l'évêque de Tours par Bladaste et Garachaire, complices de Gondovald, qui s'étaient réfugiés dans l'église de Saint-Martin et dont Grégoire obtint la grâce [3].

Par ses voyages à Paris, à Rheims, en Austrasie, à Chalon, en Burgundie, en Aquitaine, il avait dû se trouver en rapport avec un grand nombre des acteurs des événements qu'il raconte, et concevoir une idée claire de l'état politique des royaumes franks. Aussi paraît-il également bien renseigné sur chacun d'eux et ne néglige-t-il ni le Midi ni la Bretagne qui dans les premiers livres n'étaient mentionnés que rarement [4]. Les nouvelles ecclésiastiques lui sont toutes rapportées fidèlement, soit par écrit soit de vive voix. Tours est véritablement un point central où Grégoire est admirablement bien placé pour tout observer et tout entendre; et s'il ne donne pas toujours aux événements leur importance relative, du moins paraît-il n'en omettre aucun.

Sur les pays voisins de la Gaule ses renseignements paraissent les mêmes pour la période dont il est contemporain que pour la période précédente. La Germanie n'y apparaît pour ainsi dire pas. Un seul chapitre parle des Suèves à propos d'Alboin [5]. Sur l'Espagne, les ambassadeurs franks et wisigoths qui passent par Tours apportaient des informations nombreuses et précises [6]. Sur l'Italie au contraire, sauf en ce qui concerne l'élection de Grégoire

tunat, adressés à Grégoire, nous montrent qu'elle était, comme sa mère, amie de l'évêque de Tours.

1. Mérovée : IV, 28; V, 2, 3, 13, 14, 19, 49 ; Gontran Boson : V, 4, 14, 19, 25, 26 ; Prétextat : V, 19; VII, 16.

2. VI, 26; VII, 14, 32, 36; VIII, 21 ; IX, 8, 10, 23.

3. VI, 24; VII, 10, 26, 27, 28, 30-39, 43; VIII, 6.

4. Midi : IV, 30, 42-45; V, 21, 36; VI, 1, 11, 12; VII, 9; VIII, 12, 30 ; IX, 7, 21, 22, 24, 31 ; X, 22. — Bretagne : V, 16, 22, 27, 30, 32 ; VIII, 34 ; IX, 18; X, 9.

5. V, 15.

6. IV, 38 ; V, 39, 42 ; VI, 18, 29, 33, 34, 40, 43, 45 ; VIII, 28, 35, 38, 46 ; IX, 1, 15, 16, 28.

le Grand, vue et racontée par Agiulf, diacre de l'église de Tours, que notre évêque avait envoyé en Orient et à Rome[1], les renseignements sont beaucoup plus vagues et parfois erronés. L'Historien des Franks les a recueillis probablement en Burgundie, ainsi que les indications peu exactes qu'il donne sur ce qui se passe dans l'empire d'Orient[2]. Nous voyons en effet par Marius d'Avenches que les Gallo-Romains de Burgundie se croyaient encore en quelque manière sujets de l'Empire, et attachaient une grande importance à ce qui se passait en Italie et en Orient[3].

D'ailleurs les invasions fréquentes des Franks en Italie[4] et des Lombards en Gaule[5] apportaient dans ce dernier pays quelque connaissance des contrées d'au-delà des Alpes. Mais on sait ce que des soldats peuvent apprendre sur les pays qu'ils ont traversés en envahisseurs. Aussi les informations de Grégoire ont-elles peu de valeur, sauf pour les expéditions de Childebert qu'il avait pu connaître par le roi lui-même[6].

Distinguer dans la dernière partie de l'œuvre de Grégoire tout ce qu'il a vu de ses propres yeux de ce qu'il a connu par des témoignages oraux; séparer dans ces témoignages tout ce qu'il a appris de témoins oculaires de ce qu'il a su par des rapports de seconde et de troisième main, serait une entreprise presque impossible. Nous nous sommes contentés de déterminer d'une manière générale les divers groupes de renseignements qu'il a pu mettre en œuvre. Les résultats auxquels nous sommes arrivés vont nous permettre d'apprécier le degré d'autorité que nous devons accorder aux diverses parties de son œuvre.

---

1. V. PP. VIII, 6; Gl. M. 83; H. F. X, 1.
2. Italie : IV, 41; V, 20; VI, 42; IX, 25, 29; X, 3. — Orient : IV, 39; V, 20, 31; VI, 2, 30; X, 2, 24. — L'histoire d'Alboin est remplie d'erreurs. (Voy. Paul Diacre, *Hist. Lang.* I, 27; II, 28, 29). Grégoire fait succéder à Autharis un roi inconnu, Paul, au lieu d'Agilulf (X, 3). — Justin régna dix-huit ans, tandis que Grégoire le fait régner de 565 à 578. Enfin il attribue à Tibère une guerre que Justin fit contre les Perses.
3. Voy. notre étude sur Marius.
4. VI, 42; VIII, 18; X, 3.
5. IV, 45; V, 21.
6. VI, 42; VIII, 18; IX, 25, 29; X, 3.

CHAPITRE V.

CARACTÈRE DE GRÉGOIRE. BUT DE SON OUVRAGE. AUTORITÉ DE SON TÉMOIGNAGE.

Après avoir bien déterminé la nature de l'œuvre que nous avons sous les yeux, après avoir écarté les doutes qui pouvaient être soulevés au sujet de son authenticité, après avoir déterminé les sources auxquelles ont été puisées les informations qu'elle contient, et connaissant d'ailleurs avec autant de précision que possible la vie de son auteur, nous pouvons maintenant pousser notre examen plus loin, et chercher à fixer, par la connaissance comparative et intime de l'écrivain et du livre, le degré d'autorité que nous devons attribuer au témoignage de Grégoire de Tours.

A-t-il été un témoin intelligent et instruit? A-t-il été un témoin sincère? A-t-il été un témoin bien informé?

L'éducation de Grégoire avait été de bonne heure tournée vers les choses religieuses où son goût le portait de préférence aux lettres profanes. Son oncle Gallus qui l'aimait tendrement[1] avait lui-même abandonné le siècle pour l'Eglise et avait dû le détourner de l'étude de l'antiquité païenne. Avitus, le successeur de Gall sur le siége épiscopal d'Arvernie, paraît avoir été son principal maître. Nous le voyons souvent auprès de lui[2] et il lui donne le titre de père[3].

C'est l'influence d'Avitus qui, plus que toute autre, semble avoir poussé Grégoire vers l'étude exclusive de la littérature ecclésiastique[4]. Aussi est-il resté à demi instruit[5], et il semble,

1. V. PP. I. 2.
2. M. M. III, 60. — G. C. 41. — V. PP. XI, 3.
3. V. PP. II, Préf.
4. « Me... beati patris Aviti Arverni pontificis studium ad ecclesiastica sollicitavit scripta. Si mihi non ad judicium contingerent quae ipso praedicante audivi, vel cogente relegi, quia ea nequeo observare, qui me post Davidici carminis cannas, ad illa evangelicae praedicationis dicta, atque apostolicae virtutis historias epistolasque perduxit, etc. » V. PP. II. Préf.

Fortunat, chantant les louanges d'Avitus sur la demande de Grégoire, dit à son ami (Carmina, V, 5):

Non fuit in vacuum, quod te provexit alumnum,
Si cui mente, fide, reddis amore vicem.
Annuat omnipotens, longo memoraliter aevo,
Ut tu laus illi, laus sit et ille tibi.

5. « Sed prius veniam a legentibus precor, si aut in litteris, aut in syllabis,

à la fin de sa vie, avoir éprouvé quelque regret de son ignorance des belles-lettres en voyant l'universelle décadence intellectuelle de la Gaule et les progrès de la barbarie [1]. Il se console en se disant que son langage rustique sera mieux approprié à l'intelligence de ses contemporains et par suite mieux compris [2]. Mais, malgré lui, son impuissance à écrire correctement lui arrache des plaintes [3]. Et il a raison de s'en affliger, car son style irrégulier, mélangé de tournures classiques, de locutions ecclésiastiques et de langage populaire [4], s'il a été mieux compris

grammaticam artem excessero, de qua adplene non sum imbutus. » H. F. I., Prol.

1. « *Decedente atque immo potius pereunte ab urbibus gallicanis liberalium cultura litterarum, nec reperiri possit quisquam peritus in arte dialectica grammaticus, ... ingemiscebant saepius plerique..., etsi inculto affatu, nequivi tamen obtegere vel...* etc. » H. F. Praef.

2. « *... Philosophantem rhetorem intelligunt pauci, loquentem rusticum multi.* » H. F. Praef.

« *Et ait mihi* (Martinus) : *Et nescis quia nobiscum propter intelligentiam populorum si quis loquitur, sicut tu loqui potens es, eo habetur magis praeclarum?* » M. S. M. I. Prol.

3. « *Sed timeo ne cum scribere coepero, quia sum sine litteris rhetoricis et arte grammatica, dicat mihi aliquis : Ausu rustico et idiota, ut quid nomen tuum inter scriptores indi aestimas? Aut opus hoc a peritis accipi putas, cui ingenium artis non suppeditat, nec ulla litterarum scientia subministrat? Qui nullum argumentum utile in litteris habes, qui nomina discernere nescis; saepius pro masculinis feminea, pro femineis neutra, et pro neutris masculina commutas; qui ipsas quoque praepositiones, quas nobilium dictatorum observari sanxit autoritas, loco debito plerumque non locas. Nam pro ablativis accusativa, et rursum pro accusativis ablativa ponis.* » G. C. Praef.

Fortunat, plus lettré pourtant que Grégoire, fait entendre les mêmes plaintes. *De Vita S. Martini,* v. 26-28 :

> *... ego sensus inops...*
> *Faece gravis, sermone levis, ratione pigrescens,*
> *Mente hebes, arte carens, usu rudis, ore nec expers.*

Il y a là sans doute quelque affectation de modestie ; mais aussi le sentiment profond et amer de la décadence et de l'impuissance.

4. L'influence du langage populaire qui, à cette époque, laissait presque complètement tomber les syllabes qui suivaient l'accent tonique, se fait surtout sentir chez Grégoire dans les fautes de désinence. Il déclare lui-même (v. note précédente) qu'il ne sait plus les règles d'accord et termine les mots au hasard. Il y aurait une intéressante étude philologique à faire sur le style de Grégoire. Il serait à désirer que les manuscrits de Cambrai, Corbie et Beauvais fussent étudiés au point de vue philologique. On y trouve des faits intéressants pour l'histoire du latin vulgaire. Les transmutations de voyelles y sont très-nombreuses.

des contemporains que ne l'aurait été un latin correct, l'est moins bien de la postérité. Ses fautes de grammaire nuisent parfois à la clarté de ses phrases, et il est impossible que la barbarie de son langage n'ait pas jeté quelque trouble dans sa pensée.

Pourtant il ne faut peut-être pas trop regretter la rusticité de Grégoire. Elle est bien préférable aux raffinements d'un Sidoine Apollinaire ou d'un saint Avit, que leurs prétentions littéraires, leur affectation de bel esprit rendent souvent incompréhensibles. Il faut toujours se méfier au Moyen-Age des écrivains trop versés dans l'antiquité latine. Ils sont capables de fausser ou d'inventer un fait pour placer une belle antithèse ou quelque phrase tirée d'un auteur ancien. Nous n'avons rien de tel à craindre avec Grégoire. Si parfois l'incorrection de son style le rend obscur, il n'est presque jamais du moins prétentieux et affecté. Il n'est pas tout à fait exempt du mauvais goût de son temps et de la littérature ecclésiastique en particulier, mais la simplicité de son cœur et de son esprit se retrouvent dans ses écrits, et rien n'est plus juste que ces paroles, simples aussi, de Sigebert de Gembloux : « *Gregorius Turonensis episcopus, vir magnae nobilitatis et simplicitatis, scripsit multa simplici sermone* [1]. » Cette simplicité inspire de la confiance en la véracité de l'auteur ; on y sent de l'honnêteté. Elle donne un charme exquis à certains récits de Grégoire, et comme une grâce naïve et populaire. L'histoire d'Injuriosus et de son amie [2], l'aventure d'Attale [3], une foule de récits dans ses Vies de Saints [4], captivent et émeuvent par leur originalité, leur fraîcheur, leur sincérité. Ils ont un véritable mérite littéraire, qu'ils doivent à cette noble simplicité [5].

On aurait tort d'ailleurs de prendre au pied de la lettre ce que

1. *De scriptoribus ecclesiasticis*, 49.
2. H. F. I, 42.
3. H. F. III, 15.
4. Les Vies des Pères en particulier sont pleines de choses exquises, admirables d'ingénuité, de tendresse et de piété. Telle cette phrase de la vie de saint Gall (V. PP. VI, Préf.) : « *Sunt qui se de his nexibus, tanquam aves de muscipulis evolantes et ad altiora tendentes, mentis alacrioris ingenio absolverunt, ac relictis exosisque terrenis facultatibus, totis se viribus ad illae quae sunt coelestia aptaverunt.* » Il n'y a que les *Fioretti* de saint François qui puissent être comparés aux écrits hagiographiques de Grégoire de Tours.
5. Parfois même cette simplicité n'est pas sans grandeur. Voyez par exemple la vision de saint Sauve (H. F. V; 51) qui montre à Grégoire le glaive de Dieu suspendu sur la maison de Chilpéric.

Grégoire dit de son ignorance. Il était instruit pour un homme de son temps, et Fortunat a pu dire de lui « *florens in stu-diis*[1]. » Malgré sa modestie et tout en protestant qu'il ne connaît rien et ne veut rien connaître en dehors des choses de Dieu, il fait tout un étalage d'érudition virgilienne après avoir rappelé que saint Jérôme fut durement châtié pour avoir trop souvent fait sa lecture des arguties de Cicéron et des faussetés de Virgile[2]. Il cite Virgile à trois reprises[3] dans son histoire ; il le fait même citer par Clotilde dans l'étrange discours qu'elle tient à Clovis pour le convertir[4], et dans lequel Grégoire a voulu, au mépris des vraisemblances historiques[5], faire montre de sa science mythologique, qui sait ? utiliser peut-être un écrit ou un discours de polémique contre les païens. Nous avons vu tout à l'heure qu'il connaissait Cicéron, du moins de nom. Il parle de Pline et d'Aulu-Gelle comme s'il les avait lus[6]. Il cite un mot de Salluste[7]. Il avait connaissance du Code Théodosien[8]. Quant à

1. *Fortunati Carmina*, V, 15.

2. Le passage est curieux et mérite d'être cité : « *Non enim oportet fallaces commemorare fabulas... ne in judicium aeternae mortis... cadamus. Quod ego metuens, ... non me iis retibus vel vinciri cupio, vel involvi. Non ego Saturni fugam, non Junonis iram, non Jovis stupra, non Neptuni injuriam, non Aeoli sceptra, non Aeneada bella, naufragia, vel regna commemoro : taceo Cupidinis emissionem; non Ascanii dilectionem, hymenaeosque, lacrymas. vel exitia saeva Didonis; non Plutonis triste vestibulum, non Proserpinae stuprosum raptum, non Cerberi triforme caput : non revolvam Anchisae colloquia, non Ithaci ingenia, non Achillis argutias, non Sinonis fallacias : non ego Lacoontis consilia, non Amphitryonidis robora, non Jani conflictus, fugas, vel obitum exitialem proferam ; non Eumenidum variorumque monstrorum formas exponam : non reliquarum fabularum commenta, quae hic auctor aut finxit mendacio, aut versu depinxit heroico : sed ista omnia tanquam super arenam locata et cito ruitura conspiciens, ad Divina et Evangelica potius miracula revertamur.* » G. M. Préf.

Grégoire semble avoir eu également la prétention d'être bon controversiste, car il cite tout au long, non sans une certaine complaisance, les argumentations qu'il soutint à diverses reprises contre des Ariens, V, 44; VI, 40; contre un Juif, VI, 5; contre Chilpéric, V, 45; contre un prêtre qui niait la résurrection, X, 13.

3. H. F. II, 29; IV, 30, 47.

4. H. F. II, 29.

5. Remarquons pourtant que les Germains devaient être déjà accoutumés par l'Église à identifier leurs Dieux aux Dieux romains, car il est probable que les noms germains des jours : jour de la lune (*Montag*); jour de Thor (*Dienstag*), etc., sont une imitation des noms latins : *Lunae dies, Martis dies*, etc.

6. V. PP. Prol. — 7. H. F. IV, 13.

8. Il en parle à propos d'Andarchius (IV, 47) : « *De operibus Virgilii,*

la littérature ecclésiastique et historique, nous avons vu en étudiant ses sources qu'il pouvait passer pour instruit en cette matière[1]. Il cite un long passage de Prudence sur saint Dioclétien et l'appelle « notre Prudence[2]. » Il rappelle les poésies de Sédulius à propos de celles de Chilpéric[3]. Toutefois il fait une complète confusion entre Paulin de Nole (431), auteur de poésies et d'homélies, et Paulin de Périgueux (mort dans la seconde moitié du VIᵉ siècle), auteur d'une Vie en vers de saint Martin[4]. Il se regardait sans doute comme incapable d'écrire des vers, mais il aimait la poésie, car il fit mettre en vers par Fortunat sa Vie de saint Martin[5], et dans l'épilogue de son histoire il invite ceux qui le désireront à versifier ce qu'il a écrit[6]. Il s'y connaissait d'ailleurs assez pour juger et critiquer sévèrement les vers de Chilpéric[7].

Grégoire ne savait pas le grec ; il emploie à plusieurs reprises un mot grec : *energia* (inspiration[8]) ; mais ce mot était passé dans la langue de l'église ; les mots grecs que lui cite Fortunat dans le prologue de sa vie en vers de saint Martin, sont également des mots d'école que tout homme instruit connaissait[9]. Grégoire savait certainement lire le grec, comme Chilpéric qui ajouta des lettres grecques aux latines pour représenter certains sons compliqués[10], mais il ne le comprenait pas, puisqu'il eut besoin d'un interprète pour traduire en latin l'histoire des Sept Dormants d'Éphèse[11].

---

legis Theodosianae libris, arteque calculi adplene eruditus est. » Comme il est peu probable qu'il sut exactement ce qu'avait étudié Andarchius, il est vraisemblable que Virgile représente pour lui la poésie latine, et le Code Théodosien les études juridiques.

1. Voy. le chapitre précédent.
2. G. M. 41, 93, 106.
3. H. F. VI, 46.
4. « *Paulinus quoque beatus, Nolanae urbis episcopus, post scriptos versus de virtutibus ejus... quinque libros, etc.* » M. S. M. I, 2. Cf. H. F. II, 13; X, 31; et surtout G. C. 110.
5. Voyez le Prologue de Fortunat à sa Vie en vers de saint Martin.
6. « *Si tibi in his quiddam placuerit, salvo opere nostro, te scribere versu non abnuo,* » H. F. X, 31.
7. « *Confecitque duos libros, quasi Sedulium meditatus, quorum versiculi debiles nullis pedibus subsistere possunt, in quibus, dum non intelligebat, pro longis syllabas breves posuit, et pro brevibus longas statuebat.* » H. F. IV, 47.
8. H. F. IV, 11 ; IX, 21, etc.
9. « Ἐπιχειρήματα, λέξις, διαίρεσις, παραίνεσις. »
10. H. F. VI, 45.
11. « *... passio eorum, quam Syro interpretante, in Latinum transtulimus.* »

Quant aux sciences enseignées dans les écoles du temps, il ne les a pas étudiées, d'après son propre témoignage [1]; mais il connaissait pourtant assez l'astronomie pour écrire le *De cursibus ecclesiasticis*.

Grégoire de Tours, on le voit, n'était point un ignorant, comme il le prétend dans son humilité, mais il n'était pas non plus un savant. Sa connaissance de l'antiquité profane se réduit à deux ou trois ouvrages, et s'il est plus versé dans les écrits ecclésiastiques, il lui échappe cependant des erreurs graves, comme la confusion de Paulin de Nole avec Paulin de Périgueux. Il est évident que nous ne nous appuierons pas sur son autorité pour tous les événements sur lesquels nous possédons le témoignage d'écrivains plus rapprochés du lieu et de l'époque où ils se sont passés. Mais, pour toute la période qui s'étend de la chute de l'empire romain à la mort de Clothaire, et en particulier pour l'histoire ecclésiastique de la Gaule, nous savons que Grégoire a possédé un grand nombre de sources écrites, perdues pour la plupart. Ses informations étaient nombreuses. A-t-il su les mettre à profit avec intelligence? Dans quelle mesure pouvons-nous nous fier à son témoignage? C'est ce que nous pouvons juger en examinant s'il a su se bien servir des sources écrites que nous possédons encore et par lesquelles nous pouvons le contrôler, et s'il possédait les qualités d'esprit, l'exactitude, la clarté, la mémoire nécessaires à un historien.

Nul ne contestera que Grégoire était un homme d'une intelligence remarquable; le rôle qu'il a joué et les œuvres qu'il a laissées sont là pour nous en convaincre. Nul écrivain de l'époque mérovingienne ne peut lui être comparé. M. Ampère l'a nommé « l'Hérodote de la barbarie [2] » et il est certain qu'il rappelle à bien des égards l'historien grec. Comme lui, curieux de toutes choses, il rapporte avec ingénuité ce qu'il a pu connaître, et son récit, sans prétentions, a un air de vérité, une vie qui captivent

G. M. 95. M. Bordier traduit, à tort je crois : « L'histoire de leur passion, que nous avons mise en latin, d'après la version d'un certain Syrien. » Qu'était cette version? L'original devait être en grec. Le sens me paraît être : « ... que j'ai traduite en latin, un Syrien me servant d'interprète. » Si Grégoire avait su le grec, il s'en serait certainement vanté. — Si le texte de la *Passio* était en syriaque, ce passage peut encore moins être invoqué pour prouver que Grégoire savait le grec.

1. V. plus haut, p. 68, n. 2.

2. J. J. Ampère; *Histoire littéraire de la France avant Charlemagne*, 3e éd. 2 vol. in-12. Paris, 1870. — Préface, p. 8.

invinciblement le lecteur. L'évêque de Tours a conquis autant
par son intelligence que par son caractère, l'amitié des hommes
les plus éminents de son temps, et il a été chargé par Childebert
de la mission délicate d'ambassadeur [1].

Il aime l'exactitude; il indique le plus souvent les sources où
il a puisé; il cite textuellement soit des passages d'historiens
antérieurs, tels que Renatus Frigiredus et Sulpicius Alexander[2],
soit des documents historiques, tels que la lettre de saint Remi à
Clovis, le traité d'Andelot, la lettre des évêques à sainte Radegonde, sa réponse, le rescrit des évêques, le discours de Grégoire-
le-Grand ou le jugement porté contre Chrodielde et Basine[3]. Il
n'affirme que ce qu'il croit savoir [4], et il s'efforce même en un ou
deux endroits de démêler la vérité au milieu de témoignages
contradictoires[5]. Il distingue les témoignages précis des simples
traditions indiquées par les mots « *fertur, ferunt.* » Ces
scrupules montrent qu'il avait vaguement l'idée des devoirs de
l'historien, de même que la conception générale de son œuvre
témoigne, malgré le manque de proportions et l'inégalité de
l'exécution, d'une certaine largeur de vues et d'une incontestable
vigueur d'esprit.

Ainsi non-seulement Grégoire a été capable de composer une
œuvre de longue haleine, non-seulement il a été en possession
d'un nombre considérable de documents, surtout ecclésiastiques,
non-seulement il avait assez d'intelligence pour les transcrire ou
les résumer fidèlement, mais il était même capable, en une certaine mesure, de les comparer, de les juger et de choisir l'opinion
la plus vraisemblable. Quand on compare les renseignements
précis et circonspects qu'il rapporte au sujet de l'origine des
Franks, avec les fables de l'*Historia epitomata* ou des *Gesta
regum Francorum*, on voit quelle distance sépare notre historien de simples compilateurs [6].

1. Voy. plus haut, p. 35.
2. H. F. II, 9.
3. H. F. II, 31 ; IX, 20, 41, 42; X, 1, 16.
4. Voy. H. F. III, 8, la mort d'Hermenefrid précipité du haut des murs
de Tolbiac : « *si quis eum exinde ejecerit, ignoramus.* »
5. Voyez le curieux chapitre 9 du livre II, les témoignages qu'il
cite pour savoir si les chefs franks doivent être nommés *duces* ou *reges,*
et ses doutes sur l'origine des Franks.
6. Il est facile de réunir dans les dix livres de Grégoire un nombre
assez considérable d'erreurs, de contradictions et d'obscurités, et de
s'écrier après cela : « Quelle confiance peut-on accorder à son témoignage? » Mais on pourrait en dire autant de presque tous les écrivains

Mais si Grégoire mérite le nom d'historien, nous ne devons pas oublier qu'il est un historien du vi[e] siècle, qu'il vit dans un pays livré aux barbares depuis plus d'un siècle, que non-seulement ses moyens d'informations sont restreints et son instruction incomplète, mais que son esprit se ressent du trouble et de la

du Moyen-Age. M. Lecoy de la Marche, qui a recueilli soigneusement toutes ces fautes, et qui même a fait à Grégoire quelques reproches immérités (par exemple il s'étonne du nom d'*Octavian* donné à Auguste, au lieu d'*Octave*), a le tort de ne pas distinguer les erreurs que l'historien ne pouvait éviter de celles qui proviennent de son ignorance ou d'un manque d'intelligence. Qu'importe que Grégoire ait emprunté la description de Babylone à Paul Orose et non au romancier Quinte-Curce, dont M. Lecoy paraît faire grand cas? Grégoire avait des moyens d'informations très-limités; il faut prouver qu'il s'en est mal servi ou qu'il aurait pu avoir de meilleurs renseignements. Malgré tout, on peut avoir confiance dans l'*Historia Francorum* partout où elle est la source unique ou du moins la plus ancienne, et rien n'autorise à lui opposer, comme le fait M. Lecoy, le témoignage de Baldéric de Noyon ou de Roricon, compilateurs du xie et du xiie siècle. — Nous devons donc, pour juger les faits rapportés par Grégoire et pour lesquels nous manquons de documents contemporains, nous contenter de la critique interne du texte de l'*Historia Francorum*. Un excellent exemple de cette critique nous est offert par l'ouvrage de M. Junghans : *Die Geschichte Childerich's und Chlodovech's kritisch untersucht*, dont la Bibliothèque de l'École des Hautes-Études publiera prochainement une traduction.

La préface de la vie de saint Nizier de Trèves montre que Grégoire ne prenait pas ses informations au hasard, mais pesait la valeur des témoignages qu'il recueillait. « *Non omnia quae in scripturis leguntur, obtutibus propriis cerni potuerunt : sed quaedam ipsius scripturae relatione firmata, quaedam aliorum auctorum testimonio comprobata, quaedam vero proprii intuitus auctoritate creduntur..... Reprehendi ab aliquibus vereor, dicentibus mihi : « Tu cum sis junior, quomodo seniorum gesta poteris scire? qualiter ad te eorum facta venerunt? Nempe non aliud nisi conficta a te haec quae scripta sunt decernuntur. » Qua de causa relatorem hujus operis in medio ponere necesse est... Noverint igitur a beato Aredio abbate urbis Lemovicinae, qui ab ipso Nicetio antistite enutritus et clericatus ordinem sortitus est, haec quae subjecta sunt me audisse : quem in hoc non credo fefellisse, cum per eum Deus eo tempore, quando mihi ista retulit, et caecorum oculos illuminavit... Nec credendum est eum mendacii nube obumbrari posse, quem Deus saepius ab imbrium nube obtectum protexit... Denique si de tali relatore dubitatur, de beneficiis Dei diffiditur. Aiebat ergo memoratus sacerdos de antedicto antistite : Multa equidem, dulcissime frater, de sancto Nicetio bonorum virorum testimonio divulgata cognovi, sed plura meis oculis propriis inspexi, vel etiam ab eo vix elicita cognovi.* » V. PP. XVII, Préf. — Grégoire, on le voit, sait distinguer les témoignages écrits des témoignages oraux, et ceux-ci des faits qu'un auteur connaît par ses propres yeux. Il sait chercher des témoins bien informés, et à qui leur caractère moral donne une autorité exceptionnelle.

barbarie du temps où il vit, et qu'enfin son caractère ecclésiastique et épiscopal imprime à son œuvre une empreinte toute particulière.

Nous avons vu dans le chapitre précédent les erreurs qu'il a commises en transcrivant ou en résumant les sources écrites qu'il avait sous les yeux.

En étudiant les objections soulevées contre l'authenticité de l'*Historia Francorum*, nous avons remarqué également des contradictions et des omissions nombreuses. Nous pourrions encore en relever d'autres[1]. Il nomme Marcien à la place de Majorien comme successeur de l'empereur Avitus (II, 11); il écrit *Geminae Germaniae* (II, 25), au lieu de *Geminae Aquitaniae*. Il parle de Théodoric, roi d'Italie en 522, comme s'il était déjà mort (III, 5), tandis qu'il mourut seulement en 526[2]. Pour les affaires d'Italie sous Théodat et Vitigès (III, 31, 32), il n'a eu que des renseignements faux et incomplets, car il est en contradiction constante avec Jornandès et les écrivains byzantins[3].

15

Sur les Lombards il n'a pas de meilleurs renseignements que sur les Goths. Il prétend qu'Alboin pilla sept ans l'Italie (IV, 41); or il y arriva en 568-569 et mourut vers 572-573[4]. Il donne pour successeur à Autharis un Paul que Warnefried ne mentionne pas. Il en est de même pour l'empire d'Orient; Grégoire fourmille d'erreurs. Il fait régner Justin dix-huit ans (V, 31), tandis que nous savons par les écrivains byzantins qu'il n'en régna que treize. Il fait faire par Tibère une guerre contre les Perses (V, 31), qui en réalité fut l'œuvre de Justin. Il dit (VII, 36) que Gondovald apprit à Constantinople la mort de Chilpéric et auparavant (VI, 24) qu'il arriva à Marseille la vingt-et-unième année du règne de Chilpéric[5].

---

1. Voy. l'Opuscule de M. Lecoy qui relève toutes ces erreurs, et même en exagère le nombre et l'importance.

2. La seconde femme de Sigismond accuse Sigiric de vouloir déposséder son père et conquérir le royaume « *quod avus ejus Theudericus Italiae tenuit.* » Il faudrait « *tenet.* »

3. Voy. plus haut, p. 104, n. 6.

4. Voy. plus haut, p. 108, n. 2.

5. Il est vrai que c'est Gondovald lui-même qui, dans un discours plein d'impostures, dit avoir appris à Constantinople la ruine de la maison de Chilpéric. Beaucoup des contradictions attribuées à Grégoire trouvent leur explication dans une étude attentive du texte. (Voyez la réponse de M. Bordier à M. Lecoy citée plus haut, p. 72, n. 1). — Ainsi, tous les critiques de Grégoire pensent qu'au livre V, ch. 2 et 3, le passage suivant renferme une contradiction : « *Assumpto secum rex Meroveo,*

. C'est surtout, on le voit, dans ce qu'il rapporte sur les pays lointains, sur les Goths, les Lombards, les Byzantins, que Grégoire tombe dans de graves erreurs, imputables plutôt à l'insuffisance de ses informations qu'aux défaillances de son esprit. Sur l'histoire même des Franks, il est rarement contredit, il n'est que complété et expliqué par les documents contempo-

Suessionas rediit. Cum autem ibidem commorarentur, collecti aliqui de Campania Suessionas urbem aggrediuntur, fugataque ex ea Fredegunde regina ac Chlodoveo filio Chilperici, volebant sibi subdere civitatem. Quod ut Chilpericus rex comperit, cum exercitu illuc direxit.,... fugatisque..... Suessionas ingreditur. » Évidemment il ne faut pas prendre la première fois le mot Suessionas dans le sens de Suessionas urbem, mais dans celui de Suessionensem pagum. Les rois mérovingiens résidaient peu dans les villes, et l'on sait que Brennacum, un des séjours favoris de Chilpéric, faisait partie du territoire de Soissons. — Lecointe, Valois, M. Lecoy reprochent aussi à Grégoire d'avoir montré Gondovald d'abord à Bordeaux, auprès de l'évêque Bertchramne (VII, 31), puis traversant la Garonne pour se réfugier à Comminges (VII, 34). Mais ces deux faits sont séparés l'un de l'autre. Gondovald pouvait très-bien avoir fait une démonstration armée sur la rive droite de la Garonne, puis se voyant abandonné par le duc Desiderius et menacé par les troupes de Gontran, avoir repassé le fleuve pour s'enfuir à Comminges. Les mêmes critiques s'étonnent aussi que les soldats de Gontran, après avoir passé la Garonne et se rendant vers Comminges, viennent à Agen qui est sur la rive droite du fleuve. — Mais ils ne passent pas à Agen même, ils arrivent « ad basilicam S. Vincentii, quae est juxta terminum Agennensis urbis. » D'ailleurs, la voie la plus courte pour aller de Bordeaux à Comminges était la voie romaine qui, partant de Bordeaux, passait sur la rive droite de la Garonne, à Ussubium (Urs), et traversait Agen, puis retraversait le fleuve et conduisait à Comminges en passant par Auch. — Adrien Valois trouve une contradiction entre le chapitre 5 du livre VII où Frédégonde confie son jeune fils Clothaire à Gontran, et le chapitre 9 du livre VIII où Gontran se plaint de n'avoir pas vu l'enfant. — Il est vrai qu'au livre VII, ch. 5, 6, nous voyons Gontran à Paris avec Frédégonde : « Fredegundam patrocinio suo fovebat, ipsamque saepius ad convivium evocans. » Valois en conclut que Gontran devait aussi voir l'enfant. Mais Grégoire ne dit pas que Clothaire fut à Paris. Il dit au contraire (VI, 41) que Chilpéric le faisait élever dans la villa de Vitry, « dicens : Ne forte dum publice videtur, aliquid mali incurrat et moriatur. » Frédégonde s'était réfugiée seule à Paris, dans la basilique de Saint-Vincent (VI, 46). Les leudes, avec Ansoald, se réunirent auprès de Clothaire, à Vitry probablement, pendant que Gontran et Frédégonde étaient à Paris (VII, 7), et le conduisirent dans les différentes villes pour le faire reconnaître. Mais ils ne vinrent pas à Paris. Voilà pourquoi Gontran se plaint un peu plus tard que les « nutritores » de l'enfant ne le lui aient pas amené et craint que cette éducation secrète ne cache quelque supercherie. « Unde, quantum intelligo, nihil est quod promittitur; sed, ut credo, alicujus ex leudibus nostris sit filius. » VIII, 9.

rains[1]; pour les événements qui se sont passés en Gaule de son temps, son récit est parfaitement suivi et cohérent; pour les dernières années du roi Gontran en particulier nous trouvons une confirmation précieuse des renseignements qu'il nous donne dans la Chronique dite de Frédégaire qui n'a connu que les six premiers livres de l'*Historia Francorum* et qui rapporte les événements depuis 584 d'après des sources exclusivement burgundes.

S'il a laissé échapper des erreurs et des contradictions sur des faits qu'il était à même de bien connaître, par exemple sur l'histoire des évêques d'Arvernie et de Tours[2], nous ne devons pas oublier quelles difficultés matérielles il fallait vaincre à cette époque pour la composition d'un ouvrage historique aussi considérable. Il possédait sans doute de nombreux documents, mais c'étaient des documents isolés, sans lien entre eux, écrits à des époques diverses, et renfermant peut-être des inexactitudes. Lui-même devait à son tour travailler sur une matière devenue chère et rare, le parchemin, sur lequel on écrivait avec lenteur et difficulté. Toute addition, toute correction devait être faite sur la feuille même où la première rédaction avait été écrite, et si l'on recopiait le texte, ces surcharges étaient une cause constante d'erreurs. Grégoire, occupé non-seulement de l'administration d'un important diocèse, mais encore mêlé aux affaires politiques, fréquemment dérangé par des voyages, commençait, abandonnait, puis reprenait tour à tour ses travaux littéraires, et n'eut jamais le loisir de faire une révision complète et une copie définitive de son histoire. S'étonnera-t-on des lacunes, des erreurs, des contradictions même qui peuvent s'y rencontrer? Ce qu'on admirera bien au contraire, c'est que Grégoire ait eu l'idée de tirer des documents qu'il possédait une histoire suivie des évêques d'Arvernie et de Tours, et, à la fin de sa vie, d'étudier encore une fois les documents relatifs à l'Église de Tours pour rectifier et compléter dans son épilogue ce qu'il avait dit dans le corps même de son ouvrage.

Malgré ces remarquables efforts pour atteindre la vérité historique, malgré le désir de ne rien avancer qu'il n'ait appris par des témoignages dignes de foi, Grégoire de Tours n'en reste pas moins un Gallo-Romain du VIe siècle ; il partage les préjugés de son temps, et ne peut échapper à la décadence intellectuelle

1. Voy. Junghans, op. cit. passim.
2. Voy. p. 68.

de toute son époque. Il sait bien en théorie qu'il faut peser et comparer les témoignages pour arriver au vrai, mais il n'est pas capable en pratique d'exercer une critique aussi délicate. Il accepte les informations de toutes mains et ne paraît pas avoir moins confiance dans les récits étranges que des voyageurs lui ont faits sur l'Égypte que dans les textes de Sulpicius Alexander ou de Renatus Frigiredus[1]. Il mêle dans son histoire des premiers rois franks ce qu'il sait par des documents écrits et ce qu'il emprunte à des traditions poétiques. Il n'hésite pas à inventer des discours qu'il met dans la bouche des personnages historiques, à l'imitation des auteurs anciens[2]. Il proportionne l'ampleur de ses récits non à l'importance des événements, mais à l'abondance de ses informations. Il raconte des faits historiques importants, tels que la guerre de Chilpéric et de Sigebert, ou les expéditions de Childebert en Italie[3], avec une brièveté qui nuit à la clarté, tandis qu'il entre dans les moindres détails des révoltes du couvent de Poitiers[4]. Bien qu'on ne trouve pas chez lui les légendes extravagantes que recueille, un siècle plus tard, la compilation attribuée à Frédégaire, il abonde néanmoins en récits merveilleux ; il est soumis aux illusions d'une imagination sensible à l'excès, comme il arrive fatalement à une époque où la foi est vive et où la science est morte. Il vit dans un monde surnaturel, et tous les événements prennent dans son esprit un caractère surnaturel[5]. Cette tendance à voir partout le merveilleux, à ajouter par l'imagination quelque chose de surhumain aux faits réels, est peu faite sans doute pour inspirer confiance dans

1. A côté de choses justes, telles que la distinction des deux Babylones, celle d'Égypte (Le Caire) et celle de Mésopotamie, il y a des détails complètement erronés sur le cours du Nil et une fable bizarre sur les empreintes, visibles encore, que les roues des chars égyptiens et israélites firent au fond de la mer Rouge, « *quod a sapientibus, et certe illis hominibus, qui in eodem loco accesserant, verum cognovimus.* » H. F. I, 10.

2. Voyez les discours de Clotilde, II, 29; de Clovis, II, 30, 40; d'Aredius, II, 32, etc.

3. H. F. IV, 50-52; VI, 42; VIII, 18; IX, 25.

4. H. F. IX, 39-43.

5. Grégoire parle même sans blâme, et comme s'il y croyait, des *Sortes sanctorum*, interdits pourtant par les lois canoniques. (Voy. H. F. IV, 16; et V. PP. IX, 2). On appelait ainsi une sorte de divination au moyen de Livres de l'Écriture Sainte qu'on plaçait sur l'autel d'une église et qu'on ouvrait au hasard. Le passage sur lequel on tombait prédisait l'avenir ou indiquait la conduite à suivre. Cette superstition s'est reproduite chez la secte protestante dite des Frères Moraves.

l'autorité du témoignage de Grégoire, mais, s'il est capable d'illusions, son ingénuité, sa candeur, sa piété même le rendent incapable d'exagérer à dessein et d'altérer sciemment la vérité.

Nous ne devons jamais oublier en effet qu'il est prêtre, qu'il est évêque, qu'il mérite par ses vertus d'être appelé *saint*; sa valeur, comme historien, est à la fois diminuée et augmentée par ce caractère essentiellement religieux. Nul n'était mieux placé que lui pour tout voir et tout savoir, nul homme de son temps ne pouvait juger les faits avec plus de sincérité et plus de noblesse; mais il conserve toujours son caractère épiscopal, et il est à craindre que le désir de faire servir les événements historiques à l'édification des âmes, ne l'amène, sinon à modifier malgré lui les faits, du moins à les arranger en vue du but qu'il se propose. Ce but n'est pas seulement de conserver à la postérité la mémoire d'événements importants, mais aussi de tirer de ces événements des leçons pour les contemporains. Sa première préoccupation, quand il commence à écrire, est d'affirmer sa foi et de rejeter loin de lui les hérésies d'Arius[1]. S'il commence par un résumé de l'histoire universelle, c'est surtout pour rassurer par des calculs chronologiques ceux qui s'effraient à l'idée que le monde va finir. Aussi ce premier livre est-il presque exclusivement consacré à l'histoire du peuple hébreu, puis aux progrès de l'Église chrétienne. L'histoire profane n'y apparaît que pour fournir quelques synchronismes sans intérêt et assez peu exacts[2]. On voit que, pour Grégoire comme pour tous les écrivains ecclésiastiques, c'est l'histoire religieuse qui forme le centre de l'histoire universelle et lui donne pour ainsi dire un sens. Aussi, à l'exemple de la Bible, d'Eusèbe, de Sévère, de Jérôme, d'Orose, continue-t-il, pour les époques plus récentes, à mêler le récit des vertus des saints à celui des luttes des peuples[3]. Il veut que

1. *Scripturus bella regum cum gentibus adversis, martyrum cum paganis, ecclesiarum cum haereticis, prius fidem meam proferre cupio, ut qui legerit, me non dubitet esse catholicum,* etc... » H. F. I, Prol. Il fait de nouveau une profession de foi orthodoxe à la fin du Prologue du livre III.

2. Après avoir donné le synchronisme d'Amon, Argeus, Gygès, Vafres, Nabuchodonosor, Servius Tullius, il continue « *post hos, imperatores...* », non qu'il crût que les empereurs avaient succédé à Servius Tullius, mais parce que le temps de la République ne lui fournissait plus de synchronismes de souverains. H. F. I, 16, 17.

3. « *Mixte confuseque tam virtutes sanctorum, quam strages gentium memoramus.* » H. F. II, Prol. — Ceci prouve bien l'erreur des critiques qui ont prétendu que les chapitres appartenant à l'histoire ecclésias-

l'édification se mêle à l'histoire, et il prétend ramener les âmes à
l'orthodoxie en montrant les maux qui ont toujours frappé les
hérétiques. Entraîné par le désir de prouver cette thèse, il dit
que Godegisèle, Gondebaud et Godomar sont tombés misérable-
ment parce qu'ils étaient ariens[1]. Au moment de reprendre le
monotone et désolant récit des guerres intestines qui déchiraient
les royaumes franks, il s'arrête pour rappeler aux rois l'exemple
de Clovis leur aïeul, et les supplier de mettre fin à leurs dis-
cordes[2]. Dans la Préface générale, écrite probablement à la fin
de sa vie, Grégoire dit avoir pris la plume pour conserver à la
postérité le souvenir des événements passés, ou plutôt le souvenir des crimes des méchants et des vertus des gens de bien ; et
l'on voit que parmi ces événements, ceux qui touchent l'Église
occupent pour lui la place la plus importante[3].

Ces préoccupations religieuses et morales, cette soif de faire
tourner au bien des âmes les enseignements de l'histoire, ne
devaient point assurément préparer Grégoire à voir exactement
les faits et à les reproduire fidèlement. Mais en même temps il
était trop consciencieux et trop simple de cœur pour combiner et
arranger l'histoire au gré de ses désirs. Il n'a pas l'habileté
nécessaire pour transformer l'histoire en plaidoyer ou en prédi-
cation, comme le feront plus tard un Benzo ou un Bernold de Saint-
Blaise. Il entremêle son récit de réflexions et d'exhortations
religieuses, mais ces enseignements ressortent rarement des
faits eux-mêmes, qui conservent toute leur barbarie naïve. Peut-
être, pour les époques plus anciennes, les événements se sont-ils

tique ne faisait pas partie du plan primitif de Grégoire, et auraient
pu être interpolés.

1. « *Velim, si placet, parumper conferre quae Christianis beatam confiten-
tibus Trinitatem prospera successerint, et quae haereticis eamdem scindentibus
fuerint in ruinam... Probavit hoc Godegiseli, Gundobadi atque Godomari
interitus, qui et patriam simul et animas perdiderint.* » H. F. III, Prol. —
Interitus veut ici dire simplement chute, et il faut traduire : « la ruine
de Godegisèle, de Gondebaud et de Godomar, qui perdirent leur pays
et leurs propres âmes. » Tous les traducteurs rendent *interitus* par *mort*
et accusent gratuitement Grégoire d'une grossière erreur.

2. H. F. V, Prol.

3. « *...Cum nonnullae res gererentur vel recte, vel improbe, ac feritas gentium desaeviret, regum furor acueretur, ecclesiae impugnarentur ab haereticis,
a catholicis tegerentur; ferveret Christi fides in plurimis, refrigesceret in non-
nullis, ipsae quoque ecclesiae vel ditarentur a devotis, vel nudarentur a
perfidis; ... pro commemoratione praeteritorum, ut notitiam adtingerent
venientium,... nequivi tamen obtegere vel certamina flagitiosorum vel vitam
recte viventium.* » H. F. Praef.

parfois arrangés, colorés involontairement dans l'imagination de Grégoire ; mais pour toute la période dont il est contemporain, son récit a tout à fait le caractère de mémoires écrits au jour le jour, et où il peint les hommes de son temps et se peint lui-même avec une sincérité parfaite. Combien n'est-il pas précieux d'avoir sur l'histoire franke du vi⁰ siècle le témoignage d'un évêque, du plus illustre et du plus saint évêque qui fut alors en Gaule !

Nous avons examiné quelle autorité nous devions accorder à ce témoignage d'après ce que nous savons sur l'instruction, l'intelligence, les idées de Grégoire ; examinons maintenant quel degré de confiance son caractère doit nous inspirer. Nous avons cherché à déterminer dans quelle mesure il peut être regardé comme un témoin éclairé, cherchons maintenant s'il est un témoin sincère.

Nous ne devons pas nous attendre à trouver en lui la froide impartialité d'un savant de profession. Nous avons vu qu'il ne s'était point préparé par l'étude aux travaux littéraires ; il fut d'ailleurs trop constamment mêlé à la vie publique et aux affaires de son temps pour ne pas y prendre parti. Il avait une âme ardente, impressionnable, passionnée. Son imagination toujours surexcitée lui faisait voir dans tous les événements de sa vie l'intervention surnaturelle de la volonté divine ; il rencontre à chaque pas des miracles, des visions, des prodiges [1]. Tout jeune encore, c'est un miracle au tombeau de saint Allyre qui détermine sa vocation ecclésiastique [2]. Plus tard, c'est une vision qui le force pour ainsi dire à prendre la plume et à écrire les miracles de saint Martin [3]. Son incessante et multiple activité témoigne d'une ardeur que rien ne peut lasser. Malgré son ignorance, malgré le malheur des temps, malgré des agitations et des occupations infinies, il s'impose encore comme un devoir de composer dix livres d'histoire et huit livres de vies et de miracles de saints pour l'édification de ses frères et l'instruction de la postérité.

1. Tous ses écrits hagiographiques, et en particulier les *Miracula sancti Martini* sont remplis du récit des miracles dont il a été l'objet. M. S. M. IV, 1, 2, etc. Dans son histoire, les faits merveilleux reviennent presque à chaque page. Dans le seul livre IV, je note des miracles dans les chapitres 5, 16, 17, 19, 25, 26, 28, 29, 31, 32, 33, 34, 36, 37, 45, 49, 50, 52.
2. V. PP. II, 2.
3. Voyez M. S. M. Préf. — Sa mère lui apparut en songe et lui dit d'écrire les Miracles de saint Martin. Il obéit à cet avertissement comme à un ordre de Dieu « *Domino jubente.* »

L'ardeur passionnée qui remplissait l'âme de Grégoire s'était de bonne heure tournée tout entière vers les choses religieuses. Les intérêts de l'Église étaient le centre de toutes ses pensées et la règle de toutes ses actions. Au milieu du trouble que l'invasion des barbares avait apporté dans la société gallo-romaine, l'Église seule représentait l'ordre et la moralité. Les lois, à peine observées, reposaient sur le principe immoral de la compensation pécuniaire ; et dans la société laïque, la débauche, la violence, le meurtre, les rapines étaient devenus si universels que l'on ne songeait même plus à s'en indigner. Les âmes les plus pures subissaient involontairement l'influence de cette démoralisation générale. Nous ne devons point l'oublier si nous voulons comprendre et apprécier avec justesse les jugements que Grégoire porte sur les hommes et les événements de son temps. Il y était trop mêlé pour ne pas avoir ressenti les atteintes du trouble que l'invasion avait jeté dans toutes les consciences, de même que son esprit avait subi le contre-coup de la décadence intellectuelle où était tombée la Gaule. Quand il juge des hommes d'Église, il les juge avec toute la sévérité des lois ecclésiastiques ; il dénonce les vices de Caton et de Cautinus, de Salonius et de Sagittaire avec une énergie et une franchise de langage qui nous surprennent aujourd'hui de la part d'un évêque parlant d'autres évêques[1]. Mais quand il parle des laïques, des chefs barbares surtout, il ne peut pas leur appliquer les mêmes règles. Qui donc alors aurait trouvé grâce devant ses yeux? N'étaient-ils pas tous débauchés et violents? En voyons-nous un seul qui n'ait pas sur la conscience quelque homicide ou quelque trahison? Et d'ailleurs ce n'est pas impunément que Grégoire a vécu dans cette société grossière et corrompue. Il semble que la vue quotidienne de tant de brutalités et de tant de crimes ait émoussé sa délicatesse, et que, tout Gallo-Romain qu'il est, il y ait un peu de barbare en lui. Il raconte avec admiration, presque avec édification, l'histoire d'une jeune fille martyrisée par les Vandales ariens et qui, contrainte par eux de subir un nouveau baptême, souilla gros-

---

1. H. F. IV, 6, 7, 11, 13. — V, 21, 28.

M. Lecoy de la Marche dit que l'on a peine à reconnaître « *la plume d'un prélat* dans le tableau des orgies de Sagittaire et de Salonius. » Nul autre, il me semble, n'était mieux placé qu'un prélat pour flétrir les vices de ses frères ; il le fait avec la vertueuse rudesse d'un homme simple et franc, vivant à une époque où l'Église était assez forte pour chercher, non à étouffer les scandales, mais à les réprimer publiquement.

sièrement l'eau du bassin où on la plongeait [1]. Non-seulement il est parfois grossier, mais encore il semble qu'au milieu de tant de vices, il soit devenu indulgent au mal [2] et qu'il en ressente plus de découragement encore que d'indignation [3].

Après avoir raconté les embûches que Thierry dresse à son frère Clothaire et la ruse qu'il emploie pour recouvrer un cadeau qu'il lui avait fait, il ajoute simplement : « *In talibus enim dolis Theudericus multum callidus erat* [4]. » Parfois il rapporte les faits les plus atroces ou les plus scandaleux sans aucune réflexion, sans même ajouter aucun mot qui exprime le blâme ou l'horreur [5]. Il faut des crimes effroyables comme ceux de Rauching [6] pour qu'il s'indigne et les flétrisse. Il n'est pas indifférent au mal, mais les actes de violence ou de débauche reviennent si souvent sous sa plume qu'il ne pouvait s'arrêter à les flétrir, et que son âme avait dû s'endurcir à la longue. Il ne peut juger les hommes d'après leurs actes, car ils sont presque tous également souillés et mauvais ; aussi dans cet ébranlement de toutes choses, dans ce désordre des mœurs, Grégoire se rattache-t-il passionnément à l'Église, au Christ, fin suprême où tendent tous les Chrétiens [7]; il est indulgent ou sévère pour les hommes dont il raconte l'histoire, suivant qu'ils ont été amis ou ennemis de l'Église, croyants ou infidèles. Le dévoûment à l'Église et à la foi chrétienne suffit à ses yeux à couvrir tous les péchés. Rien n'est plus naturel chez un évêque et à une époque où il fallait à tout prix défendre l'Église, la seule force morale qui restât debout.

Quand on connaît ainsi la règle des jugements de Grégoire, on peut mieux les comprendre et les rectifier. On s'explique alors

1. « ... *ad 'rebaptizandam invita deducitur. Cumque in illud coenosum lavacrum vi cogeretur immergi,... digno aquas unguine cunctas infecit, id est fluxu ventris adspersit.* » II, 2. — Voyez aussi les détails repoussants sur la gloutonnerie de Parthenius. III, 36.

2. Voyez Ampère, *Histoire littéraire de la France avant Charlemagne.* II, 6, 279-282. Il accuse Grégoire d'être dans ses récits « totalement abandonné de sentiment moral », ce qui est injuste.

3. « *Taedet me bellorum civilium diversitates..... memorare.* » H. F. III, Prol.

4. H. F. III, 7.

5. Voy. les crimes de Gondebaud (II, 28) ; l'énumération des femmes de Clotaire (IV, 3); de Gontran (IV, 25); de Charibert (IV, 26); de Chilpéric (IV, 28).

6. H. F. V, 3.

7. « *Noster vero finis, ipse Christus est, qui nobis vitam aeternam, si ad eum conversi fuerimus, larga benignitate praestabit.* » H. F. I, Prol.

pourquoi ses jugements sont rarement impartiaux et toujours ou trop indulgents ou trop sévères. Dans l'ardeur de son zèle religieux, il est bien rare qu'il apprécie avec justesse les caractères et les actions des hommes. Il ne permet et ne pardonne aucune attaque, non-seulement contre l'Église ou contre la foi, mais même contre son diocèse. Félix, évêque de Nantes, eut l'imprudence de réclamer pour son diocèse une terre du diocèse de Tours. Grégoire défendit les droits de son église avec une violence inouïe ; il accuse Félix d'avidité et d'orgueil [1], et quand il raconte la douloureuse maladie dont mourut l'évêque de Nantes, il ne laisse pas échapper un mot de pitié ou de regret [2]. Il est impitoyable envers ceux qui n'ont pas respecté les prêtres ou les églises, Chramne [3], Leudaste [4], Charibert [5], Chilpéric et Frédégonde. Chilpéric surtout, qui si souvent a envahi le diocèse de Tours pour l'arracher à ses légitimes possesseurs, Sigebert et Childebert, est traité par lui avec la dernière rigueur. Il l'appelle « le Néron et l'Hérode de notre temps [6] » ; il nous le représente « adonné à la gloutonnerie et n'ayant pour dieu que son ventre [7] ». Il dit enfin qu'on ne peut imaginer aucun genre de luxure auquel Chilpéric ne se soit livré [8]. Quant à Frédégonde, elle est une

---

1. « *Villam ecclesiae concupivit* (*Felix*) : *quam cum dare nollem, evomuit in me,... opprobria mille. Cui... ego respondi :* « *... O si te habuisset Massilia sacerdotem, nunquam naves oleum, aut reliquas species detulissent, nisi tantum chartam, quo majorem opportunitatem scribendi ad bonos infamandos haberes...* » *Immensae enim erat cupiditatis atque jactantiae.* » H. F. V, 5. — Pourtant nous voyons ailleurs Grégoire en rapports d'amitié avec Félix, et nous savons par lui qu'une grande intimité unissait Félix à saint Friard. Voy. G. C. 78 et V. PP. X, 4. — Voyez aussi les éloges que Fortunat (*Carmina*, III, 8) adresse à Félix.

2. H. F. VI, 15.

3. « *Chramnus vero apud Arvernis diversa exercebat mala, semper adversus* Cautinum episcopum *invidiam tenens.* » H. F. IV, 16).

4. « *Qui* (*Leudastes*) *adsumto, ut diximus, comitatu, in tali levitate elatus est, ut* in domo ecclesiae *cum thoracibus atque loricis..... ingrederetur.....* Presbyteros *manicis jubebat extrahi...* » H. F. V, 49.

« *Sed ... veniamus ad illud qualiter me voluit iniquis ac nefariis calumniis supplantare... Post multa mala quae in me meosque intulit,* post multas direptiones rerum ecclesiasticarum... etc. *Omnes thesauros quos de spoliis pauperum detraxerat suum tulit.* » H. F. V, 50.

5. « *Charibertus rex,* cum exosis clericis, ecclesias Dei *negligeret, despectisque* sacerdotibus, *magis in luxuriam declinasset...* » M. S. M. I, 29.

6. « *Nero nostri temporis et Herodes.* » H. F. VI, 46.

7. « *Erat enim gulae deditus, cujus deus venter fuit.* » H. F. VI, 46.

8. « *Jam de libidine atque luxuria non potest reperiri in cogitatione, quod non perpetrasset in opere.* » Ibid.

ennemie de Dieu et des hommes [1], et il n'est pas de crime dont Grégoire ne croie capable celle qui a fait périr son ami, l'évêque de Rouen Prétextat [2]. C'est que jamais Chilpéric n'avait respecté l'église de saint Martin. Roccolon avait menacé en son nom de brûler la basilique de Tours si on ne lui livrait pas Gontran Boson [3]. Lorsque Mérovée s'y réfugia, Chilpéric fit dévaster tout le pays de Tours sans épargner les biens de saint Martin [4]. Contrairement aux immunités ecclésiastiques, il frappa d'amende des pauvres et des serviteurs de l'église de Tours qui n'avaient pas marché avec son armée contre les Bretons [5]. Enfin il blasphémait constamment contre les prêtres du Seigneur et prenait plaisir à railler les évêques [6].

C'est surtout lorsqu'il parle des hérétiques que Grégoire se laisse emporter à une grande violence de sentiments et de langage. Non-seulement il peint sous les couleurs les plus noires les rois ariens persécuteurs [7], mais le nom des hérétiques ne peut pas se trouver sous sa plume sans qu'il l'accompagne de quelque épithète infamante [8]. Il les accuse de lâcheté [9]; il prétend qu'ils

1. « *Inimicam Dei atque hominum Fredegundem.* » IX, 20.

2. Elle fait assassiner Sigebert, IV, 52; Leudaste, VI, 32; Mummolus, VI, 35; Prétextat, VIII, 31 ; Beppolen, X, 11; elle cherche à faire périr Mérovée, V, 14; Clovis, V, 40; Ebérulf, VII, 29; Gontran, VIII, 44; sa propre fille Rigonthe, IX, 34. Elle dresse deux fois des embûches à Childebert et à Brunehaut, VII, 20; VIII, 28, 29; X, 18. Enfin Grégoire laisse peser sur elle le soupçon d'avoir fait tuer Chilpéric, VI, 46; VII, 21.

3. V, 4.

4. « *Exercitus autem Chilperici regis usque Turonis accedens, regionem illam... devastat : nec rebus sancti Martini pepercit ; sed quod manu tetigit, sine ullo Dei intuitu aut timore diripuit.* » V, 14.

5. « *Chilpericus rex de pauperibus et junioribus ecclesiae vel basilicae bannos jussit exigi, pro eo quod in exercitu non ambulassent. Non enim erat consuetudo, ut hi ullam exsolverent publicam functiorem.* » V, 27.

6. « *Sacerdotes Domini assidue blasphemabat, nec aliunde magis, dum secretus esset, exercebat ridicula vel jocos, quam de ecclesiarum episcopis.* » VI, 46.

7. Voy. sur Trasamond et Hunéric, II, 3. Il dit qu'Hunéric « *arreptus a daemone, propriis se morsibus laniabat : in quo etiam cruciatu vitam indignam justa morte finivit.* » Sur Athanaric, voy. II, 4; sur Euric, II, 25.

8. Voy. livre III. Prol. où il veut montrer que tous les hérétiques sont malheureux dans ce monde et damnés dans l'autre. L. II, ch. 2 : « *perfidiam arianae sectae.* » Dans le De Gl. C. ch. 48, il montre les Goths consacrant l'église de Rions « *ad suam sectae immunditiam.* » Lorsque Amalasonte empoisonne sa mère dans le calice de l'Eucharistie, Grégoire dit que le diable est présent dans l'eucharistie arienne, car celui qui croit à la Trinité pourrait boire dans un calice empoisonné sans en ressentir aucun mal. III, 31. Voy. aussi G. M. 82.

9. « *Ille* (Alaricus) *metuens... ut Gotthorum pavere mos est.* » II, 27.

ont la coutume d'assassiner leurs rois [1], comme si le régicide eût
été inconnu chez les Franks orthodoxes; enfin dans une discussion avec un arien, il lui lance à la face pour dernier argument
les noms de chien et de pourceau [2].

Mais si sa sévérité morale est extrême envers ceux qui ont
abandonné la foi ou attaqué l'Église, si même il s'emporte contre
eux à des violences qui peuvent paraître injustes, il est sujet à
une partialité non moins grande, bien que tout opposée, envers
ceux qui ont défendu la foi et protégé l'Eglise. La foi les sauve à
ses yeux, et quand Grégoire les juge, il ne veut pas être plus
sévère que Dieu qui leur a pardonné. Aussi raconte-t-il le plus
souvent leurs fautes ou même leurs crimes sans joindre à son
récit aucune expression de blâme.

Constantin empoisonne son fils et étouffe sa femme; Grégoire
l'excuse en disant qu'ils voulaient le trahir [3]. Constantin n'a-t-il
pas en effet rendu la paix à l'Église [4]? Clovis tend des embûches
aux chefs des diverses tribus frankes, et les fait tous périr
successivement. Non-seulement Grégoire ne le blâme pas, mais
il voit dans la réussite de ces entreprises le signe manifeste de la
protection divine [5]. C'est que les victoires de Clovis profitaient à

« *Cumque secundum consuetudinem Gotthi terga vertissent.* » II, 37.

1. « *Sumserant enim Gotthi hanc detestabilem consuetudinem, ut si quis eis de regibus non placuisset, gladio eum adpeterent.* III, 30.

2. Grégoire termine sa discussion avec Agila, l'ambassadeur de Léovi-
gilde, par cette apostrophe : « *Nec nostram Dominus religionem sive fidem ita tepescere faciat, ut distribuamus sanctum ejus canibus, ac pretiosarum margaritarum sacra porcis squalentibus exponamus.* » V, 44.

3. « *Scilicet quod proditores regni ejus esse voluissent.* » H. F. I, 34.

4. « *Pax reddita fuisset ecclesiis.* » Ibid.

5. V. II, 40. « *Prosternebat enim quotidie Deus hostes ejus sub manu ipsius et augebat regnum ejus, eo quod ambularet recto corde coram eo, et faceret quae placita erant in oculis ejus.* » et II, 41, 42.

Ceux qui s'étonnent d'entendre ce langage dans la bouche d'un évêque
peuvent lire la lettre qu'Avitus de Vienne écrivit à Gondebaud après la
mort de ses frères (Voy. Revue Critique, 1869, n° 43 ; art. 210. p. 265).
L'un d'eux, Chilpéric avait été tué par Gondebaud lui-même ; ce qui
n'empêche pas Avitus d'écrire : « *Flebatis quondam pietate ineffabili funera germanorum, sequebatur fletum publicum universitatis afflictio, et occulto divinitatis intuitu, instrumenta moestitiae parabantur ad gaudium. Minuebat regni felicitas numerum regalium personarum, et hoc solum servabatur mundo, quod sufficiebat imperio. Illic repositum est quicquid prosperum fuit* catholicae veritati. *Experto credite, quidquid hic nocuit, hic profecit, quicquid tunc flevimus, nunc amamus.* » — Aviti opera, éd. Sirmond, in-12, 1643.
P. 41. Ep. 5.

Cette conception de la Providence divine qui fait tourner toutes les
actions humaines, bonnes ou mauvaises, à l'accomplissement de ses

la foi catholique [1]. Il représentait en Gaule l'orthodoxie contre
les Burgundes et les Goths hérétiques et contre les chefs germains encore païens. Il avait toujours témoigné le plus profond
respect pour les biens des églises et en particulier pour ceux de
Saint-Martin de Tours [2]. On ne pouvait pas espérer qu'il désap-
prît les mœurs des chefs barbares de son temps ; mais du moins
il avait courbé la tête devant l'autorité divine, et Dieu l'avait fait
réussir dans des entreprises qui devaient amener le triomphe de
l'Église et de la foi catholiques [3].

Clothaire, le meurtrier de ses neveux et de son fils, est peut-être
le plus brutal et le plus farouche de tous les rois mérovingiens.
Mais Clothaire se montra toujours respectueux envers les évêques.
Sur leurs instances, il se sépara de Vuldetrade, veuve de Théo-

desseins, et entre les mains de qui les hommes ne sont que des instru-
ments, se retrouve chez les Juifs à l'époque héroïque et barbare de leur
histoire. Le livre des Juges nous dit, ch. III, verset 15 : « *Suscitavit Dominus eis salvatorem vocabulo Aod.* » Or Aod tue Eglon, roi de Moab, par
trahison. Il l'attire en lui disant qu'il lui apporte un message de la part
de Dieu. De même quand Jahel a fait perfidement entrer Sisera sous
sa tente et l'a assassiné en lui enfonçant un clou dans la tempe, Débora
la prophétesse chante : *Benedicta inter mulieres Jahel et benedicetur in
tabernaculo suo.* » Juges. IV, 21. — Grégoire cite lui-même (II, 10) le
massacre des Moabites par Phinée, et ajoute avec les Psaumes (105, 31) :
« *et reputatum est illi ad justitiam.* »

Des circonstances analogues ont produit des sentiments semblables,
sans parler de l'action directe de l'Ancien Testament sur les idées et le
langage des Chrétiens. Pour comprendre l'histoire, il faut admettre et
comprendre les différences de sentiments et de pensées qui résultent
de la diversité des époques et des circonstances.

1. Avitus le dit expressément dans sa lettre à Clovis : « *quotiescumque
illic pugnatis, vincimus.* » Ep. 41.

2. « *Quoniam pars hostium* (l'armée de Clovis, l'*host*) *per territorium
Turonicum transibat, pro reverentia beati Martini dedit edictum ut nullus de
regione illa aliud, quam herbarum alimenta aquamque praesumeret.* » H. F.
II, 37.

3. Ce point de vue n'a rien qui doive nous surprendre chez un évêque
qui au milieu des terribles luttes du christianisme contre les hérésies
et le paganisme, ne songe qu'à l'issue sans juger les moyens qui ont
amené le triomphe de la bonne cause. Un éminent historien allemand
contemporain a repris à son tour la pensée de Grégoire et voit dans les
conquêtes de Clovis l'intervention directe de Dieu pour faire triompher
non plus l'Église, mais l'élément germanique : « *Er erscheint*, dit-il de
Clovis, *wie Gregor es sagt, als ein Werkzeug Gottes, in dessen wallendem
Rathe bestimmt war, dass, wie der Roemischen Welt durch die Germanen ein
neues Leben eingehaucht, so dem Deutschen Volk von dort her die Elemente
weiterer Entwicklung zugetragen werden sollten.* » — Waitz, *Deutsche
Verfassungs Geschichte.* 2e éd. Vol. II, ch. 1, p. 70.

debald, dont il avait fait sa concubine, et la donna au duc
Garivald [1]. Il ensevelit saint Médard avec les plus grands hon-
neurs [2]. Il fit recouvrir d'étain la basilique de Saint-Martin qui
avait été incendiée [3], et fit remise à la ville de Tours des impôts
qu'elle devait au roi [4]. Enfin, avant de mourir, il vint à Tours
avec des présents magnifiques pour invoquer la miséricorde de
Dieu sur le tombeau du grand évêque [5]. Aussi Grégoire n'a-t-il
point prononcé une seule parole sévère contre lui. Il loue même
l'élévation de son esprit [6]. Le récit de l'effroyable massacre des
enfants de Clodomir avec leurs esclaves et leurs gouverneurs,
n'est accompagné d'aucune réflexion, et se termine par ces froides
paroles : « Après les avoir tués, Clothaire monta à cheval et
partit, sans plus songer au meurtre de ses neveux [7]. » Il raconte
tout aussi simplement comment Clothaire eut en même temps pour
femmes deux sœurs, Ingonde et Arégonde, et dit seulement qu'il
était « trop voluptueux [8]. » Enfin, quand Clothaire fait brûler vifs
Chramne, sa femme et ses filles, loin de s'indigner, Grégoire le
compare à David marchant contre Absalon et nous le montre
prenant Dieu à témoin de la justice de sa cause [9]. Il semble
qu'aux yeux de notre évêque, les crimes de Clothaire aient été
commis par négligence et par manque de réflexion [10].

Son jugement sur Théodebert varie avec la conduite de celui-
ci à l'égard des églises. Dans un passage il le juge sévèrement, car
le roi viole les lois ecclésiastiques en entrant dans une église avec des

1. H. F. IV, 9.
2. IV, 19.
3. IV, 20.
4. IX, 30.
5. « *Rex vero Chlotacharius... cum multis muneribus limina beati Martini
expetiit, et adveniens Turonis ad sepulcrum antedicti antistitis, cunctas actiones quas fortasse negligenter egerat replicans, et orans cum grandi
gemitu, ut pro suis culpis beatus confessor Domini misericordiam exoraret, et
ea quae inrationabiliter commiserat, suo obtentu dilueret.* » IV, 21.
6. « *Rex altioris ingenii.* » M. S. M. I, 23.
7. « *Quibus interfectis, Clotacharius ascensis equitibus abscessit, parvipen-
dens de interfectione nepotum.* » III, 18.
8. « *Quae autem causa fuerit, ut uxoris suae sororem acciperet, dicamus...
Cum esset nimium luxuriosus...* » IV, 3. — Il faut lire tout le récit ; il
montre admirablement la naïveté de l'époque barbare.
9. « *Itaque Chlotacharius rex tanquam novus David contra Absalonem
filium pugnaturus, plangens atque dicens : Respice, Domine, de coelo, et
judica causam meam, quia injuste a filio injurias patior.* » IV, 20.
10. Voy. la page précédente... « *actiones quas fortasse negligenter egerat...
ea quae inrationabiliter commiserat.* » H. F. IV, 21.

gens excommuniés [1]. Ailleurs Théodebert est « grand, illustre et bon, » car il révère les prêtres et fait remise des impôts aux églises d'Arvernie [2].

Cette partialité pour les rois amis de l'Église éclate surtout lorsqu'il parle des possesseurs légitimes et des protecteurs du diocèse de Tours, les rois d'Austrasie et de Burgundie, Sigebert, Childebert et Gontran. L'affection personnelle, ses devoirs de sujet, les intérêts de son diocèse et ceux de la religion, tout s'unit pour lui faire regarder d'un œil favorable la conduite de ces rois. Il attribue à Chilpéric le rôle agressif dans la dernière guerre contre Sigebert [3], tandis que l'*Historia Epitomata* dit que ce dernier fut l'agresseur [4]. Grégoire, il est vrai, était mieux placé que le compilateur du VIIe siècle pour savoir la vérité, mais n'oublions pas aussi que Sigebert avait toujours protégé l'évêque de Tours et n'avait jamais frappé son diocèse d'aucun impôt [5]. Childebert imita son père et empêcha la levée des impôts à Tours par respect pour saint Martin [6]. Il combla Grégoire de marques de respect, le prit pour conseiller [7], et l'évêque semble lui avoir porté une affection presque paternelle. Brunehaut elle-même qui épousa Mérovée son neveu « *contra fas legemque canonicam* [8] », mais qui avait traité Grégoire avec de grands égards [9] et qui resta fidèle à la foi catholique [10], est peinte dans l'*Historia Francorum* sous des couleurs favorables [11] qui contrastent avec le portrait que nous font d'elle l'*Historia epitomata* [12], la Chronique dite de Frédégaire [13], et la Vie de saint Columban

---

1. « ... *multa inique exerceret... rex cum his qui ab hoc sacerdote communioni abesse jussi fuerant, ecclesiam est ingressus.* » V. PP. XVII, 2.

2. « *At ille... magnum se atque in omni bonitate praecipuum reddidit. Erat enim regnum cum justitia regens,* sacerdotes venerans... etc. » H. F. III, 25.

3. H. F. IV, 51.

4. *Hist. epit.*, ch. 71.

5. H. F. IX, 30. — Aussi, lorsque Sigebert achète la paix à prix d'or, Grégoire prend-il sa défense : « *idque magis ad laudem, quam ad aliquod pertinere opprobrium, justa ratione pensatur.* » IV, 29.

6. Ibid. — 7. H. F. VIII, 12 ; IX, 13 ; M. S. M. IV, 26, 28.

8. H. F. V, 2.

9. Voy. plus haut, p. 30-31.

10. « *Chrismata est, quae in nomine Christi catholica perseverat.* » H. F. IV, 27.

11. « *Elegans opere, venusta adspectu, honesta moribus atque decora, prudens consilio, et blanda conloquto.* » Ibid.

12. « *Tanta mala et effusiones sanguinum a Brunichildis consilio in Francia facta sunt...* etc. » — *Hist. epit.* 59.

13. Ch. 31-36.

par Jonas de Bobbio[1]. Mais c'est surtout Gontran qui trouve en Grégoire un admirateur passionné au lieu d'un juge. Dès qu'il devient roi, il est déjà décoré du titre de « *bonus* », au début du chapitre où nous apprenons quelles furent ses femmes ou concubines[2]. A la fin de sa vie il nous apparaît comme un saint, il fait des miracles[3], et Grégoire laisse voir pour lui une vénération émue et enthousiaste. « O roi admirable et éclatant de sagesse[4]», s'écrie-t-il. Toujours il parlait de Dieu, de la construction d'églises, de la défense des pauvres[5]. On l'aurait pris « nonseulement pour un roi, mais encore pour un prêtre du Seigneur, mettant toute sa confiance dans la miséricorde de Dieu[6]. » Gontran aimait l'évêque de Tours, il le comblait de présents[7]; il lui fit même à Orléans l'honneur de venir dans sa maison pour y prendre la communion[8]. Aussi l'évêque juge-t-il avec indulgence les actes où le roi montra que la religion n'avait pas fait disparaître en lui le barbare. Quand Gontran fait périr, sur la demande de sa femme Austrechilde, les deux médecins qui l'avaient soignée, Grégoire termine son récit par ces mots : « *quod non sine pecccato factum fuisse multorum censet prudentia*[9]. » De même quand Chundo, cubiculaire de Gontran, est lapidé pour avoir osé chasser dans les Vosges, Grégoire ajoute : « *Multum se ex hoc deinceps rex poenitens, ut sic eum ira praecipitem reddidisset, ut, pro parvulae causae noxa, fidelem sibique necessarium virum tam celeriter*

---

1. AA. SS. O. S. B. *Saec.* II, p. 5-29.
2. « *Guntchramnus autem* rex bonus, *primo Venerandam... pro concubina thoro subjunxit.* » H. F. IV, 25.
3. IX, 21.
4. « *O regem admirabili prudentia clarum.* » VIII, 1.
5. « *Semper enim rex de Deo, de aedificatione ecclesiarum, de defensione pauperum sermone habens.* » IX, 20.
6. « *Ipse autem rex, ut saepe diximus, in eleemosynis magnus, in vigiliis atque jejuniis promtus erat..... eleemosynis largius solito praecurrentibus..... jam tunc non rex tantum, sed etiam sacerdos Domini putaretur.* » IX, 20.
7. « *Dulci nos adfectu fovens, ac muneribus onerans.* » IX, 20.
8. VIII, 2.
9. V, 26. Il est vrai qu'il avait dit plus haut de Gontran « *oppressus iniquae conjugis juramento, implevit praeceptum iniquitatis.* » D'après les idées du temps, Gontran ne pouvait violer sans crime le serment fait à Austrechilde d'exécuter ses dernières volontés, de sorte que la responsabilité de l'ordre lui-même retombait sur celle qui l'avait donné plutôt que sur celui qui l'avait exécuté. Néanmoins cette distinction même et la réflexion prudente de Grégoire décèlent un certain obscurcissement de la pensée et de la conscience.

interemisset[1]. » Il ne blâme nettement Gontran que lorsqu'il ose mettre la main sur un évêque, Théodore, qui pourtant avait livré Marseille à Gundulf, l'envoyé de Childebert[2]. Lorsque Théodore est arrêté une seconde fois pour avoir fourni des secours à l'usurpateur Gondovald[3], l'*Historia Francorum* nous montre Gontran frappé par Dieu d'une grave maladie et contraint, par crainte de la mort, à relâcher l'évêque de Marseille[4].

Tous les membres de l'Église sentaient alors la nécessité de se défendre les uns les autres, de ne pas permettre que la puissance temporelle portât atteinte aux priviléges de la puissance spirituelle. S'ils n'avaient pas maintenu leur indépendance, la barbarie et la force brutale eussent bientôt tout envahi. L'Église était sévère pour ses membres indignes, nous le voyons par la manière dont Grégoire parle de Priscus[5], de Salonius et de Sagittaire[6], de Caton et de Cautinus[7], de Félix[8], de Badegisil[9], d'Egidius[10]; mais elle prétend avoir seule qualité pour les juger. Quand Childebert fait arrêter Egidius, accusé de haute trahison, les évêques commencent par obliger le roi à relâcher l'évêque de Reims, puis ils jugent celui-ci et le condamnent[11]. Grégoire portait dans la défense de ces priviléges ecclésiastiques ce zèle ardent qu'il mettait à toutes choses, et se laissait peut-être entraîner au-delà des limites de la modération et de la justice. Le procès de Prétextat nous en offre un exemple frappant[12]. Prétextat avait béni le mariage de Brunehaut et de Mérovée, contrairement aux lois canoniques ; il avait reçu en dépôt des objets précieux appartenant à Brunehaut et en avait distribué une partie pour acheter des partisans à Mérovée et provoquer à l'assassinat de Chilpéric.

---

1. X, 10. Voyez encore VII, 29. Gontran envoie Claudius pour assassiner Ebérulf, mais lui recommande de ne pas violer la basilique de Saint-Martin.

2. « *Ille (Guntchramnus)... jubet contra fas religionis ut pontifex... artatus vinculis sibi exhiberetur.* » VI, 11.

3. VI, 24.

4. « *Guntchramnus rex graviter aegrotavit..... Quod credo, providentia Dei fecisset. Cogitabat enim multos episcoporum exsilio detrudere.* » VIII, 20.

5. IV, 36.

6. V, 21.

7. IV, 11, 12.

8. V, 5.

9. VIII, 39.

10. X, 19.

11. Ibid.

12. V, 19.

Cela n'empêche pas Grégoire de le défendre devant les évêques et devant le roi avec une extraordinaire véhémence, non point parce qu'il le croit innocent, mais parce que Prétextat est évêque et qu'il n'y a pas de canons d'après lesquels on puisse prononcer contre lui de condamnation[1]. Quand on apporte les nouveaux canons apostoliques que Dionysius Exiguus, au commencement du siècle suivant, mettra en tête de sa collection, l'évêque les rejette comme apocryphes[2] et refuse seul de ratifier le jugement prononcé par ses quarante-cinq collègues.

Mais de même que son ingénuité d'esprit donne un caractère de vérité à tout ce qu'il écrit, sa candeur et sa simplicité de cœur le rendent incapable de dénaturer les faits qu'il a vus ; et l'impartialité de ses récits corrige la partialité de ses jugements. S'il admire et respecte Clovis, il ne nous raconte pas moins ses crimes et ses ruses sans rien atténuer de leur barbarie. Il ne fait pas entendre une seule parole de blâme contre Clothaire, mais le récit du massacre de ses neveux et de la mort de Chramme nous émeuvent si profondément, peut-être par leur froideur même, que Clothaire passe aux yeux de la postérité pour un monstre, bien qu'il ne soit connu que par Grégoire. Il s'attendrit sur la bonté du roi Gontran, mais il nous raconte deux actes de sauvagerie qu'il aurait pu aisément passer sous silence et qui permettent de corriger l'indulgence excessive de son jugement. Enfin s'il prend avec tant de véhémence le parti de Prétextat, il ne cherche pas un seul instant à le faire passer pour innocent. Il prétend qu'on n'a pas le droit de le condamner, mais après avoir lu son récit, il est impossible de ne pas être convaincu de la culpabilité de l'évêque de Rouen.

De même, s'il prononce une terrible condamnation contre Chilpéric, il nous donne lui-même le moyen de corriger ce que son jugement peut avoir d'excessif. Il nous le montre plein de respect et de déférence envers lui, le traitant avec douceur même

---

1. « *Adhibete ei* (*regi*) *consilium sanctum atque sacerdotale, ne exardescens* in ministrum Dei, *pereat ab ira ejus..... Unum tantum polliceor, quod ea quae ceteri* secundum canonum statuta *consenserint, sequar.* » V, 19.

2. « *Canones quasi apostolicos* ». Grégoire ne reconnaît pas les canons apostoliques qui ne furent universellement répandus que par le recueil de Dionysius Exiguus, au commencement du VIIe siècle. Jusque-là on avait deux collections gallo-romaines des canons des Conciles dont il nous reste encore divers manuscrits. (Bibl. Paris. Mss. latins, n°s 3838, 12197, 12444. Voyez Maassen, *Geschichte der Quellen und der Literatur des canonischen Rechts*, I Vol., pp. 28 et 100).

au moment où Grégoire lui résistait le plus ouvertement[1]. Chilpéric se met à genoux devant l'évêque de Tours pour lui demander sa bénédiction[2]. Il fait, sur sa demande, grâce de la vie à des voleurs, et prend grand soin des objets précieux qui appartenaient à la basilique de Saint Martin[3]. A la naissance de son fils Théodoric il fait mettre tous les détenus en liberté, et fait remise de toutes les amendes dues au fisc[4]. Il refuse de croire les calomnies alléguées contre Ethérius, évêque de Lisieux[5]. Enfin, lors de la dyssenterie de l'année 580, Chilpéric et Frédégonde, voyant leurs enfants frappés de la maladie, se repentent, brûlent les registres d'impositions et font de grandes largesses aux églises et aux pauvres[6].

Lorsque Grégoire reproduit des paroles qu'il a entendues, il y apporte la même fidélité scrupuleuse que dans le récit des faits. La discussion avec Agila nous en offre une preuve frappante. Il le déclare dénué de toute habileté à trouver des idées ou à les disposer avec art, stupide, insensé ; mais il met dans sa bouche des raisonnements beaucoup plus forts que ceux qu'il présente lui-même ; il abandonne le premier le calme et la modération pour attaquer violemment son adversaire, et tandis qu'il l'accable de grossières injures, il nous montre Agila lui répondant avec douceur par une admirable profession de foi de tolérance universelle[7].

Ces exemples suffisent à montrer quelle confiance nous pouvons avoir dans la sincérité de ses récits ; quand il juge, sa passion l'emporte ; quand il raconte, il a une impartialité presque

---

1. V, 19. Il l'invite à partager son repas au moment même où Grégoire le menace du jugement de Dieu. Voy. aussi V, 45 ; VI, 2.

2. VI, 5. Voy. encore la modération et la sagesse avec laquelle le roi juge Grégoire accusé de lèse-majesté par Bertchramne, évêque de Bordeaux. V, 50.

3. VI, 10.

4. VI, 23.

5. VI, 36.

6. Grégoire met dans la bouche de Frédégonde des paroles pleines d'éloquence : « *Ecce jam perdimus filios : ecce jam eos lacrymae pauperum, lamenta viduarum, suspiria orphanorum interimunt... Thesaurizamus, nescientes cui congregemus ea. Ecce thesauri remanent a possessore vacui, rapinis ac maledictionibus pleni.* » V. 33.

7. « *Legem quam non colis blasphemare noli : nos vero quae creditis, etsi non credimus, non tamen blasphemamus, quia non deputatur crimini, si et illa et illa colantur. Sic enim vulgato sermone dicimus, non esse noxium si inter gentilium aras et Dei ecclesiam quis transiens; utraque veneretur.* » Grégoire ajoute : « *Cujus ego stultitiam cernens...* etc. » V, 44.

objective à laquelle un historien de nos jours, si froid et si impartial qu'il fût, pourrait difficilement atteindre.

Tous les traits de son caractère concourent d'ailleurs à donner à son témoignage une valeur inappréciable. C'était un homme d'une nature exceptionnellement forte et noble. L'histoire de ses luttes avec Chilpéric est un des plus beaux exemples de la résistance que l'autorité religieuse et morale de l'Église opposait alors aux instincts déréglés de la barbarie. Il ne permit jamais que le sanctuaire de Saint-Martin fût violé ; ni Gontran Boson, ni Mérovée[1] ne purent en être arrachés ; pour en tirer Ebérulf, il fallut profiter de l'absence de Grégoire[2]. Le langage qu'il tient à Chilpéric dans l'affaire de Prétextat est d'une hardiesse extraordinaire ; on sent qu'il parle au nom d'une puissance supérieure à laquelle les puissances de la terre doivent obéir. Le roi lui reproche de ne pas vouloir lui rendre justice, et le menace de soulever contre lui le peuple de Tours. — « Si je suis injuste, répond l'évêque, tu n'en sais rien ; celui-là seul connaît ma conscience, qui peut lire les secrets des cœurs. Quant au peuple, s'il vocifère faussement contre moi quand tu m'attaques, peu importe ; tout le monde saura que tu es l'instigateur. C'est donc toi et non moi que ces cris déshonoreront. D'ailleurs, tu as la loi et les canons ; tu n'as qu'à les étudier avec soin, et si tu n'observes pas ce qu'ils ordonnent, sache que le jugement de Dieu est suspendu sur ta tête[3]. »

Cet homme si énergique pour défendre les droits de l'Église contre les chefs barbares a en même temps la tendresse et la douceur d'une femme. Le christianisme avait donné l'essor à tous les sentiments affectueux de l'âme humaine, et produit des raffinements et jusqu'à des excès de dévoûment et de charité inconnus à l'antiquité païenne. Rien n'est plus touchant et plus beau que de rencontrer dans cette société rude et violente ces effusions d'amour qui se répandent sur toute la nature[4]. La vie

1. V, 14.
2. VII, 29.
3. « *Quod sim injustus, tu nescis. Scit enim ille conscientiam meam, cui occulta cordis sunt manifesta. Quod vero falso clamore populus te insultante vociferatur, nihil est, quia sciunt omnes a te haec emissa. Ideoque non ego, sed potius tu in adclamatione notaberis. Sed quid plura? Habes legem et canones ; haec te diligenter rimari oportet : et tunc quae praeceperint, si non observaveris, noveris tibi Dei judicium imminere.* » V, 19.
4. Voyez le livre VIII des *Moines d'Occident* de M. de Montalembert : les Moines et la Nature.

des Saints tout entière n'est qu'une manifestation de la bonté
de Dieu qui, par eux, corrige les maux déchaînés sur la
terre par les démons. Ils ont réalisé le précepte du Christ qui
veut que ses disciples aient la simplicité de cœur des petits enfants.
Les livres de Miracles de Grégoire sont tout pénétrés de cette
piété enfantine et tendre. Lisez le récit de la maladie du neveu
de saint Allyre[1], ou celui de la maladie de Grégoire lui-même
lorsque, tout jeune encore, il fut miraculeusement guéri au tombeau du même saint[2]. L'amour maternel est exprimé par quelques
simples mots dans ces deux récits avec une éloquence que l'art
le plus consommé pourrait difficilement atteindre.

L'évêque de Tours aimait ses ouailles comme un père aime ses
enfants. Quand il raconte l'épidémie de 580, il s'arrête dans son
récit pour pleurer « les doux et chers petits enfants qu'il avait
réchauffés dans son sein ou portés dans ses bras, ou qu'il avait
nourris de sa propre main avec tant de sollicitude[3]. »

Cette tendresse de cœur se manifestait dans sa vie par des
actes de charité où il mettait strictement en pratique les pré-
ceptes de l'Évangile. Attaqué un jour par des brigands dans une
forêt, il invoqua la protection de saint Martin et ses agresseurs
prirent la fuite. Se rappelant aussitôt ce que dit l'Apôtre, qu'on
doit rassasier la faim et étancher la soif de ses ennemis, il leur
fit offrir à boire[4]. Une autre fois, il demanda à Chilpéric la grâce
de voleurs qui avaient enlevé des objets précieux dans la basilique de Saint Martin[5]. C'est chez lui, à sa table, que l'évêque de
Bordeaux Bertchramne, qui l'avait accusé de lèse-majesté, vient
implorer le pardon du roi Gontran pour l'appui qu'il avait prêté

1. « *Cumque plausum ales ille lucis nuntius repercussis alis, altius protu-
lisset, puer qui valde exanimis projectus fuerat, convaluit ; et gaudia cordis
risu praecedente patefaciens, aperto divinitus ore, evocat matrem, dicens :
« Accede huc. » At illa cum tremore et gaudio accedens, quae nunquam
adhuc filii vocem audierat, stupens : « Quid vis, inquit, dulcissime nate. »*
V. PP. II, 4. Ce lever de l'aurore, ce chant d'oiseau auquel se mêle le
bégaiement miraculeux d'un enfant de dix mois guéri par l'intercession
de saint Allyre, cette mère inquiète et joyeuse, tout cela ne fait-il
point, malgré les imperfections de la langue, un tableau d'une beauté
exquise et touchante?

2. Voy. plus haut, p. 28, n. 1.

3. « *Perdidimus dulces et caros nobis infantulos, quos aut gremiis fovimus,
aut ulnis bajulavimus, aut propria manu ministratis cibis ipsos studio saga-
ciore ministravimus.* » V, 35.

4. « *Sed ego non immemor apostoli dicentis, inimicos nostros potu ciboque
debere satiari, potum eis offerre praecipio.* » M. S. M. J, 36.

5. H. F. VI, 10.

à Gondovald[1]. Il avait déjà obtenu la grâce de Riculf, qui l'avait aussi calomnié[2], et cherché à sauver Leudaste, son plus violent ennemi[3]. Il est fidèle à l'esprit de l'Église, qui est à la fois d'une austérité inflexible, lorsqu'elle promulgue la loi du Dieu dont les yeux sont trop purs pour voir le mal, et d'une indulgence infinie lorsqu'elle parle aux pécheurs des miséricordes célestes. Elle est le recours des affligés, des opprimés, même des criminels ; elle fait de l'esclave l'égal de l'homme libre. Elle est la protectrice des biens des pauvres[4].

Grégoire unit, comme l'Église, la sévérité à la mansuétude. Évêque, il était réellement le surveillant et le modèle de son diocèse. Inébranlable dans sa foi, inépuisable dans sa charité, il maintient en même temps les prescriptions morales de l'Église dans toute leur pureté ascétique. Il pouvait être indulgent pour les laïques et surtout pour les barbares dont la conscience était obscurcie par la corruption universelle[5], mais il n'en avait pas moins pour règle immuable cet idéal de chasteté que le christianisme avait révélé à l'Occident, et qui était poussé jusqu'au désintéressement de toutes les choses terrestres, parfois jusqu'au mépris de toutes les affections humaines. Cet excès de sainteté qui nous surprend aujourd'hui et nous semble presque dénaturé, était nécessaire à une époque où la barbarie et la dépravation eussent envahi l'Église, si elle n'avait mis son idéal moral à l'abri des atteintes du monde, par des efforts surhumains et par des paradoxes de vertu. C'est ainsi que saint Rétice et le bienheureux Simplicius vécurent toujours avec leurs femmes dans une absolue continence[6], que sainte Monegonde, après la mort de ses deux filles, abandonna son mari pour ne plus se soucier que des choses de Dieu[7]. Saint Venant quitta subitement ses

---

1. VIII, 2.
2. « *Pro cujus* (Riculfi) *vita vix obtinui.* » V, 50.
3. « *Timui ne interficeretur* (Leudastem) : *accersitoque socero ejus, haec ei innotui, obsecrans ut se cautum redderet, donec reginae animus leniretur.* » VI, 32.
4. V. II, 37; IV, 20; VI, 46 : « *causas pauperum exosas habens;* » V, 50 « *Leudastes... thesauros quos de spoliis pauperum detraxerat...* » VII, 22 « *equi ejus per segetes pauperum dimittebantur* » et passim.
5. Voy. plus haut, p. 125.
6. « *Uxorem... sortitus est* (Riticius) *cum quo spiritalis dilectionis conhibentia, non luxuria copulatur.* » G. C., 75. — « *Beata soror, quae prius fuerat non libidine sed castitate viro conjuncta.* » Ibid. 76.
7. « *Contempto mundi ambitu, spreto viri consortio, soli Deo in quo erat confisa vacabat.* » V. PP. XIX, 1.

parents et sa fiancée pour se consacrer à la prière[1]. Nous pourrions tirer des œuvres de Grégoire une foule d'exemples analogues. Parmi les vertus des Saints, c'est la chasteté qu'il admire
par dessus toutes les autres. Il n'admet pas la moindre infraction
à la loi du célibat que l'Église, malgré ses prescriptions réitérées,
ne parvenait pas à faire partout observer[2]. Il va jusqu'à admirer

1. V. PP. XVI, 1.
2. Il est vraiment étrange que tous les critiques de Grégoire se soient
trompés sur un point aussi important. M. Kries va jusqu'à dire « *exper-
tus non ... eorum* (clericorum) *libidinem coerceri posse, ut saltem prudentia
quadam peccata admitterent... suasit.* » — *De Greg. Tur. scriptis*, p. 25. —
M. Giesebrecht va moins loin, il dit seulement : « *Die Ehelosigkeit der
Geistlichen wurde damals noch nicht unbedingt gefordert, es kann demnach
hier nur von der Frauen die Rede sein, mit denen die Geistlichen in gesetzlicher
Ehe lebten.* » — *Zehn Bücher fraenkischer Geschichte*, t. II, p. 79, n. 1. —
M. Bordier imite la réserve de M. Giesebrecht : « *Certains évêques, dit-il,
gardaient leurs femmes : les plus pieux s'en séparaient.* » — Trad. française
de Grég. de Tours. t. I, p. 185. Et il cite à l'appui de cette doctrine
vague les ch. 12 et 36 du livre IV et le ch. 19 du livre VIII.
   La doctrine de l'Église occidentale et en particulier de l'Église des
Gaules sur le célibat des prêtres était au contraire parfaitement fixée
depuis le ive siècle. — Voy. les Conciles de Nicée, Can. 3 (325) ; de Van-
nes, c. 11 (465); d'Agde, c. 9-11, 16 (506); d'Épaône, c. 20 (517); II d'Orléans.
c. 8 (533); de Clermont, c. 13, 16 (535) ; III d'Orléans, c. 2, 4, 7 (538); IV
d'Orléans, c. 17 (541); V d'Orléans, c. 4 (549); II de Tours, c. 10, 12-14, 19
(566-567); III de Lyon, c. 1 (583); I de Mâcon, c. 1, 3, 11 (582); d'Auxerre
c. 20-22 (578). — Thomassin, *Discipline ancienne et nouvelle de l'Église.*
1e partie, livre II, ch. 62.
   Il eût été étrange que Grégoire ignorât les canons des conciles de
Tours et de Clermont, lui, si fidèle aux lois ecclésiastiques. La doctrine
de l'Église à cette époque exigeait le célibat pour tous les clercs, depuis
le sous-diacre (IIIe concile d'Orléans, c. 7). Il était permis aux hommes
mariés d'entrer dans les ordres, mais à la condition expresse de vivre
entièrement séparés de leurs femmes. Le Concile d'Agde, can. 16, avait
prescrit : « *Si conjugali juvenes consenserint ordinari, etiam uxorum volun-
tas ita requirenda est ut sequestrato mansionis cubiculo, religione praemissa
postquam conversi fuerint, ordinentur.* » Le Concile de Clermont renou-
velle ces prescriptions, c. 13; celui d'Orléans de 538 les étend aux sous-
diacres « *Nullus clericorum, a subdiacono et supra..., misceatur uxori. Quod
si fecerit, deponatur.* » c. 2. — Mêmes prescriptions dans le canon 17 du
IVe Concile d'Orléans, dans les canons 12 et 13 du IIe Concile de Tours,
dans le c. 21 du Concile d'Auxerre. Celui de Lyon en 583 va plus loin
encore. Le canon 1 porte : « *Si quicumque uxoribus juncti ad Diaconatus
aut Presbyteratus ordinem quoquo modo pervenerint, non solum lecto, sed
etiam frequentia quotidiana debeant de uxoribus suis sequestrari.* » — Grégoire fait plusieurs fois allusion à ces canons. L'évêque Urbicus d'Arvernie vivait séparé de sa femme, « *quae, juxta consuetudinem ecclesiasti-
cam, remota a consortio sacerdotis religiose vivebat.* » I. 39. Susanne, femme
de Priscus, évêque de Lyon, entrait dans sa chambre quoique « *diu*

saint Nizier de Lyon qui redoutait les aiguillons de la concupis-
cence au point de s'envelopper les mains dans son vêtement pour
ne pas toucher de ses doigts le corps de son neveu, âgé de huit
ans, en le prenant dans ses bras [1].

*multoque tempore observatum fuisset ab anterioribus pontificibus, ut mulier
domum non ingrederetur ecclesiae.* » IV, 36. Félix de Nantes raconta à
Grégoire la vision miraculeuse de la femme d'un évêque qui « *cum ad
honorem sacerdotii accessisset, lectulum juxta ordinem institutionis catholicae
sequestravit.* » G. C. 78.

Le Concile de Tours de 567 avait ordonné (can. 14) aux évêques de
faire coucher leurs clercs dans leur propre chambre pour écarter d'eux
tout soupçon. Nous voyons dans l'*Hist. Francorum* qu'Ethérius de Lisieux
mettait cette règle en pratique : « *... in stratu suo quievit, habens circa
lectum suum multos lectulos clericorum.* » VI. 36.

Enfin les clercs ne devaient laisser entrer dans leur maison aucune
femme étrangère. Ils ne pouvaient avoir de rapports qu'avec leur mère,
leur sœur ou leur fille. Le Concile de Nicée était un peu moins sévère :
« *Nec alicui omnino qui in clero est, licere subintroductam habere mulierem,*
συνείσακτον, *nisi forte aut matrem, aut sororem, aut amitam, vel eas tantum
personas, quae suspicionem effugiunt.* » Can. 3. — Mais celui de Tours (567)
dit expressément : « *Nullus deinceps Clericorum pro occasione necessitatis
aut causa ordinandae domus,* extraneam mulierem *in domo sua habere
praesumat... Quid opus est in domo serpentem includere? Nullus ergo Clericorum, non episcopus, non presbyter, non diaconus, non subdiaconus, quasi
sanctimonialem aut viduam, vel ancillam propriam pro conservatione rerum
in domo sua stabilire praesumat ;* quae et ipsa extranea est, *dum non est
mater, aut soror, aut filia.* » Can. 10. — Le Can. 13 permet aux clercs
« *qui episcopo serviunt et eum custodire debent... extraneas mulieres de
frequentia cohabitationis ejicere.* » Voy. aussi le can. 16 du Concile de Clermont. Grégoire fait directement allusion à ces canons dans le passage
qui lui a été le plus souvent imputé à crime, et qui au contraire
montre le mieux la rigueur avec laquelle il exigeait l'observance des
règles ecclésiastiques. « *Ideoque documentum sit haec causa clericis, ne,
contra Canonum statuta,* extranearum mulierum *consortio patiantur, cum
haec et ipsa lex canonica et omnes scripturae sanctae prohibeant, praeter has
feminas, de quibus crimen non potest aestimari.* » VIII, 19. M. Bordier traduit : « *Que cette affaire soit un avertissement pour les Clercs de ne pas se
permettre de jouir de la compagnie des femmes d'autrui, quand la loi canonique et toutes les saintes Écritures le défendent; mais qu'ils se contentent
des femmes dont on ne peut pas leur faire de crime.* » Tandis qu'il faut traduire : « *Soit un avertissement... de n'avoir point de rapports avec des
femmes étrangères, mais seulement avec celles qu'ils peuvent voir sans être
l'objet d'aucun soupçon* », c'est-à-dire leurs mères, leurs sœurs ou leurs
filles. Il ne s'agit nullement ici d'autoriser leur commerce avec leurs
femmes légitimes, comme l'ont cru tous les critiques. Il ne met pas les
Clercs en garde seulement contre l'adultère, mais même contre tout
rapport avec des « *mulieres extraneae* » c'est-à-dire avec toute femme
« *quae non est mater, soror aut filia* » comme dit le Concile de Tours.

1. « *Ab infantuli artubus, in quo nulli adhuc esse poterant stimuli concu-*

Cette recherche passionnée de la pureté, cet amour exclusif des choses célestes, lorsqu'elle n'étouffait pas les affections humaines, leur donnait au contraire une beauté et une profondeur que l'antiquité n'avait pas connues. Il en est ainsi chez Grégoire. Il ne méprisait pas les affections permises. Nous avons vu en quels termes émus il parle de sa mère, de ses oncles, du roi Gontran. Le chapitre qu'il consacre à la mémoire de Radegonde dans le *De Gloria Confessorum*, est un admirable témoignage de la douleur que lui causait la perte de cette noble femme qu'il chérissait comme amie et qu'il vénérait comme sainte[1]. Il nous fait admirer son oncle saint Nizier, soumis à sa mère comme s'il eût été son serviteur[2]. Il nous montre les époux vivant dans la chasteté, unis en Dieu par les liens d'un amour surnaturel, amour si puissant et si indissoluble que leurs corps mêmes ne peuvent être séparés par la mort[3]. La foi pour lui, bien loin de proscrire les sentiments humains, les ennoblit et les sanctifie.

piscentiae, nulla incitamenta luxuriae, ita se ne ab ejus artubus tangeretur, abstinuit. » V. PP. VIII, 2.

1. « *Tantus moeror pectus meum obsederat, ut a lacrymis non desisterem, nisi scirem beatam Radegundem ablatam monasterio corpore non virtute; et assumptam a mundo, collocatam in coelo.* » G. C. 106. Il faut lire tout le chapitre.

2. « *Matri ita erat subditus, ut quasi unus ex famulis obaudiret.* » V. PP. VIII, 2.

3. La touchante légende des Deux Amants était si chère à Grégoire qu'il l'a répétée deux fois, dans son Histoire, I, 42, et dans le *de Gloria Confessorum*, 32. Convaincu par les prières de sa jeune femme, Injuriosus vit avec elle dans la plus parfaite chasteté. Elle meurt. Au moment où il la dépose au tombeau, il s'écrie : « Je te rends grâce, Seigneur Éternel notre Dieu, de ce que je te restitue ce trésor sans tache, tel que tu me l'as confié. » La morte sourit et dit : « Pourquoi parles-tu sans être interrogé ? » Après la mort d'Injuriosus, bien qu'il eût été enseveli loin d'elle, leurs corps se rejoignirent miraculeusement, et le peuple les nomma *les Deux Amants*. — Rétice, évêque d'Autun, avait également vécu avec sa femme comme avec une sœur. Elle demanda en mourant à son mari la faveur d'avoir un jour le même tombeau que lui « *ut quos unius castitatis dilectio conservavit in toro, unius retineat sepulcri consortium.* » Lorsque Rétice mourut, on le déposa dans le tombeau de sa femme et l'on vit les ossements de la vierge remuer pour faire place au corps de son époux. G. C. 75. — Un miracle analogue eut lieu quand la femme du sénateur dijonnais Hilaire fut déposée dans le sépulcre où reposait déjà son mari. On le vit lever tout à coup le bras droit et le mettre autour du cou de sa femme. « *Quod admirans populus, ...cognovit quae eis castitas, qui timor in Deum, quae etiam inter ipsos dilectio fuisset in saeculo, qui se ita amplexi sunt in sepulchro.* » G. C. 42.

Tel était Grégoire de Tours; il s'est involontairement peint lui-même dans ses écrits. Nous possédons en lui un type admirable d'évêque du VIe siècle. Les rapides progrès de là barbarie n'ont pas été sans obscurcir son esprit et émousser en quelque façon sa délicatesse morale, mais ils n'ont pu détruire pourtant la rectitude de son esprit ni la noblesse de sa nature. Il n'a qu'une teinture superficielle des lettres païennes, et il écrit comme parle le vulgaire, mais aussi est-il à peu près exempt des afféteries et des subtilités de la décadence latine. Il trouve parfois, grâce à cette simplicité, des accents touchants et même éloquents. Crédule comme tous les hommes de son temps, il l'est pourtant sans excès, et conserve d'ordinaire, même dans le récit des événements anciens, de la lucidité, de la fermeté et du bon sens. Le rôle qu'il a joué dans les événements de son temps, ainsi que le respect dont il était entouré par tous ses contemporains, sa remarquable activité intellectuelle unie à son incessante activité pratique, décèlent en lui, quoi qu'il prétende dans son humilité, une intelligence supérieure pour l'époque où il vivait. Mais c'est par le caractère surtout qu'il commande notre respect. Il n'est point exempt des faiblesses humaines ; il prend part aux passions religieuses et aux passions politiques de son temps, et n'est pas toujours équitable ni impartial dans ses actes ni dans ses paroles. Mais il a l'âme trop pure pour altérer sciemment la vérité; il est assez sincère pour ne taire ni les fautes des hommes qu'il aime le mieux, ni les bonnes actions de ceux qu'il hait le plus. L'intention qui le guide est toujours droite; il n'a qu'une seule pensée, un seul but : servir Dieu et l'Église. Évêque dévoué aux intérêts de son diocèse et à ceux de toute l'Église catholique, il puise dans sa foi un courage intrépide pour résister aux violences et aux injustices des barbares, et une noblesse morale, un esprit de charité et de désintéressement qui lui a valu à bon droit le titre de saint. Cœur chaleureux et tendre, nature aimable, sentant cette poésie des choses intimes où le monde cherchait alors la consolation de ses grandeurs disparues, il reste vraiment homme, et n'a point cette vertu outrée et paradoxale que lui-même admire chez quelques Saints. Il est un représentant accompli de l'Église, qui seule représentait alors dans le monde l'intelligence et la moralité. C'est pour nous une singulière fortune que de connaître les origines de notre histoire par le témoignage d'un pareil homme.

Ce n'est pas seulement le caractère de Grégoire qui donne de la valeur à son témoignage, c'est aussi la position exceptionnellement favorable où il se trouvait pour recueillir des informations nombreuses et dignes de foi. Nous l'avons déjà fait remarquer en cherchant à déterminer les sources auxquelles il a puisé. Ses rapports intimes avec l'Arvernie, la Burgundie et la Touraine [1], où il a tour à tour résidé, et ses nombreux voyages dans tout le nord et le centre de la Gaule [2]; la situation de Tours [3], sanctuaire religieux où les pèlerins affluaient de tous les côtés, et qui envoyait au loin ses prêtres en mission [4], asile respecté où tous les criminels illustres venaient tour à tour chercher refuge, et passage inévitable de ceux qui se rendaient en Espagne ou dans le sud-ouest de la Gaule; enfin la part active qu'il prit lui-même aux événements politiques, la faveur dont il jouit auprès des rois barbares, les rapports personnels qu'il eut avec quatre rois [5], quatre reines [6], quatre filles et un fils de rois [7], avec presque tous les personnages célèbres de son temps, Williachaire, l'ami de Chramne, Mérovée, Gontran Boson, Leudaste, Bladaste et Garachaire, complices de Gondovald, et avec les évêques de la Gaule entière; tout était réuni pour faire de Grégoire un témoin exceptionnellement bien informé. Il a beaucoup vu, il a pu beaucoup apprendre de la bouche des témoins oculaires, et même des acteurs des événements historiques; il était enfin mieux placé que personne pour obtenir les documents et les informations écrites qu'il pouvait désirer.

En rapprochant ce que nous venons de dire sur l'éducation, l'intelligence, le caractère, la position de Grégoire, de ce que nous avons dit dans les chapitres précédents sur sa vie, sur ses ouvrages et sur les sources où il a puisé, nous pouvons tirer des conclusions générales sur l'autorité de l'*Historia Francorum*.

1. Voy. plus haut, p. 28-29, etc.
2. Voy. p. 36-37. On voit (G. M. 76) un prêtre lui donner des détails sur le lac Léman. Ce fut probablement dans ses voyages en Burgundie qu'il obtint de la sorte des renseignements précis sur l'histoire du pays.
3. Voy. p. 31-32.
4. Voy. V. PP. VIII, 6. Il parle de deux clercs de Tours, Aigulf et Jean qui étaient allés l'un à Rome, l'autre à Marseille.
5. Chilpéric, Sigebert, Gontran, Childebert.
6. Frédégonde, Brunehaut, Radegonde, Ingoberge, femme de Charibert.
7. Agnès, fille de Radegonde, Chrodielde et Bertheflède, filles de Charibert, Basine, fille de Chilpéric, Mérovée, fils de Chilpéric. — Il connut probablement encore d'autres personnes royales; mais nous ne citons que celles avec lesquelles il dit expressément avoir eu des rapports personnels.

Celui qui voudra écrire l'histoire des premiers rois mérovingiens devra naturellement soumettre chaque fait particulier à une nouvelle critique; mais on peut trouver dans une appréciation générale une base utile et un point de départ pour la critique de détail.

D'après ce que nous savons sur l'instruction de Grégoire, d'après les erreurs qu'il commet en transcrivant ou en résumant des ouvrages antérieurs, nous ne pouvons pas avoir en lui une confiance absolue, même lorsqu'il a eu sous les yeux des documents écrits. Mais il est pourtant supérieur par l'intelligence et les lumières aux hommes de son temps et surtout à ceux de l'époque postérieure jusqu'à la Renaissance du IXe siècle; pour tous les faits que nous ne connaissons point par des sources antérieures, c'est à lui que nous devons avoir recours. Lui seul nous donne par exemple sur les origines du christianisme en Gaule des informations dignes de foi, quelque incomplètes, obscures et insuffisantes qu'elles soient. Mais du moins elles ne sont pas surchargées d'additions légendaires, et ne décèlent pas encore la préoccupation de donner aux églises de Gaule une antiquité fabuleuse, comme ont voulu le faire les hagiographes postérieurs. Grégoire possédait certainement ce qui subsistait alors de documents anciens, et les détails ajoutés plus tard par les Vies de Saints sont dues le plus souvent, non à la connaissance de sources qu'il ignorait, mais au développement de la légende chrétienne. Il en est de même pour les origines des royaumes franks. Presque tout ce que nous connaissons de vraisemblable sur ce sujet se trouve dans Grégoire; les écrivains postérieurs ne nous font connaître que la transformation progressive des éléments légendaires de cette histoire, mais aucun fait nouveau tiré de sources authentiques. Il ne semble pas que ses successeurs aient connu aucun document écrit qui lui ait échappé[1]. Nous sommes donc contraints de nous contenter de critiquer en elles-mêmes les informations de Grégoire, et par une analyse minutieuse, de séparer les faits vraiment historiques des traditions populaires ou poétiques.

Grégoire n'a pas du reste surchargé son histoire de traditions de ce genre; il s'est efforcé, nous l'avons vu, de démêler la vérité au milieu de renseignements contradictoires[2]; les scrupules qu'il

---

1. Nous reviendrons sur ce fait dans nos études postérieures sur l'*Historia Epitomata*, les *Gesta regum Francorum*, Aimoin, Roricon.
2. Voy. plus haut, p. 115.

témoigne sont une garantie du soin qu'il a apporté dans l'emploi de ses sources. Ses connaissances sont incomplètes, confuses et parfois même erronées ; mais il ne cherche pas à colorer son ignorance ; il rapporte ce qu'il sait, comme il le sait. Il ne connaît pas toujours le vrai, il n'est pas toujours capable de le discerner, mais il le cherche toujours de bonne foi.

Lorsqu'il est contraint d'avoir recours à la tradition orale, il s'efforce également de trouver des témoins dignes de foi[1] qui réunissent certaines garanties d'intelligence et de moralité. Mais lui-même était d'une époque trop barbare pour juger avec impartialité et compétence la valeur réelle d'un témoin. Un homme pieux, fût-il exalté et visionnaire, sera toujours pour lui un témoin, non-seulement sincère, mais éclairé ; la présence de détails miraculeux qui nous mettent en garde contre l'exactitude d'un récit, sera pour lui la preuve de sa vérité. En douter serait douter des bienfaits de Dieu[2]. Il fallait d'ailleurs qu'il remplît son cadre ; à défaut de documents écrits, il consulte des traditions orales ; à défaut de témoignages incontestables, il en accepte de douteux ; et naturellement il n'indique pas toujours à quelle source il a puisé. C'est donc ici encore une étude attentive du texte lui-même qui nous permet seule de dégager la certitude ou du moins la vraisemblance historique.

Du reste, pour toute la partie de l'Histoire des Franks où il n'est pas témoin oculaire, et où il se sert presque exclusivement de témoignages oraux, Grégoire était, nous l'avons vu, mieux placé que personne pour connaître les faits par des témoins véridiques ; et ses renseignements, malgré les erreurs qu'ils renferment certainement, sont pour nous d'une valeur inappréciable. Il a pu voir des hommes qui avaient vécu du temps de Clovis ; dans sa famille même se trouvaient des personnages éminents qui avaient connu de près les fils du fondateur du royaume gallo-frank. Enfin il a eu des relations personnelles avec tous ceux qui, de son temps, ont joué un rôle historique, et sa situation d'évêque de Tours le mettait en rapport même avec les pays éloignés du lieu où il résidait. Ses informations sont naturellement plus ou moins dignes de foi selon qu'elles se rapportent à une contrée plus ou moins éloignée des pays où il a vécu. Sur la Touraine et l'Arvernie, il est abondant et précis ; sur la Burgundie, il est également bien renseigné[3]. Pour les événements

1. Voyez plus haut, p. 116, note. — 2. Voy. plus haut, ibid.
3. Sur ce point d'ailleurs, nous pouvons le contrôler par la chronique

qui se sont passés au nord-est et au sud de la Gaule, il donne des détails moins nombreux, mais encore véridiques. Ses connaissances sont plus vagues et plus fragmentaires sur ce qui s'est passé au-delà des Pyrénées et au-delà des Alpes. Enfin sur l'Orient il a été renseigné d'une manière tout à fait incomplète et fausse.

Mais une grande partie des événements contemporains se sont passés sous ses propres yeux. Il en a été à la fois témoin et acteur. Il a eu une intelligence assez lucide et une âme assez sincère pour les raconter tels qu'ils se sont passés, sans fausses couleurs et sans réticences. Les passions religieuses et politiques ont plus d'une fois influencé ses jugements; elles ne l'ont pas poussé à dénaturer les faits, et c'est par l'impartialité de ses propres récits que nous corrigeons la partialité de ses appréciations. Nous pouvons accorder une confiance presque absolue à son témoignage sur tous les événements qu'il a vus et auxquels il a pris part. Il eût été difficile, disons mieux, impossible de trouver à cette époque, en Gaule, un homme mieux qualifié que Grégoire pour nous conserver le souvenir de cette curieuse et importante période de notre histoire. Nous pouvons regretter qu'aucune autre source contemporaine ne nous fournisse le moyen de le contrôler et de le compléter, mais nul autre n'aurait pu parler avec une autorité égale à la sienne.

Le zèle que Grégoire a mis à recueillir les matériaux de son histoire, l'intelligence, la simplicité et la sincérite avec laquelle il les a mis en œuvre, la vie dont ses récits sont animés, leur caractère de vérité, de réalité, enfin le rôle important qu'il y joue lui-même, font de l'*Historia Francorum* un livre exceptionnel où l'auteur lui-même n'est pas le moins intéressant des grands personnages qu'il met en scène. Tous les historiens du Moyen-Age l'ont lu, continué, copié, cité, imité[1]; il offre encore aujourd'hui une base solide pour l'étude de l'époque franke, et c'est avec raison que Claude Fauchet lui a décerné au xvie siècle le titre de « Père de notre histoire ».

de Marius qui nous confirme sur presque tous les points ses récits. Voy. notre étude sur cette chronique.

1. Entr'autres : la compilation dite de Frédégaire, les *Gesta regum Francorum*, Paul Diacre, la Chronique de Moissac, Adon de Vienne, Aimoin, Hermann de Reichenau, Adam de Brême, Roricon, Sigebert de Gembloux, etc.

MARIUS D'AVENCHES.[1]

A côté de l'œuvre de Grégoire de Tours, nous possédons sur les premiers temps de l'histoire des Franks une courte et sèche chronique écrite par l'évêque d'Avenches, Marius, qui vivait dans la seconde moitié du VIe siècle. Cette chronique se rattache directement aux chroniques de l'Italie, en particulier de Ravenne, et du sud de la Gaule[2]. Ce qu'elle contient d'original se compose d'un petit nombre d'indications annalistiques et chronologiques, importantes en ce qu'elles nous permettent de contrôler une partie des récits de Grégoire, mais qui nous apportent peu de faits nouveaux.

L'unique manuscrit de Marius est au *British Museum* (n° 16974) parmi les papiers des Bollandistes. La Chronique de Marius s'y trouve à la suite de la Chronique de saint Jérôme continuée par la *Chronicon imperiale* de Prosper[3].

La première édition fut donnée par CHIFFLET, dans Duchesne, *Historiae Francorum Scriptores*, I, p. 210.

1. C'est par une bizarrerie orthographique récente qu'*Avenches* (Aventicum) a pris une *s*. Au siècle dernier on écrivait encore *Avenche*.

2. Il serait à désirer qu'une nouvelle édition, accompagnée d'une étude critique, fût faite de toutes ces chroniques dont nous possédons un seul recueil, celui de Roncalli, *Vetustiora latinorum scriptorum chronica*, 2 vol. in-4. Padoue, 1787.

3. Voy. p. 10, n. 1, et Schoene, *Eusebii chronici canones*, p. XIV.

Elle fut reproduite par :

Bouquet : Recueil des Historiens de France, t. II, p. 12.

Galland : *Bibliotheca veterum Patrum antiquor. ecclesiastica.* Venet. 1765-1768, t. XII, p. 313.

Rickly : *Mémoires et Documents de la Suisse romande*, t. XIII, p. 19-56[1].

On peut consulter sur Marius :

Migne : *Patrologiae lat. cursus*, t. XXII, 793.

Histoire littéraire de la France, t. III, p. 400.

De Zurlauben, *Notice sur les plus anciens Chroniqueurs français;* dans l'*Histoire de l'Académie des Inscriptions*, t. XXXIV, p. 138-147.

Gallia Christiana, t. XV, p. 327.

Mémoires et Documents de la Suisse romande, t. VI. Cartulaire du Chapitre de Notre-Dame de Lausanne. Chronique des Évêques, p. 29-32.

Baehr, *Geschichte der christlichen Dichter u. Geschichtsschreiber Rom's*, p. 160.

Binding, *Das Burgundisch-romanische Koenigreich*, t. I. Excurs. I, p. 274.

Mommsen, *Chronik des Cassiodor*, p. 570.

Pallmann, *Geschichte der Voelkerwanderung*, t. II, p. 211.

Waitz, *Die Ravennatischen Annalen*, dans les *Nachrichten v. der Goettingischen Gesellschaft der Wissenschaften*, 1865, p. 81-114.

Wattenbach, *Deutschland's Geschichtsquellen*, p. 44, n. 1, et p. 76.

---

1. Cette édition nous donne des notes inédites sur Marius, conservées à la Bibliothèque de Berne et recueillies au siècle dernier par le professeur Abraham Ruchat (*Hist. de Suisse*, ms. t. V), et par le professeur Walther (*Collectio hist. mss. Hist. Helveticae*, III, 71).

CHAPITRE I.

VIE DE MARIUS.

Nous n'avons que peu de renseignements précis sur la vie de Marius. Nous trouvons sa souscription parmi celles des Evêques présents au Concile réuni à Mâcon en 585 par le roi Gontran : *Marius Aventicensis episcopus subscripsi*[1]. Avenches avait eu assez d'importance au temps de la domination romaine pour compter parmi les *civitates* et devenir le siége d'un évêché. Mais au IVe siècle, d'après le témoignage d'Ammien Marcellin[2], elle était déjà en complète décadence, et les invasions des barbares avaient achevé sa ruine. Aussi le siége épiscopal fut-il transporté à la fin du VIe siècle à Lausanne, probablement par Marius.

C'est par le Cartulaire de l'église-cathédrale de cette ville que nous possédons quelques indications sur la vie de Marius[3]. — Ce cartulaire fut rédigé en 1235 par Conon d'Estavayer[4] d'après un cartulaire ancien aujourd'hui perdu, d'après un calendrier de Notre-Dame de Lausanne contenant la liste des anciens évêques,

---

1. *Sacrosancta Concil.* éd. Labbe, t. V, col. 988.
2. Amm. Marcellin, éd. Erfurdt. Leipsig, 1808. XV, 11, 12 : « *Habent Aventicum, desertam quidem civitatem, sed non ignobilem quondam, ut aedificia semiruta, nunc quoque demonstrant.* » D'après la chronique dite de Frédégaire (l. II, ad. ann. 283) parmi les extraits de saint Jérôme on lit : « [*Alamanni*] *vastatum Aventicum preventione vobile* (ms. de Berne *wibili*) *cognomento* [*et plurima parte Gallearum in Italia transierunt*]. Les mots [ ] sont de saint Jérôme, le reste de Frédégaire, d'après une source inconnue. On lit d'ordinaire : « *Aventicum pervenerunt, inaestimabili nocumento plurimam.* » MM. Forel et Roth (*Anzeiger für schweizerische Geschichte*, 1860, pp. 57-76) ont proposé de conserver : « praeventione Wibili cognomento » (par la surprise d'un nommé Wibil), ce qui expliquerait le nom de *Wiflisburg* qu'Avenches porta de très-bonne heure. Le ms. de Clermont (Paris, 10910) porte la même leçon que le ms. de Berne, ce qui met hors de doute la justesse de la conjecture de MM. Forel et Roth.— Cf. Eutrope, 9; 7, 8. V. Mommsen, *Ueber den Chronograph*, 354, p. 587.
3. Mémoires et Documents publiés par la Société pour l'Histoire de la Suisse romande. T. VI. Cartulaire de Notre-Dame de Lausanne. Lausanne, 1857. — C'est d'après une copie manuscrite de ce cartulaire que M. de Zurlauben fit sa notice sur Marius. (Histoire de l'Ac. des Inscript. t. XXXIV, p. 138-147).
4. Estavayer est une paroisse du doyenné d'Avenches.

enfin d'après quelques chroniques et le témoignage d'hommes
dignes de foi[1]. Ce cartulaire contient (p. 29-32) une Chronique
des évêques de Lausanne dont un assez long passage est consacré
à Marius. Nous y apprenons qu'il était né dans le diocèse d'Autun,
de race noble, « *nobilis genere, sed nobilior moribus.* » Élu
évêque d'Avenches, il donna à son église un domaine « *de
alodio suo, in quadam villa prope Divionem quae dicitur
Marcennai*[2] », Marsannay-la-Côte, village du département
de la Côte-d'Or (arrondissement et canton de Dijon, à sept
kilomètres de cette ville), à trois lieues de la limite du diocèse
d'Autun ; ce qui permet de supposer que Marius est né dans la
partie septentrionale du vaste territoire des *Edui*. Ce don ne
fut pas le seul acte de munificence de Marius envers l'Eglise
dont il était devenu le chef. Il construisit sur une de ses pro-
priétés la *villa Paterniaca* (de Payerne), et une église en
l'honneur de « *sainte Marie, mère du Seigneur* ». — Il dota
cette église de terres « *apud Paterniacum et Corsales et
Dampeiro* » (Payerne, Corcelles et Dompierre[3]). Il fut enterré
à Lausanne, dans l'église de saint Thyrs[4] qui fut placée plus
tard sous l'invocation de saint Maire *(sanctus Marius)*, car
les vertus et les bienfaits de Marius l'avaient fait mettre au rang
des Saints. Conon le qualifie toujours de *beatus* ou de *sanctus*.
Voici l'épitaphe de Marius telle que Conon noùs l'a conservée :

> Mors infesta ruens, quamvis ex lege parentis,
>   Moribus instructis nulla nocere potest.
> Hoc ergo Marii tumulantur membra sepulcro,
>   Summi pontificis cui fuit alma fides.
> 5   Clericus officio primaevis tonsus ab annis,
>   Militia exacta dux gregis egit oves.
> Nobilitas generis radians et origo refulgens,
>   De fructu meriti nobiliora tenet.
> Ecclesiae ornatus vasis fabricando sacratis,

1. « *Quaedam sicut in eo scripta invenit in libro quodam domini episcopi
Lausannensis et in quibusdam aliis libris et Kalendario beatae Mariae lausannensis, et in quibusdam cronicis, redegit in scriptis ad memoriam futurorum,
et etiam quaedam quae ab honestis viris fide dignis audivit.* »

2. M. de Zurlauben dit à tort : « On ne trouverait sur la carte de
Bourgogne aucun endroit du nom de Marcennai. »

3. Payerne, prieuré du doyenné d'Avenches ; Corcelles et Dompierre,
paroisses du même doyenné.

4. Saint Thyrs, martyr en Asie, sous Decius. V. A. SS. Boll. 23 janv.
II, p. 813-832.

10   Et manibus propriis praedia justa colens.
        Justiciae cultor, civium fidissima virtus,
          Norma sacerdotum pontificumque decus.
        Cura propinquorum, justo bonus arbiter actu,
          Promptus in obsequiis corpore casto Dei.
15   Humanis dapibus fixo moderamine fultus,
          Pascendo inopes se bene pavit ope.
        Jejunando cibans alios, sibi parens edendo,
          Horrea composuit quomodo pastor alit.
        Pervigil in studiis, domini exorando fidelis,
20   Nunc habet inde requiem unde caro fessa fuit[1];
        Quem pietate patrem, dulcedinis arma tuentem,
          Amissis terris credimus esse polis.

Ces vers, médiocres d'ailleurs et obscurs, doivent être peu postérieurs à la mort de Marius. L'éloge fait de ses vertus ne va pas encore jusqu'à lui accorder le titre de saint, et les vers 9-10, qui nous le représentent fabricant les vases destinés au culte et cultivant ses terres de ses propres mains, n'ont pu être inventés après coup. C'est le naïf témoignage d'une époque où les travaux manuels n'étaient point dédaignés par les hommes revêtus des plus hautes dignités de l'Église.

Voilà tout ce que nous savons sur Marius[2], et par malheur les indications chronologiques fournies par Conon d'Estavayer pour ce petit nombre de faits, offrent bien peu de certitude. Les voici rapprochées les unes des autres : il devint évêque en 581 de Jésus-Christ et le demeura pendant vingt ans et huit mois. Il mourut âgé de 64 ans, en 601, la même année que Gontran qui régna vingt-six ans. Il dédia l'Église de Payerne le 8 des Calendes de juillet (23 juin), indiction V, la quatorzième année de son épiscopat. Ainsi, d'après Conon, Marius serait né en 537, serait devenu évêque en 581, aurait dédié l'église de Payerne le 23 juin 595, et serait mort en 601, la même année que Gontran qui serait monté sur le trône en 575. — Mais ces dates ne peuvent être exactes ; nous savons avec certitude, par Grégoire de Tours et par Frédégaire, que Gontran mourut en 593 ou 594, dans la trente-deuxième ou trente-troisième année de son règne. «*Regnavit autem annis XXVI*» doit donc être une erreur de copie pour XXXI. De plus VIII K. Julii Ind. V tombe le 23 juin 587 et non 595.

1. Il faut dans ce vers élider les *e* d'*inde* et d'*unde*, et ne pas élider *em* devant *unde*.

2. Conon parle par ouï-dire d'une vie de Marius conservée à Autun. Il est regrettable qu'elle soit perdue. Elle nous aurait peut-être donné des détails intéressants sur la Burgundie du VIᵉ siècle.

Il est donc impossible de s'appuyer sur les dates de l'ère chrétienne fournies par ce cartulaire ; elles ne s'accordent même pas entre elles, car plus haut nous lisons que Clovis mourut en 517, et que l'an XI du règne de Clothaire coïncidait avec 532, ce qui rapporterait la mort de Clovis à 522. Nous savons d'ailleurs que ces dates, si discordantes entre elles, n'ont pu être fixées que longtemps après les événements auxquels elles se rapportent. Nous savons en effet que la coutume de dater d'après l'an de l'Incarnation, proposée au vi⁰ siècle par Denys le Petit, ne fut adoptée en Gaule qu'au viii⁰ siècle et ne devint universelle qu'au x⁰.

Le prieur de Lausanne s'est donc trompé dans ses calculs, mais un certain nombre des indications chronologiques qu'il nous donne devaient être empruntées à des documents anciens et exacts. Nous pourrons en déduire les autres dates. Les points sur lesquels il a pu être renseigné avec précision sont :

1° *La date de la consécration de l'église de Payerne fixée d'après l'indiction.* — Pour que Conon ait indiqué l'indiction pour ce fait unique, il faut qu'il l'ait trouvée dans un ancien document. Il devait exister un acte public, une mention précise de la donation. Nous verrons que Marius, dans sa chronique, avait adopté la coutume grecque des indictions. L'Église se conforma de bonne heure à cette coutume. Le huitième jour des Calendes de juillet, indiction V, est le 23 juin 587[1]. Cette année est, d'après Conon, la quatorzième de l'épiscopat de Marius. Il est donc devenu évêque en 573-574.

2° *Le nombre d'années que dura l'épiscopat de Marius.* — Les listes d'évêques de l'Église de Lausanne, le calendrier de Sainte-Marie, dont parle Conon, devaient fixer ce point avec exactitude. Conon dit que cet épiscopat dura vingt ans huit mois. Marius, devenu évêque en 573-574, mourut donc en 593-594.

3° *Le synchronisme de la mort de Marius et de celle de Gontran.* — Nous trouvons ici la confirmation de nos calculs. Si Gontran meurt le 28 mars 593 (Art de vérifier les Dates, p. 524), Marius mourut aussi en 593, le 31 décembre, jour qui lui fut consacré par l'Église de Lausanne. Sachant qu'il a été évêque vingt ans huit mois, nous pouvons donc fixer l'époque précise de son élection en avril-mai 573. Mais alors le 23 juin tombe la xv⁰ et non la xiv⁰ année de son épiscopat. Il faut admettre une

1. L'indiction grecque alors en usage courait du 1ᵉʳ septembre au 31 août.

erreur (légère, de deux mois) sur ce point ou peut-être accepter la date de 594 pour la mort de Gontran et pour celle de Marius, et celle de 574 pour son élection [1].

4° Enfin le nombre d'années que vécut Marius. — La liste des anciens évêques l'indiquait sans doute. Il avait vécu 64 ans. Il serait donc né en 529-530.

Voici donc les événements connus de la vie de Marius dans leur ordre de dates :

529-530. Naissance de Marius dans le diocèse d'Autun, d'une famille noble. Il est destiné à la prêtrise dès son enfance.

(573?) 574. Mai. Marius élu évêque d'Avenches. Il fait don à son église de son domaine de Marsannay.

585. Il assiste au Concile de Mâcon.

587. 23 Juin. Il consacre à la Vierge une église à Payerne et la dote en biens fonds.

(593?) 594. 31 Décembre [2]. Mort de Marius, l'année même de la mort du roi Gontran [3].

Le seul argument en faveur de la date de 581 pour l'élévation de Marius à l'épiscopat serait le fait que sa chronique se termine en 581. Elle serait alors une sorte de revue rapide de l'histoire de Burgundie antérieure à son établissement à Avenches. A partir de ce moment ses souvenirs personnels lui auraient suffi. Quelque sérieuse que soit cette considération, elle ne peut tenir, je crois, contre l'ensemble de déductions et de preuves que nous avons établies plus haut.

---

1. Clothaire mourut à la fin de 561. Gontran mourut le 28 mars, dans sa 33e année de règne. Cela donne bien 594. (Voyez Frédégaire, Chr. c. 14).

2. La fête de Marius était célébrée le 31 décembre. Pridie K. Jan.—Voy. D. Bqt. Hist. de Fr. II, p. 12.

3. Nous n'avons pas cru devoir entrer dans la discussion des opinions antérieurement émises sur la chronologie de la vie de Marius, n'en ayant pas tenu compte pour nos propres calculs, et nous étant contenté des données fournies par le Cartulaire.

CHAPITRE II.

LA CHRONIQUE DE MARIUS.

La Chronique de Marius est la suite de la *Chronique de Prosper*, qui est elle-même, comme nous l'avons dit, la reproduction de celle de saint Jérôme avec une continuation jusqu'en 455[1]. Marius a poursuivi la sienne jusqu'en 580-581. Il est impossible de dire à quelle époque il a composé cet ouvrage. Il ne paraît pas l'avoir écrit au fur et à mesure des événements, bien qu'à partir de 559-560 nous trouvions la mention des phénomènes naturels, éclipses, pestes, faits qui n'ont d'intérêt que pour ceux qui en ont été les témoins. Mais Marius peut néanmoins les avoir extraits avec leur date exacte d'annales antérieures. Partout l'énoncé des faits est précédé de la même formule : « hoc anno, eo anno. »

D'un bout à l'autre de la Chronique nous n'avons que des notes brèves, sèches, sans lien entre elles, une sorte de *memento* chronologique.

La mention des indictions pour désigner les années à partir de 522-523 n'est le signe d'aucun changement dans la composition de l'ouvrage, pas plus que le point d'arrêt marqué en 566-567 par la supputation des années écoulées depuis la Création jusqu'à la mort de Justinien. Je serais donc disposé à croire que Marius a composé sa Chronique dans les dernières années de sa vie, d'après des sources écrites ; car nulle part il ne fait mention des rapports oraux et n'emploie les expressions consacrées de « *fertur* ou *traditur* ». Peut-être a-t-il ajouté quelques traits d'après ses souvenirs personnels. Depuis l'année 550 environ nous pouvons le considérer comme un témoin contemporain des événements qu'il rapporte, puisqu'il était né en 529 ou 530.

Ce qui frappe tout d'abord dans la Chronique de Marius, c'est l'importance attachée à tout ce qui concerne l'empire romain. Les années sont indiquées par le nom des consuls[2] ; et c'est à

---

1. V. Introd. p. 10. « *Usque hic Prosper ; quae sequuntur, Marius episcopus.* » Tels sont les premiers mots de Marius. Nous avons vu plus haut, p. 147, que c'est de la chronique impériale que Marius est le continuateur.

2. Consuls d'Occident ou consuls d'Orient, d'ailleurs; peu lui importe.

l'imitation des Grecs de Constantinople qu'il y ajoute les indictions à partir de 522-523 ; il note avec soin l'avénement et la mort des empereurs, tandis qu'il ne donne pas exactement la série des rois franks. Les événements d'Italie et d'Orient tiennent à eux seuls autant de place que toute l'histoire des rois burgundes et franks. Il va jusqu'à mentionner un massacre du cirque à Constantinople. On croirait, à le lire, que l'empire n'a subi aucun échec et que la Gaule est encore soumise à sa puissance. Marius marque toutes ses vicissitudes, semble enregistrer avec joie tous ses triomphes[1]. Ce point de vue lui est naturel, à la fois comme membre du clergé gallo-romain et comme habitant de la Burgundie. Issu d'une famille noble, c'est-à-dire gallo-romaine, il regarde les nouveaux dominateurs de la Gaule comme des usurpateurs barbares, et sa foi pour ainsi dire religieuse dans l'éternité de l'empire romain n'en est pas ébranlée. L'Empire est pour lui, comme pour tout le Moyen-Age, la quatrième monarchie de Daniel qui ne sera renversée que lorsque le monde même finira. Les rois barbares eux-mêmes ne s'étaient-ils pas reconnus ses inférieurs et comme ses délégués, les rois burgundes en acceptant le titre de *magistri militum*[2], Clovis en revêtant les insignes honorifiques envoyés par Anastase, Sigismond en prenant devant l'Empereur l'humble attitude d'un sujet devant son souverain[3]? La Burgundie d'ailleurs avait conservé des relations étroites avec l'Italie. Un échange perpétuel se faisait entre ces deux pays par la vallée du Rhône et même par les passages des Alpes. Les Burgundes avaient plus qu'aucun autre peuple barbare su se mêler aux Romains et imiter leurs mœurs ; le roi frank Gontran, devenu possesseur de la Burgundie, avait subi cette influence et se distinguait de ses frères par une douceur qui lui mérita la faveur des Gallo-Romains et le titre de saint.

1. On ne saurait pourtant voir dans les notes si sèches de Marius la trace bien vive de ses antipathies où de ses sympathies. Il ne paraît pas avoir plus de préférence pour les Franks que pour les Burgundes. Theudebert pourtant reçoit de lui l'épithète de *magnus* prise sans doute à Grégoire (III, 25) « *Magnum se atque in omni bonitate praecipuum reddidit.* » Comme presque tous les clercs de ce temps, Marius ne considère pas comme une patrie le royaume barbare où il vit. Il appartient à l'Église Universelle et à l'Empire Romain qui devait être universel et éternel comme l'Église.

2. Gundiok, Chilpéric et Gondebaud.

3. « *Vester quidem est populus meus, sed me plus servire vobis quam illi praeesse delectat.* » — Avitus. ep. 83. Lettre écrite au nom de Sigismond à l'Empereur d'Orient.

Les évènements politiques avaient dû accroître encore l'intérêt
que l'Italie avait conservé aux yeux des Burgundes ; d'abord les
expéditions de Thierry et de Théodebert, puis les victoires de
Justinien, la délivrance de l'Afrique et de l'Italie qui avait
réveillé les souvenirs et les espérances de ceux qui croyaient
encore à l'Empire. Marius était de ceux-là ; aussi est-ce à la fin
du règne si brillant de Justinien qu'il s'arrête pour jeter un
regard en arrière et calculer combien d'années se sont écoulées
depuis la Création jusqu'à la mort du grand empereur.

Quelque instructifs que soient ces passages relatifs à l'Italie,
en nous faisant toucher du doigt l'étrange illusion politique où
vivaient les Gallo-Romains du VIe siècle, ils n'apportent aucun
fait nouveau à l'histoire. Il en est de même de quelques indications relatives aux Wisigoths dans la première partie de la
chronique, de la rapide mention des guerres contre les Saxons et
de la révolte de Chramne. Le témoignage de Marius n'a point ici
de valeur propre ; ce qui donne une véritable importance historique à sa chronique, ce sont les renseignements relatifs à la
Burgundie. Sur le Ve siècle Marius est à peu près muet; il
indique seulement en 456 un partage de terres entre les Gallo-
Romains et les Burgundes [1]. Mais à partir de la première guerre
avec les Franks, en 500, il devient beaucoup plus complet, sans
cesser d'être bref et concis. Écrivant en Burgundie peu de temps
après la ruine du premier royaume, il confirme ou complète de la
manière la plus utile le témoignage de Grégoire de Tours.

Jusqu'à 533-534, il ne diffère pas essentiellement de Grégoire,
mais à partir de cette époque il nous rapporte plusieurs faits et
de nombreux détails que nous ne possédons que par lui. C'est là
ce qui fait le prix de son œuvre. Pour en apprécier l'exacte
valeur, il faut nous demander comment il l'a composée, à quelles
sources il a puisé.

Grâce aux relations fréquentes de la Burgundie et de l'Italie,
Marius put connaître l'histoire de ce dernier pays par des
sources italiennes. Il concorde presque complètement avec la
Chronique connue sous le nom d'*Anonymus Cuspiniani* [2] pour

1. Voyez sur toute la question de l'établissement des Burgundes le
premier chapitre du remarquable ouvrage de M. Binding.

2. Publiée à Bâle en 1553, d'après un ms. de Vienne, par Johannes
Cuspinianus (Spiesshammer), « *De Consulibus Romanorum commentarii*. In-f.
—Voy. Mommsen : Ueber den Chronographen vom J. 354, et notre Introd.
p. 12. L'Anonymus Cuspiniani, dit aussi *Chronicon Cuspinianum, Fasti
Ravennates* ou *Chronicon Ravennae* va de la fondation de Rome à 495-496.

les années 454-455, 455-456, 460-461, 466-467, 472-473, 473-474, 475-476, 489-490, 492-493.

MARIUS.	AN. CUSPINIANI.
Consule suprascripto levatus est Avitus imperator in Gallias.	Levatus est imperator in Gallis Avitus.
. . . .	. . . .
Joanne et Varana. His consulibus dejectus est Majorianus de Imperio in civitate Dertona a Ricimere Patricio, et interfectus est super Ira fluvio...	His coss. depositus est Majorianus imp. a patricio Ricimere Dertona III non. Aug. et occisus est ad fluvium Ira VII Id. Aug.

Ce n'est pourtant pas cette chronique qui a dû servir à Marius. Il est plus complet (sur Avitus, 455-456 ; sur Majorien, 459-460 ; sur Sévère, 460-461), et il s'en écarte pour la mort d'Odoacre.

MARIUS.	AN. CUSP.
Albino et Eusebio. — His consulibus occisus est Odouacer rex a rege Theuderico *in Laureto*.	Albino U. C.[1] consule. — Hoc consule ingressus est *Ravennam* Theodoricus III non. Martis et occisus est Odoacer rex a rege Theodorico in palatio cum commilitonibus suis.

Cette indication: *in Laureto* se retrouve dans une autre chronique dite *Anonymus Valesianus*[2] (p. 480, l. 15), ainsi que la mort d'Odoin. (Marius : Patricio et Hypatio coss. — An. Val. p. 482, l. 26), et celle de Boëce (Marius, Indictio II. An. Val., p. 485, l. 30-35). Or on a démontré que ces deux chroniques de Cuspinian et de Valois, écrites probablement à Ravenne, sont unies par un lien étroit avec celle de Cassiodore, avec Jordanès, avec Agnellus : *Liber Pontificalis*[3]. Ce dernier nous dit avoir puisé ses renseignements dans l'ouvrage de Maximien, archevêque de Ravenne (546-552). Celui-ci avait sans doute compilé toutes les chroniques antérieures et les avait continuées jusqu'au milieu du VIe siècle[4].

1. U. C. = Unico Consule.
2. Publiée pour la première fois par Henri Valois à la fin de son édit. d'Ammien Marcellin. Paris, 1636, in-4.
3. Ap. Muratori, *Scriptores rerum Italicarum*, II, p. 1-187. — V. Waitz : *Nachrichten der Gött. Ges. der Wiss.* 1865, p. 81.
4. « *Post B. Hieronymum et Orosium, vel alios Historiographos, iste in*

En comparant les récits d'Agnellus tirés de la Chronique de Maximien avec l'Anonym. Valesii, on y reconnaît des ressemblances frappantes[1]. C'est un texte de ce genre, peut-être la Chronique même de Maximien, que Marius aura eu sous les yeux.

En 522-523, une manière nouvelle de désigner les années, les indictions ajoutées au nom des consuls, semble indiquer que de nouveaux documents ont été employés par Marius à partir de cette époque. En effet, l'indiction n'était alors en usage que dans l'empire d'Orient, et nous trouvons précisément pour les affaires d'Italie, de 523 à 552, de nombreux rapports entre la chronique de Marius et celle de Marcellin, comte d'Illyrie, chancelier de Justinien (v. 534), continuée par une main anonyme jusqu'en 552. — Cf. les années 531-532, 533-534, 534-535, 538-539, 539-540, 546-547, 551-552. Ce n'est que dans un auteur byzantin que Marius a pu recueillir le fait du massacre du cirque en 532, qui n'avait d'intérêt que pour les habitants de l'empire d'Orient. Les noms des consuls dans les deux chroniques s'accordent d'ailleurs parfaitement. Quelques exemples rendront plus sensible le rapport des deux textes.

MARIUS.	CONTIN. MARCELLINI.
Indictio II. — Hoc consule Theudebertus rex Francorum Italiam ingressus, Liguriam Æmiliamque devastavit, ejusque exercitus loci infirmitate gravatus, valde contribulatus est.	Ind. II. — Theudibertus Francorum rex cum magno exercitu adveniens, Liguriam, totamque depraedat Æmiliam... Exercito dehinc suo morbo laborante, ad Gallias revertitur.
Ind. III. — Hoc consule Persi Antiochiam vastaverunt, universamque Syriam depopulantes.	Ind. III. Parthi in Syriam ingressi multas urbes subvertunt... Antiochia magna depraedata demolitur a Persis.
Eo anno Belesarius Patricius Wittegis regem Gothorum, de Ravenna captivum abductum, Constantinopoli cum uxore et thesauris, Justin(ian)o Augusto praesentavit.	Belisarius Ravennam ingreditur, regem Vitigem et reginam cunctasque opes, Gothosque nobiliores tollens secum ad Imperatorem revertitur.

Chronicis laboravit, et ipsos secutus per diversos libros nobiliorum principum, non solum priorum imperatorum, sed et Regum et Praefectorum suam propriam chronicam exaravit. » Agnellus. Liber pontificalis : Pars II. Vita Maximiani, c. 5.

1. M. Waitz (ibid.) va jusqu'à croire que l'Anon. Val. pourrait bien être un fragment de la Chronique de Maximien.

Ces rapprochements nous paraissent indiquer un rapport évident entre Marius et le continuateur de Marcellin, soit qu'il l'ait réellement eu entre les mains, soit qu'ils aient tous deux puisé à une source commune. L'usage des indictions, la mention du massacre du cirque rendent plus probable la première hypothèse[1]. Cela est d'autant plus vraisemblable que nous voyons, quelques années auparavant, Marcellin et son continuateur servir de sources pour d'autres ouvrages historiques, puisque Jordanès les reproduit parfois textuellement dans son « *De regnorum successione.* »[2]

A partir de la mort de Totila, nous ne savons plus l'origine des renseignements de Marius pour l'histoire d'Italie. L'accord de son témoignage avec celui de Procope (IV, 33, 35) et d'Agathias (l. T. II) garantit l'exactitude des faits. Mais quelques erreurs de chronologie nous permettent de croire qu'il n'a pas eu pour cette époque de sources écrites aussi complètes que pour les années antérieures, que peut-être il s'est contenté de ses souvenirs ou de renseignements recueillis en Burgundie.

Nous ne pouvons pas non plus dire exactement d'où Marius a tiré les quelques détails relatifs à l'histoire de l'Espagne et du royaume wisigoth. Il a dû posséder une chronique contemporaine écrite au Midi de la France, car les événements sont relatés avec une précision remarquable, même au point de vue géographique[3].

---

1. La continuation de Marcellin a probablement été écrite en Italie. Voudrait-on y voir aussi des extraits de la chronique de l'évêque Maximien? Cela permettrait de réduire à une seule les sources italiennes de Marius. Cette hypothèse serait bien hasardée. Remarquons pourtant que la continuation de Marcellin, telle que nous la possédons, s'arrête en 552 (l'année de la mort de Maximien; car ce qui suit de 553-558 est tiré de la chronique d'Hermannus Contractus. Voy. Mon. Germ. V, 7-133). Cuspinian s'était servi de ces passages pour combler les lacunes laissées par le continuateur de Marcellin, et Onofrio Panvinio les prit et les réédita comme faisant partie du texte même : Onuph. Panvinii, *Fasti Venet.* 1558, inf.

2. Jordanes s'est également servi des Annales de Ravenne, soit sous leur forme primitive fragmentaire, soit d'après la chronique de Maximien (V. Waitz, N. d. G. G. d. W. loc. cit.). Cela semble bien rattacher la continuation de Marcellin à tout ce groupe de documents et d'annales qui eut Ravenne pour centre.

3. Les premiers mots relatifs aux Wisigoths : *Ingressus est Theodericus, rex Gothorum Alelato cum fratribus suis in pace. Poseo et Joanne Coss.* ne se trouvent que dans Marius. Il s'agit sans doute d'une réunion des trois frères Théodoric, Frédéric et Euric, après la mort de

Idacius, dont le témoignage confirme tout ce qu'il avance (v. Idat. Ol. 310 et 311), est loin de donner des détails aussi exacts. Là où il nous dit que les navires de Majorien furent enlevés par les Vandales sur le rivage de Carthagène, Marius nous dit que ce fut « ad Elecem [1], *juxta Carthagine Spartaria* (Magno et Apollonare coss). » Idatius dit que Frédéric, le frère de Théodoric, après un soulèvement en Armorique, fut tué par Ægidius; Marius dit : « *inter Ligere et Ligerecino, juxta Aurelianis.* » (Basilio et Bibiano coss).

Il nous reste à examiner où Marius a puisé ce qu'il dit sur les Burgundes et sur les Franks, et dans quel rapport il se trouve avec Grégoire de Tours, le seul écrivain de cette époque où nous trouvions le récit des mêmes événements.

Un lien étroit unit Grégoire et Marius. Non-seulement leur témoignage concorde presque absolument sur tous les faits qu'ils rapportent, mais les ressemblances de texte sont nombreuses et frappantes.

En voici les exemples les plus remarquables :

MARIUS.

Patricio et Hypathio coss. — Eo anno Gundobagaudus *resumtis viribus* Viennam cum exercitu circumdedit.

Id. Plures *Seniores, Burgundionesque,* qui *cum* ipso (Godegeselo) *senserant, ...* morte damnavit.

Ind. XII. — *Fugato Godomaro* rege, regnum ipsius diviserunt.

Ind. IV. *Eo anno* iterum *rebellantibus Saxonibus, Chlothacarius rex* pugnam dedit, ibique *maxima pars* Saxonum cecidit. Eo anno Franci *totam Thoringiam pro eo quod cum Saxonibus* conjuraverat, *vastaverunt* [2].

GRÉGOIRE DE TOURS.

Post haec *resumtis viribus*, :.... Godegiselum apud Viennam civitatem inclusam obsedit (Gundobadus). (II, 33).

... interfectis *senatoribus Burgundionibusque* qui Godegiselo *consenserant* (ibid.).

... cunctam *fugato Godomaro* Burgundiam occupaverunt. (III, 11).

Eo anno rebellantibus Saxonibus, Chlotacharius rex, commoto contra eos exercitu, *maximam* eorum *partem* delevit, pervagans *totam Thoringiam* ac *devastans, pro eo quod* Saxonibus solatium praebuissent. (IV, 10).

Thorismund et avant l'expédition d'Espagne.

1. Elche, sur l'Elda, petit fleuve qui se jette dans la Méditerranée, au N. de la Ségura.

2. Marius a placé par erreur une autre guerre contre les Saxons en 554-555. Celle qu'il raconte ici eut lieu en 555. Il a passé sous silence celle de 556, où les Franks furent défaits (IV, 14).

La comparaison des récits de la révolte de Chramne (Marius, Ind. VIII; Grég. IV, 20), de la chute du mont Tauredunum (Mar. Ind. XII; Grég. IV, 31), de la déposition des évêques Salonius et Sagittaire (Mar. Ind. XII; Grég. V, 28) confirme la relation des deux textes établie par ces rapprochements.

Est-ce Grégoire qui s'est servi de Marius ou Marius qui s'est servi de Grégoire? La seconde hypothèse est seule admissible[1]. Comment Grégoire aurait-il pu emprunter à Marius précisément le récit de la guerre contre les Saxons, fait complètement étranger à l'histoire burgunde? On peut admettre que Marius, faisant de courts extraits de Grégoire, ait laissé de côté de nombreux détails, mais comment Grégoire, s'il avait eu Marius sous les yeux, aurait-il négligé des noms propres, des particularités qui devaient l'intéresser, lui qui écrivait une histoire complète et développée? Ainsi l'invasion de Mammo (Importuno cons. 509), l'indication précise de la dévastation de la Ligurie et de l'Émilie par Théodebert (Ind. II, 538-539), la mort du duc Lanthacarius (Ind. XI, 547-548), le nom de l'assassin d'Alboin, Hilmegis (Ind. V, 571-572), celui du roi Cleph (Ind. VI, 572-573), le nom des médecins d'Austregilde, Nicolaus et Donatus (Ind. IV, 580-581), sont mentionnés par Marius sans l'être par Grégoire. Enfin nous avons vu que Grégoire a dû écrire les quatre premiers livres de son histoire vers 573-577[2]. Il lui a donc été impossible de chercher ses renseignements dans Marius. Mais celui-ci a très-bien pu avoir entre les mains sinon tout l'ouvrage de l'évêque de Tours, du moins les quatre ou les six premiers livres qui paraissent avoir été souvent copiés séparément. Grégoire de Tours allait souvent en Burgundie[3]; les deux évêques connaissaient le roi Gontran, peut-être se trouvèrent-ils tous deux au Concile de Chalon en 579[4]; rien en un mot ne s'oppose à l'hypo-

1. M. Binding (p. 155, n. 52) veut que Grégoire se soit servi de Marius uniquement parce que l'ablatif *Divione* qui se trouve dans Marius (Patricio et Hypatio coss.) se retrouve, à propos du même fait, employé à tort dans Grégoire comme nominatif (II, 32). Cette erreur prouverait qu'il a copié sans se rendre compte de la forme grammaticale. Mais il faudrait être bien sûr que les manuscrits que nous possédons reproduisent exactement le texte de Grégoire; et encore l'indice serait bien faible. Grégoire savait mal le latin; il pouvait employer la forme populaire, et le cas oblique l'avait peut-être déjà emporté dans l'usage sur le nominatif régulier : Dij*on*, Divi*one*.
2. V. Ch. 2, p. 45.
3. V. Ch. 1, p. 29.
4. V. Hist. Fr. V, 28. Pourtant rien n'autorise à affirmer que Grégoire

thèse d'une relation entre Marius et Grégoire. Tout s'accorde au contraire à prouver que l'Évêque d'Avenches s'est servi de l'histoire de l'Évêque de Tours pour composer sa chronique.

Ce n'est pas à dire cependant que Grégoire ait été sa source unique pour l'histoire burgunde. Au contraire, les détails précis qu'il ajoute aux récits de Grégoire de Tours et que nous venons de citer, les faits locaux qu'il rapporte seul, tels que la révolte des moines d'Agaune contre leur évêque (Ind. XIII, 564-565) et certains phénomènes naturels (Ind. VIII, 559-560; XIV, III, IV, XIV, 580-581), prouvent qu'il connaissait d'une manière exacte, probablement par une source écrite, par quelque annale de cloître, d'Agaunum peut-être [1], les événements arrivés en Burgundie.

La Chronique de Marius, sans apporter à l'histoire beaucoup de faits nouveaux, est remarquable par son exactitude ; elle peut servir à contrôler et à confirmer le témoignage des historiens contemporains, ceux que Marius n'a pas connus, tels que Procope et Agathias, comme ceux qu'il a connus et parfois rectifiés, tels que Grégoire de Tours et les annales italiennes.

Les deux seules erreurs qu'on puisse relever chez lui sont la fausse mention d'une guerre de Saxe [2], et son silence sur la participation de Théodebert à la troisième guerre de Burgundie. Sa chronologie même, qu'il est d'usage d'attaquer depuis D. Bouquet, est généralement exacte. Ses seules erreurs chronologiques bien avérées sont la date de la mort de Buccelin (553) placée deux ans trop tard, celle de Cleph (575) placée un an trop tôt. On croit d'ordinaire qu'à partir de 533-534 il a avancé tous les événements d'une année, fait mourir Justinien en 566, Sigebert en 576, Justin en 579 ; fait venir Alboin en Italie en 569, etc. Mais on prend pour les dates de Marius celles que D. Bouquet a placées en marge de la chronique. Marius indique les années par les Indictions grecques qui courent du 1er septembre au 31 août.

---

y alla. Mais il vint à Chalon en 588 (IX, 13) ; il alla vers la même époque voir sa mère à Cavaillon (M. S. M. III, 60). Ses relations avec la Burgundie furent toujours très-suivies. (V. le ch. 1. Vie de Grégoire). Il avait des renseignements précis sur le lac Léman (G. M. 76), et parle d'un prêtre de Genève qu'il avait connu.

1. La précision des détails sur les moines d'Agaune (ad ann. 565), sur l'invasion des Lombards dans la haute vallée du Rhône (ad ann. 574), sur l'inondation du Valais (ad ann. 580), peut rendre cette hypothèse vraisemblable. Mais ce n'est qu'une hypothèse.

2. V. plus haut, p. 160, n. 2.

Justinien est mort, comme le dit Marius, Indiction XIV : le 14 novembre 565 ; Justin est mort Indiction XII : le 5 novembre 578. C'est en indiquant leur mort une année plus tôt que Marius se serait trompé. Les dates données par Marius pour la mort de Théodebert et de Théodebald sont également exactes. Grégoire de Tours dit (IV, 52) : « *A transiti Theudeberti usque ad exitum Sigeberti, anni viginti novem.* » Sigebert est mort en 575, Theudebert serait mort en 547[1]. Il dit aussi (III, 37) : « *A transitu Chlodovechi usque in transitum Theudeberti, computantur anni triginta septem.* » — Nous arrivons ainsi à 547-548. Il dit enfin que Thierry mourut la 23ᵉ année de son règne (III, 23), c'est-à-dire en 534 ; Théodebert, la 14ᵉ, c'est-à-dire en 547-548. Or Marius fait mourir Théodebert Indiction XI, ce qui donne l'année 547-548. Son indication nous permet de concilier les trois dates de Grégoire et d'affirmer que Théodebert est mort à la fin de 547 ou au commencement de 548. De même Théodebald est mort, d'après Marius, Indiction III ; d'après Grégoire, dans la 7ᵉ année de son règne, c'est-à-dire à la fin de 554 ou au commencement de 555. Ces quelques exemples suffisent à prouver que les indications chronologiques de Marius sont d'ordinaire exactes et peuvent être prises pour règle toutes les fois qu'il s'agit d'événements qu'il a été à même de bien connaître ou de bien vérifier. Cela est vrai particulièrement pour tout ce qui concerne l'histoire de la Burgundie. Pour l'histoire burgunde, en effet, nous n'avons à côté de lui aucune autre source originale que quelques chapitres de Grégoire de Tours. La vie de saint Sigismond est une compilation du VIIᵉ siècle.

Si nous nous sommes étendus aussi longuement sur Marius, c'est que la rareté des documents à cette époque donne au plus secs une grande importance, et que la possibilité d'analyser cette chronique en entier et d'examiner en détail son autorité et ses sources nous permettait de donner d'une manière précise et presque complète un exemple de la méthode que nous essayons d'appliquer à tous les textes historiques.

---

1. Il faut faire entrer dans la supputation l'année 575 et l'année 547, à la manière romaine, III K. était le 2ᵉ jour avant les Calendes.

Nogent-le-Rotrou, imprimerie de A. Gouverneur.

www.ingramcontent.com/pod-product-compliance
Lightning Source LLC
Chambersburg PA
CBHW072103080426
42733CB00010B/2200